최신 보육학개론(4판)

도미향 변미희 이명숙 윤지영 공저

신정

머리말

출산율의 급격한 저하로 인한 아동 인구의 감소는 미래의 국가경쟁력과 밀접한 관련이 있으므로, 우리 사회에서 아동의 건강한 성장과 발달은 아무리 강조해도 지나침이 없을 것이다. 특히 영유아 시기는 건강한 성인과 사회인으로 성장하기 위해 필요한 신체 · 인지 · 정서 · 사회발달의 기초가 마련되는 시기이므로, 이 시기에 부모, 가족, 지역사회와 국가는 많은 관심을 가지고 돌볼 필요가 있다.

이와 같이 영유아 보육은 한 개인의 입장에서는 일생의 삶의 질과 관련되고, 사회적 · 국가적 차원에서는 미래 사회의 성장과 발전과 관련된 아주 중요한 분야라고 할 수 있다. 그런데 지금까지 우리 사회에서는 영유아를 안전하게 보호하는 것에 더욱 초점을 맞추어 왔다. 이제 개별 영유아가 가진 특성이나 욕구를 고려하고, 영유아의 잠재력을 최대한 개발하며, 궁극적으로 영유아가 일생 동안 신체적 · 정신적 면에서 건강하게 삶을 영위할 수 있는 기초를 튼튼히 할 수 있도록 보육서비스의 질을 높여야 할 것이다.

저자들은 이 책을 집필하면서 어떻게 하면 "예비 보육교사 및 보육교직원, 원장들이 양질의 보육서비스를 제공할 수 있도록 도울 수 있을까?"에 대해 많이 고민하였고, 기존의 보육학 관련 책을 보완하려고 노력하였다. 특히 개정판으로 본 책을 수정하면서 최신의 보육이슈와 보육정책 및 제도를 최대한 반영하고자 노력하였다.

본 책은 보육을 공부하는 학부생과 보육교직원 및 전문가들에게 보육에 대한 이해를 높이고, 보육현장에서 실천할 수 있는 기초토대를 제공하는 데 그 목적이 있다.

본 책의 주요 내용 및 특징을 살펴보면 먼저 보육의 주요 개념과 역사, 정책, 교직원 관리, 보육과정 및 프로그램, 어린이집의 환경, 운영관리, 가족과 지역사회 협력 등 보육학과 관련된 기초적인 내용을 체계적이고 충실히 다루어 공부하는 학생들이나 보육에 관심이 있는 일반인들이 쉽게 접근할 수 있도록 하였다.

특히 보육과정에서는 최근 개정된 2019 놀이중심 누리과정을 집중적으로 다루어 보육현장에서 적용이 가능하도록 세세히 다루었다. 더불어 어린이집에 정부가 시행하던 평가인증제가 평가제로 변경되면서 평가운영체계와 평가방법 및 지표 등이 변화되어 이에 관한 내용도 최신 자료를 중심으로 다루었다.

본 책은 13장으로 구성되어 있으며 구체적인 내용은 다음과 같다. 제1부 보육의 기초에서는 1장 보육의 개념과 필요성, 2장 보육의 유형, 3장 보육 경험과 영유아 발달, 4장 보육의 발달, 5장 보육정책과 행정을 다루었다. 그리고 제2부 보육의 실제에서는 6장 보육교직원, 7장 개정 표준보육과정과 놀이중심 누리과정, 8장 보육 프로그램, 9장 특별 보육, 10장 어린이집의 환경, 11장 어린이집의 운영관리, 12장 가족 및 지역사회의 협력, 13장 어린이집의 평가에 대해 살펴보았다.

본 저자들은 공동 집필 과정에서 집필 방향의 일관성, 일관된 관점 등을 잃지 않도록 여러 차례의 의견 교환과 원고의 교정을 거치고자 노력하였다. 그럼에도 불구하고 미흡하고 부족한 부분이 있으므로 독자들의 양해를 구한다. 이 책이 보완될 수 있도록 보육에 대한 관심 있는 분들의 따뜻한 애정과 조언을 부탁한다.

본서의 개정판이 나오기까지 많은 도움을 주신 분들께 감사를 드린다. 특히, 이 책이 나올 수 있도록 도와주신 도서출판 신정 최용구 사장님과 직원 여러분께 감사를 드린다.

2022년 3월

저자 일동

차례

PART 02 보육의 실제

CHAPTER 13 | 어린이집 평가 / 299

PART 01

보육의 기초

Chapter 01

보육의 개념과 필요성

전통적으로 자녀의 양육은 가정에서 어머니에 의해 이루어져 왔으나, 사회가 고도로 분화되면서 사회적 지원이 더욱 필요하게 되었다. 보육서비스는 이러한 사회적 요구와 책임에서 비롯된 것이다.

초기의 영유아 보육서비스는 여성의 경제활동과 사회참여, 가족해체의 증가로 인해 약화된 가족의 자녀양육기능을 보완하고 지지하기 위한 잔여적이고 구빈적인 보호 중심의 서비스였다. 그러나 저출산 · 고령화 사회, 경제위기, 여성의 경제활동으로 인한 맞벌이가족의 보편화, 한부모가족, 다문화가족 등의 급속한 현대사회의 변화와 다양화된 가족의 형태 및 그에 따른 다양한 욕구의 출현으로 보육서비스는 점차 아동과 가족의 복지적 권리를 보장하고 사회발전을 도모하는 제도적이고 보편적인 아동 및 가족복지서비스로 발전하게 되었다.

이 장에서는 이러한 보육의 개념과 의미, 보육의 필요성과 의의 및 관점에 대하여 살펴보고자 한다.

1. 보육의 개념

1) 보육의 개념

현대사회는 급속한 산업화 · 도시화 과정을 거치면서 전통적인 가족의 구조가 변화하여 핵가족화되었다. 그리고 최근 우리나라는 경제 불안정과 높은 실업률 및 다양한 형태의 가족제도 확산과 가치관의 변화, 여성들의 교육수준 향상과 자아실현 욕구가 높아지고 사회에 진출하려는 여성들이 늘면서 출산율이 세계 최저수준에 이르렀다. 이로 인해 자녀의 수가 감소되었으며, 경제활동을 하지 않는 여성들 또한 여가생활을 영위하려는 욕구로 가정 밖에서 대리양육자를 찾게 되면서 과거 가정 내에서 자녀양육을 담당해오던 가정의 기능에도 큰 변화를 가져왔다. 따라서 아동돌봄에 대한 문제가 제기되고, 여기에 조기교육의 중요성, 영유아교육의 필요성 등이 고조되면서 보육에 대한 사회적 욕구가 급속하게 증대되어 기존의 가정양육을 대신할 사회양육의 필요성이 증대되었다.

따라서 보육을 필요로 하는 상황과 새로운 보육서비스의 문제가 제기되고 있으며 가정에서의 양육에 어려움이 있는 아동들을 보호하고, 교육할 수 있는 사회적 지원이 점점 더 필요하게 되었으며, 보육은 이러한 사회적 요구와 국가의 책임에서 비롯된 것이다.

그러나 이제는 사회 변화와 함께 보육의 개념이 변화되고 있으며, 그에 대응한 실제적인 보육활동도 변화되고 있다. 중요한 점의 하나는 이제 보육이 부모의 요구에서만이 아니라, 변화된 사회에 살고, 살아가야만 하는 아동들의 요구이기도 하다는 것이다.

즉, 보육제도가 단지 빈곤이나 보호를 필요로 하는 가족에 대한 보조적인 역할을 한다는 기존의 개념과는 전혀 다르게 모든 아동과 가족의 복지를 위해서 절대적으로 필요한 가치로 보는 광범위한 새로운 시각에서의 보육에 대한 이해는 질 높은 보육사업을 전개시키는 데 도움을 준다.

오늘날의 보육의 개념은 「영유아보육법」[1]에서 그 근거를 찾아볼 수 있다. 「영유아보육법」에 의하면 법의 목적(제1조)은 '영유아의 심신을 보호하고 건전하게 교육하여 건강한 사회구성원으로 육성함과 아울러 보호자의 경제적 · 사회적 활동이 원활하게 이루어지도록 함으로써 영유아 및 가정의 복지증진에 이바지함을 목적으로 한다'고 명시하고 있다. 즉, 보육(educare)은 보호(care)와 교육(education)의 통합된 개념으로 아동을 단순히 맡아서 보호해 주는 차원에서 벗어나 전인적 발달을 도모해 주는 포괄적인 서비스를 제공하는 것이다.

그리고 '보육'에 대하여 "영유아를 건강하고 안전하게 보호 · 양육하고 영유아의 발달 특성에 맞는 교육을 제공하는 어린이집 및 가정양육 지원에 관한 사회복지서비스를 말한다[2]"라고 법에서 용어 정의를 하고 있다. 이러한 보육의 정의는 보육정책의 대상이 어린이집을 이용하는 아동뿐만 아니라 가정에 있는 영유아까지 전체 영유아임을 명확히 한 것으로 어린이집서비스와 가정에서의 양육 지원까지를 포함하는 과거보다 더욱 포괄적인 범주의 보육서비스를 의미하고 있다.

2) 보육의 기능에 따른 개념 변화

보육의 개념은 시대에 따라 조금씩 다른 의미를 지니고 변화되어 왔다. 과거의 보육은 아동이 그의 가정에서 정상적인 양육을 받기 어려운 경우에, 하루 중의 일정한 시간 동안만 타인에 의해 제공되는 보호(care)를 뜻하였다. 특히 이러한 보호는 하루 중에서 대부분 주간에 이루어졌기 때문에 'day care'라는 영어로 표기되었

1) 영유아보육법 〈개정 2011.8.4.〉

2) 영유아보육법 제2조(정의) 2항 〈개정 2008.12.19, 2011.6.7.〉

고, '맡긴다'는 의미가 강했기 때문에 '탁아'로 표기되었다. 그리고 이렇게 낮 동안 자신이 자녀를 양육하지 못하고 맡겨야만 되는 부모는 여러 가지 어려움에 처한 사람이며, 특히 경제적인 어려움으로 직장에 다녀야 하는 사람임이 전제되어 탁아는 저소득층의 자녀들이 이용하는 어린이집으로 요보호아동을 위한 복지사업이라는 의미가 강하였다.

이와 같이 표기되는 어떤 용어는 지칭하는 대상이나 기능 중심의 사전적 의미에만 그치지 않고, 어떤 지향하는 바의 이념 및 실천적 철학 내지 자세까지 함축하고 있는, 총체적 개념의 표현이라 할 수 있다. 더구나 그 용어가 학문적으로는 물론 법적인 근거를 가지고 사회적으로 통용되고 있다면 바로 그 용어자체에서 기본적으로 전제되거나 함축된 개념을 파악할 수 있는 것이다.

전통적인 의미에서의 탁아는 개념적 및 실제적 관점에서 보육사업으로 변화하고 있으며, 역시 그 변화는 보육의 발달과정을 통한 용어에서 표출되고 있다. 즉, 1952년 후생시설 요강에서 '직장을 가진 부모의 자녀를 일시 또는 일정 기간 중 위탁보호하는 시설'이라는 정의하에 '탁아소'라는 명칭을 사용한 이래, 1961년 「아동복리법」, 1981년 개정된 「아동복지법」에 이르기까지 계속해서 '탁아시설'이라는 명칭을 사용해 왔으며, 그 목적은 보호자가 근로 또는 질병 등으로 인하여 양육하여야 할 아동을 보호할 능력이 없을 경우에 보호자의 위탁을 받아 그 아동을 입소시켜 보호하기 위해서였다.

그러다가 1982년 12월 「유아교육진흥법」의 제정에 의해 잠시 동안 탁아시설이라는 법적 및 행정적 용어는 폐지되었다가 1989년 9월 「아동복지법」의 개정 때 다시 탁아시설로 부활되었다. 그리고 다시 1991년 1월 「영유아보육법」이 제정되면서 '보육시설'로 바뀌게 되었으며, 이 과정에서 나타난 개념적 변화의 의미는 다음과 같다(이소희 외, 2006).

① 법의 명칭에서 보육(보호와 교육)이란 용어를 사용함으로써 educationcare의 개념을 반영하고 있어 종전의 보호 중심 탁아에서 보호와 교육을 함께한 보육으로의 관점의 변화를 의미한다.

② 법 적용 대상 아동을 영아 및 유아와 방과후 아동으로 정함으로써 중점보육 대상과 그 대상의 확대를 나타내고 있다. 즉, 유아기 아동 중심에서 영아 및 유아와 학동기 아동으로의 변화를 의미한다.

③ 학동기 아동의 보육 기회를 마련해 놓아 방과후 아동에 대한 보호와 복지 및 교육에 기여함을 의미한다.

④ 직장보육, 가정보육, 통합보육, 부모공동보육 등의 다양한 형태의 보육을 지향하고 있다. 즉, 저소득 계층의 아동에서 계층을 초월한 가정의 아동으로 또한 건강한 자녀는 물론 장애와 특별한 욕구를 가진 아동으로의 변화를 의미한다.

⑤ 공휴일, 24시간 보육 등의 보육 시간을 자율적으로 설정, 운영하게 하고 있다. 이는 주간 위주의 보호에서 종일, 24시간, 시간연장형 보육 등 다양한 보육으로의 변화를 의미한다.

이것은 바로 현재 보육의 전반적인 경향과도 거의 일치하고 있다. 이러한 입장에서 볼 때 보육의 개념은 변화하고 있지만, 전통적인 탁아나 오늘날의 보육에서 함축되는 의미는 두 가지이다.

첫 번째는 하루 중의 일정 시간 동안 발생되는 '부모에 의한 양육상의 부적절함'에 대한 사회에서의 보충적 지원체계라는 점이다. 즉, '적절한 양육'을 기본전제로 한 부모의 양육상의 능력을 '강화' 내지는 '지지'하는 차원과 더불어 기본적 시각과 접근에서는 '부적절함'에 대한 보충의 의미가 강하다는 것이다.

또 다른 의미는 보육을 통해서 아동의 전인적 발달을 돕고, 복지를 향상시킨다는 것이다. 다시 말해 인간의 성장 · 발달에 있어서 영유아기의 중요성에 대해 주목할 만한 연구들이 이루어짐으로써 아동의 보호, 양육에 있어서 가족 외의 보충적 어린이집의 필요성이 더욱 강하게 인식되어 세계 각국에서는 영유아기 아동에 비상한 관심을 보여 왔고 막대한 국가적 투자를 하고 있다는 점이다.

현재 우리나라의 보육이념은 다음과 같다(영유아보육법 제3조, 2011.8.4).

첫째, 보육은 영유아의 이익을 최우선적으로 고려하여 제공되어야 한다.

둘째, 보육은 영유아가 안전하고 쾌적한 환경에서 건강하게 성장할 수 있도록 하여야 한다.

셋째, 영유아는 자신이나 보호자의 성, 연령, 종교, 사회적 신분, 재산, 장애, 인종 및 출생지역 등에 따른 어떠한 종류의 차별도 받지 아니하고 보육되어야 한다.

이상의 내용에서 볼 때 보육이란 종래의 단순히 요보호자를 대상으로 하는 구빈적 · 보호적인 차원을 탈피한 개념으로서 이제는 모든 아동을 대상으로 아동이 지닌 발달 특성과 생활환경을 고려한 광범위한 사회복지 지향적인 보호와 교육의 통합된 개념 외에 가족의 아동양육기능을 보완하고 지지하며, 더 나아가 수요자 중심의 서비스를 제공하여야 하는 보편적 가족 지원서비스라 할 수 있다.

2. 보육의 필요성

현대사회는 사회구조의 급격한 변화로 인한 여성의 경제활동 비율이 지속적으로 증가하고 있으며, 가족해체의 증가로 인한 가족구조의 변화로 가정의 아동양육기능이 점차 약화되고 있다. 따라서 자녀의 양육에도 변화가 야기되었다. 이를 구체적으로 나누어서 살펴보면 다음과 같다.

1) 여성의 가치관 변화와 맞벌이가족의 증가

맞벌이가족은 먼저 저소득계층을 중심으로 나타나기 시작하였는데, 그것은 시장경제원리에 지배되는 자본주의사회에서 자본과 기술을 소지하지 못함에 의한 가정의 빈곤함 때문이었다. 다시 말하면 일종의 부익부 빈익빈 현상에 따른 빈부의 격차로 말미암아 맞벌이를 하지 않을 수 없는 상황에 처해졌기 때문에 부부가 함께 직업생활을 할 수밖에 없게 된 것이다. 이렇게 저소득층을 중심으로 맞벌이가족이 증가하자, 부모가 자녀의 양육에 대해 걱정 없이 안심하고 일할 수 있고, 또 자녀의 입장에서는 부모가 맞벌이를 할 동안 안전하고, 건강하게 잘 성장·발달할 수 있도록 도와줄 수 있는 사회적 대책이 필요하게 되었다. 바로 이러한 관점에서 시작된 것이 보육사업(child care service)이다.

그러나 점차 여성의 교육수준 향상에 따라 양성평등사상이 팽배해지고, 자녀 양육비와 교육비 등의 경제적 부담이 증대됨에 따라 여성들은 전통적인 가사와 육아의 역할에 만족하지 않고 사회생활에 적극적으로 참여하고, 결혼 후에도 취업하는 경향이 점점 늘어났으며, 이는 고소득층에까지 확대되었다.

그리고 최근에는 경제구조의 급격한 변동과 더불어 전통적인 성역할 개념은 변화하고 맞벌이가족은 한국 사회의 보편적 가족 형태로 등장하고 있다. 즉, 〈표 1-1〉과 같이 여성의 경제활동참가율은 2006년도 50.3%에서 2021년에는 54.4%으로 소폭 증가하였다(통계청, 2021).

표 1-1 고용, 노동, 임금, 여성 경제활동참가율 (단위: 천 명, %)

연도	15세 이상 여성인구	여성 경제활동 인구	취업자	실업자	여성 비경제 활동인구	여성 경제활동 참가율 (%)	여성 비경제 활동률 (%)	여성 실업률 (%)
2006	19,899	10,001	9,706	294	9,898	50.3	2.9	49.0
2008	20,273	10,139	9,874	265	10,134	50	2.6	48.9
2010	20,741	10,256	9,914	342	10,485	49.4	3.3	47.9
2012	21,254	10,609	10,294	316	10,645	49.9	3.0	48.6
2014	21,718	11,149	10,761	389	10,568	51.3	3.5	49.7
2016	22,134	11,529	11,114	416	10,604	52.1	3.6	50.3
2018	22,484	11,893	11,450	443	10,590	52.9	3.7	50.9
2019	22,618	12,097	11,660	437	10,521	53.5	3.6	51.6
2020	22,750	12,007	11,523	484	10,743	52.8	4.0	50.7

※15세 이상 인구 중 군인, 의무경찰, 사회복무요원, 형이 확정된 교도소 수감자 등은 제외됨.
출처: 통계청(2006~2020, 각 연도).

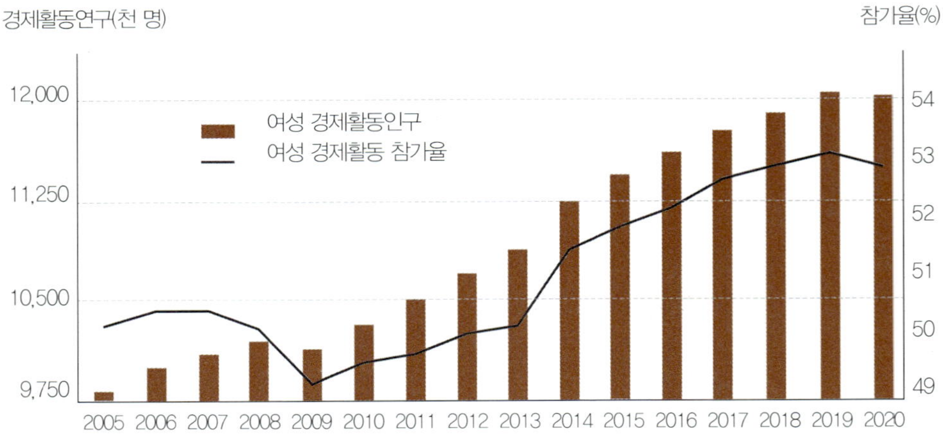

그림 1-1 여성경제활동연구 및 참가율

출처: 통계청(2018).

그러나 우리나라는 여성취업률이 포물선형인 선진국과 달리 상당수 여성이 가사, 육아부담 등으로 30~40대부터 경력단절을 겪는 'M커브' 현상이 계속되고 있다.

이에 정부는 2014년까지 여성의 경제활동 참가율을 OECD국가 평균수준인 60%까지 늘리겠다는 목표를 세운 바 있지만 이를 달성하지 못했다(통계청, 2015).

아무튼 맞벌이가족은 지속적으로 증가하고, 이러한 기혼여성의 취업은 앞으로 계속 증가할 것으로 보인다. 그 이유는 초혼 연령의 상승, 자녀 소수화 및 고학력화 등으로 취업을 희망하는 기혼여성의 수가 계속해서 증가하고 있으며, 또한 노동수요 측면에서도 인력부족 현상과 여성 집중 근무업종의 확대로 기혼여성에 대한 노동수요가 계속 높아지고 있기 때문이다. 이처럼 개인의 삶에서 직업노동의 의미가 차지하는 비중이 점차 커지고 교육수준이 꾸준히 상승하는 점과 가족의 삶의 질 향상에 기여하는 측면에서 맞벌이가족 형태는 지속적으로 증가할 것으로 예측되고, 이에 따라 어린이집을 이용하는 아동의 수도 지속적으로 늘어날 것임을 예측할 수 있다.

한편, 이러한 추세 속에 맞벌이가족의 가족갈등 중에 가장 중요한 것은 자녀와의 관계이다. 취업여성의 자녀관계는 사회적 계층, 직종, 자녀의 연령과 성별 등의 복합요인에 따라 상호작용을 하게 된다.

아동의 입장에서 보면, 맞벌이가족 자녀는 어머니의 취업으로 인하여 홑벌이가족의 자녀와는 달리, 자기보호(self care)를 해야 하는 상황에 놓이기가 쉬워 삶의 질에 위협을 받을 수 있다.

2) 출산율의 저하

우리나라는 1962년부터 약 30년간 정부 차원에서 강력히 추진해온 가족계획 사업과 그동안의 사회 · 경제 발전에 따른 국민생활의 변화, 그리고 가치관의 변화가 출산수준의 변화를 초래하였다. 또한 IMF 이후 대량 발생한 기업의 도산, 파산, 구조조정 등의 영향에 따른 실업자의 급증, 소득의 감소, 그리고 불투명한 장래 등으로 젊은 연령층의 결혼 연기와 기혼부부의 출산 지연 등의 결과로써 출산율은 급속히 더 저하되었다(김승권, 2003).

우리나라 합계출산율(total fertility rate)[3]은 2018년 0.977명, 출생아 수는 326.822명으로 발표되었다. 그리고 2019년은 0.94명, 출생아 수는 30.9만 명이며 2020년 0.84명, 출생아 수는 27.2만 명으로 보통 출산율은 1명으로 갈수록 완화되는 편인데 한국의 출산율은 1명 미만으로 떨어지고도 급격하게 감소하는 추세로 여전히 저출산의 대표적 국가를 면치 못하고 있다(〈표 1-2〉 참조).

표 1-2 출생아 수 및 합계출산율

연도	2010	2011	2012	2013	2014	2015	2016	2017	2018	2019	2020
출생아	470.2	471.3	484.6	436.6	435.3	438.4	406.2	357.7	326.8	302.6	272.4
합계출산율	1.23	1.24	1.29	1.19	1.21	1.23	1.17	1.05	0.97	0.92	0.84

출처: 통계청(2020).

이러한 저출산 문제가 사회적 이슈로 등장하면서 국가적 차원에서 가장 많은 관심과 이에 따른 정책적 대응을 보인 대표적 분야가 보육서비스이다. 물론 출산율 변화를 설명할 수 있는 단일한 변수는 존재하지 않지만, 최근 급격한 출산율 저하 현상에 직면하여 보육에 대한 국가의 개입이 증가하고 있는 현상은 돌봄노동과 국가 간 관계를 분석할 수 있는 좋은 소재를 제공해 준다. 즉, 보육정책은 기혼여성의 일과 육아의 양립지원이라는 여성노동 정책적 관점이 강하다. 이러한 관점은 이제 출산·육아에 대한 사회적 가치에 대한 인식을 강조하면서 출산율 회복을 위한 공공정책의 대응과제로 여겨지고 있다.

그러나 여전히 선진국에 비해 국공립어린이집이 매우 미흡한 실정이며, 이러한

3) 합계출산율(total fertility rate)이란 한 여성이 가임기간(15~49세) 동안 평균 몇 명의 자녀를 낳는가를 나타내는 지표로서 출산력 비교를 위해 사용되는 대표적인 지표임.

상황은 출산 후 여성의 노동 복직과 출산율에 부정적인 영향을 미치는 요인이 되고 있다. 선진국은 안정적인 육아지원체계, 노동시장의 유연성 등으로 완만한 역 U자형이나, 우리나라는 연령별 여성의 경제활동참가율이 〈표 1-3〉과 같다. 우리나라의 지난 10년간 여성경제활동참가율은 50% 수준에서 정체된 상황이다. 즉, 1999년 이후 점진적인 경기회복으로 2005년에는 50.1%로 최초로 50%를 넘어섰으나, 2009년 경제위기로 다시 49.2% 수준으로 하락하였고, 2016년부터 50%를 넘어섰으나 괄목할 만한 변화 없이 2020년 52.8%로 50%대 초반의 수준을 유지하고 있다. 연령별 여성경제활동참가율은 과거에는 M자(M-Curve)와 유사한 형태를 취하고 있었으나, 점차 그 형태가 바뀌어 가고 있다.

표 1-3 연령별 여성 경제활동참가율 (단위: %)

연도	15~19세	20~24세	25~29세	30~34세	35~39세	40~44세	45~49세	50~54세	55~59세	60세 이상	전체
2000	10.8	56.3	53.7	47.3	57.7	61.9	63.3	54.1	50.3	29.9	47.0
2002	10.6	58.3	57.5	48.6	58.2	62.8	63.2	57.2	49.2	29.9	48.4
2004	9.6	57.3	61.2	48.9	57.3	64.1	61.2	55.3	48.6	28.1	48.3
2006	8.0	53.9	64.3	51.6	58.4	64.3	63.3	57.6	49.1	28.1	48.8
2008	6.9	50.3	66.3	51.7	57.4	64.6	64.7	59.5	51.9	27.8	48.7
2010	7.7	48.7	66.2	52.9	54.3	64.2	64.2	60.2	52.3	26.3	47.8
2012	8.3	48.9	68.0	54.8	54.1	62.9	66.4	61.5	53.9	27.9	48.4
2014	8.6	49.5	68.8	57.7	54.9	62.3	68.0	64.7	56.6	29.3	49.5
2016	9.6	56.6	74.7	62.1	58.0	64.7	70.0	67.0	59.0	30.6	52.2
2018	9.2	54.1	76.5	65.2	60.7	64.1	70.2	68.3	61.8	31.5	52.9
2020	8.0	49.3	73.6	67.6	60.5	63.4	67.4	67.7	62.4	35.0	52.8

출처: 통계청(2020).

그러나 국제간 비교자료에 따르면 한국의 여성 경제활동참가율은 OECD 국가 중 하위권을 기록하고 있다(OECD, 2018).

표 1-4 OECD주요국가 여성경제활동참가율 비교 (단위: %)

구 분	2019년	2018년	2017년	2016년	2015년	2014년	2013년
한국	60.0	59.4	59.0	58.4	57.9	57.0	55.6
일본	72.6	71.3	69.4	68.1	66.7	66.0	65.0
미국	68.9	68.2	67.9	67.3	66.9	67.1	67.2
OECD 평균	65.1	64.5	64.0	63.6	63.0	62.8	62.6

※ OECD기준은 15세~64세 기준[4)]
출처: OECD.stat. LFS - Sex and Age Indicators(Accessed on 20 January 2021).

이상을 볼 때 여성의 경력단절을 예방하고, 경제활동 참여 및 경력을 유지하기 위한 정책수립 추진이 필요하다. 이에 정부에서는 경력단절여성 등의 경제활동촉진 기본계획('15~'19)을 수립하여 보육 돌봄 인프라 강화, 일가정 양립환경 조성 등의 정책을 통하여 여성 경제활동 참여 활성화를 지원하고 있다.

그밖에 가족의 다양한 형태와 불안정한 가족의 증가, 즉 부모의 이혼, 별거, 가출, 사회경제 침체에 따른 실업률 증가에 의한 가정불화 등의 원인으로 인해 친부모 혹은 양쪽 부모에 의한 양육이 어려운 가족이 증가하고 있다는 점도 보육의 필요성을 설명해 주는 요소이다.

이렇게 사회계층을 망라하고 아동은 이전처럼 자신이 태어난 가정에서 주로 어머니에 의한 직접적인 양육 및 친척들의 도움을 받으며 자라나기가 어렵게 되었으며, 어머니와 가족의 양육 역할을 보충해 줄 사회적 지지기반이 필요하게 되었다. 그러나 이러한 대책이 제대로 수행되지 못하는 경우에 아동에게 미치는 발달상의 어려움은 여러 영역에서 나타나게 된다. 따라서 맞벌이를 하는 가정의 자녀가 안전하게 보호받을 뿐 아니라, 전인적 발달을 도울 수 있는 보충적 형태의 양육이 필요하다. 이러한 사회적 욕구 내지 요구에 부응한 사업이 바로 보육인 것이다.

이상의 상황들을 볼 때 현대사회에서 미래사회로 갈수록 보육에 대한 욕구는 커

4) OECD 경제활동참가율은 15세 이상 65세 미만 인구를 대상으로 하기 때문에 우리나라 통계청에서 발표하는 여성경제활동참가율 보다 높은 수치임.

지고 있으며, 보육의 중요성이 폭넓게 증대되면서 보육을 보는 관점, 보육대상, 보육 개념 등은 새로운 변화가 일어나고 있다. 과거 탁아에서 시작된 보육이 보호·교육적 서비스를 통합적으로 제공하게 된 과정에서 보육의 질적 수준을 계속적으로 점검하고 보육서비스의 질적 수준을 높이기 위한 연구와 그에 따른 방안을 마련하고자 하는 노력들이 이루어지고 있다. 수준 높은 보육서비스는 기혼여성들의 취업을 안정적으로 보장하고, 자녀양육에 대한 부담을 완화시킴으로써 국민경제 차원의 노동생산성 증대라는 측면에서도 절실히 요구된다.

3. 보육의 의의와 관점

1) 보육의 의의

가족 형태가 변화하면서 자녀양육은 점차 커다란 사회문제가 되고 있다. 부모가 자녀의 양육에 대한 걱정 없이 안심하고 일할 수 있고, 또 자녀의 입장에서는 부모가 일할 동안 안전하고, 건강하게 성장·발달할 수 있도록 도와줄 수 있는 사회적 지원대책이 필요하게 되었다. 이러한 필요성에 의해 시작된 보육은 크게 세 가지 측면에서 그 의의를 지니는데, 이를 아동, 부모와 가족, 국가의 측면에서 나누어 살펴보면 다음과 같다.

(1) 아동에 관한 보육의 의의

모든 아동은 특별한 보호와 교육과 발달에 필요한 제반 조건의 보장을 받을 권리가 있다. 즉, 보육을 받을 권리란 부모가 취업, 질병 등 기타의 이유로 인해 더 이상 '부모로부터 양육 받을 권리'를 보장받을 수 없게 된 아동들의 생존권, 보호권, 발달권, 행복추구권 등을 보장하기 위해 새롭게 요구된 종속적인 권리이다.

영유아기는 신체적 · 정서적 · 사회적 · 인지적 발달에 가장 중요한 시기이므로 질적이고 포괄적인 보육서비스의 제공은 매우 중요하다. 따라서 Segal, Bardige, Woika와 Leinfelder(2006)는 보육의 중요한 목표를 네 가지로 제시하였다. 첫째, 안전과 건강을 위해 영유아에게 적절한 학습환경을 보장하고, 둘째, 신체 · 인지발달을 촉진시키며, 셋째, 사회정서발달을 촉진시키고, 넷째, 가족을 지원하는 것이다. 이처럼 아동의 입장에서 본 보육의 의의를 살펴보면 다음과 같다.

① 영유아가 교육적인 환경에서 생활함으로써 인지발달을 촉진시킬 수 있으며, 특히 저소득층의 아동은 보상교육도 겸하여 받을 수 있다.
② 영유아가 또래의 친구 및 다양한 연령의 아동과 접촉함으로써 사회성발달을 촉진시킬 수 있다.
③ 부모가 질병으로 입원, 장기요양하거나, 별거와 이혼 등 가정적인 문제가 발생될 경우 낮뿐만 아니라 야간시간 연장형 보육, 24시간 보육, 주말보육 등 다양한 보육의 형태로 전문적인 보호와 교육을 받을 수 있다.
④ 맞벌이가족의 자녀인 경우, 부모가 일하는 낮 시간 동안 정서적으로 안정된 상태에서 개별적 및 집단적 보호를 받을 수 있다.
⑤ 맞벌이가족의 자녀인 경우, 부모가 일하는 낮 시간 동안 신체적으로 안전하게 보호받음과 동시에 필요한 생리적 욕구, 즉 식사와 간식, 배설, 낮잠 등의 욕구를 충족시킬 수 있다.
⑥ 학동기 아동의 경우에도 방과후와 방학 중의 낮 시간 동안 홀로 지내지 않고 다양한 방과후 프로그램에 의해 안전 · 생활지도, 학습지도의 효과를 기대할 수 있다.

(2) 부모와 가족에 관한 보육의 의의

보육의 확대로 인해 맞벌이가족에서 당면하는 문제인 자녀양육기능을 보충해 줌으로써 안심하고 생업에 전념할 수 있게 되므로 여성의 노동력이 확보되고 경제적으로도 좀더 안정적이고 윤택한 생활을 할 수 있어 생활의 안정과 기반을 기대할 수 있다. 또한 부모, 특히 어머니가 사회 참여를 통해서 자아실현을 이룰 수가 있으며, 이를 통해 함께 성숙하는 가족생활이 가능하고, 가족관계의 질적 향상을 도모함으로써 원만한 가족생활을 이룰 수 있는 등 가족복지 증진을 촉진시킨다.

따라서 어린이집은 주 양육자인 어머니를 대신하여 자녀를 보살펴주고 돌보아주어 어머니가 안심하고 자녀를 맡길 수 있는 양질의 보육과 더불어 부모들의 개인적인 보육욕구를 감안하여 취업활동을 지원해 줄 수 있는 다양한 형태의 어린이집이 확충되어야 한다.

이와 동시에 영유아를 대상으로 하는 보육활동은 어머니 부재의 영향을 최소화하도록 영유아기의 부모 역할을 대신해 주고 보완해 주는 데 초점을 맞추어야 한다. 영아기의 중요한 부모 역할로는 양육자의 역할, 기본적 신뢰감과 자율감의 발달, 다양한 감각자극의 제공 등을 들 수 있으며, 유아기의 중요한 부모 역할로는 보호자의 역할, 훈육자의 역할, 충분한 언어적 상호작용 및 학습기회와 지적자극 제공자로서의 역할 등을 들 수 있다. 그러므로 보육활동이 이러한 역할을 충분히 보완해 줄 수 있을 뿐만 아니라 영유아 발달에도 적합한 보육과정이 마련되어야 한다. 아울러 보육의 여러 측면 가운데서 어머니의 역할을 대신해 주는 인적 자원인 교사의 역할이 중요한 만큼 이들을 위한 교육이 철저하게 이루어져야 할 것이다. 이러한 측면에서 보육지원체계는 2020년부터 종일제라는 것을 삭제하고 기본보육과 연장보육으로 보육교사의 질을 높이고자 노력하고 있다.

(3) 국가에 관한 보육의 의의

최근 보육의 정책 환경은 크게 바뀌어 저출산 · 고령화 현상이 더욱 심화되고, 출산양육 부담이 여성의 경제활동을 저해하고 있으며, 전 세계적으로 경제가 어려워짐에 따라 어린이집 이용 아동 수는 지속적으로 증가할 전망이다. 또한 다문화, 한부모, 장애아동 등 관심을 가져야 할 대상이 늘어나고 있다. 특히 출산을 기피하는 가장 큰 요인은 자녀양육에 대한 경제적 부담으로 이에 보육의 중요성 및 효과성에 대한 기대는 더욱 커지고 있다. 이러한 추세는 우리나라의 보육에 대한 정부의 입장을 변화시켜 놓았다. 사회적 역량을 갖춘 아동은 국가번영의 지속적인 자원이다. 아동에 대한 정부의 조기투자는 아동당 1달러를 투자했을 경우, 4달러의 사회적 환원효과가 발생한다고 보고되고 있다(NIEER, 2003). 따라서 부모에 의한 양육지원에 결함이 생기지 않도록 사회적 책임을 다한다는 관점에서 실시되는 보육은 아동을 보호하고, 아동의 잠재적 역량을 개발시키는 데 기여한다. 또한 보육은 인구의 절반을 차지하는 여성의 잠재적인 역량을 개발시킴으로써 결혼과 자녀출산 후에도 지속적인 사회 및 경제활동을 할 수 있는 여건을 마련해 줄 수 있다. 특히 국가 간 경쟁력을 고려할 때, 여러 분야에서 사회적 기여를 할 수 있는 여성의 참여는 국가경제의 기반을 조성시키는 데 기여하고, 나아가 국가 간의 경쟁력을 제고시킨다.

이상과 같이 보육은 부모로부터 적절한 보육을 받기 어려운 아동을 올바르게 성장할 수 있도록 도와주며 가정생활을 잘 영위할 수 있도록 지지해 주고 여성인력을 활용함으로써 국가경제에 이바지하는 측면에서도 그 의의가 있으므로, 아동 개인뿐만 아니라 사회와 국가의 광범위한 측면에서도 반드시 필요하다.

2) 보육의 관점

보육을 보는 관점의 차이는 보육서비스를 제공하기 위해 수립되는 정부정책의 차이로 바로 연결된다. 즉, 정부의 보육에 대한 관점에 따라 보육서비스가 제공되어야 하는 보육 대상의 범위가 달라지고 그에 따라서 선택될 수 있는 재정의 지출 방법 등 정부의 정책이 상이해지기 때문이다. 보육의 관점은 크게 아래와 같이 구분할 수 있다.

(1) 기본적 보육관점

이 관점은 보육서비스를 계층 간의 불평등을 해소하는 방안 중 하나로 파악한다. 보육서비스는 저소득층 아동의 방치상태를 예방하기 위해서 필요하며, 재정적인 부담은 국가가 맡게 된다. 이러한 관점에서 보육 수요를 파악하는 경우 보육서비스가 구빈 차원의 선별적 특성을 갖게 되며 중산층 이상의 보육 수요는 전적으로 사적인 지원망에 의존하게 하는 문제가 발생할 수 있다.

(2) 보충적 보육관점

이 관점은 보육 수요를 여성의 사회 참여로 인해 가정보육이 사실상 불가능해짐에 따라 자녀 양육을 대리적으로 해야만 하는 관점에서 바라본다. 취업주부들이나 취업을 원하는 기혼여성들의 욕구는 충족되어야 하며, 이를 위해서는 보육서비스의 제공이 선결조건인 것으로 파악하고 있다. 따라서 보육서비스는 여성의 선택을 가능케 하는 여성복지의 증진을 위한 도구적인 성격을 갖게 된다.

(3) 보편적 보육관점

보육의 목적을 궁극적으로는 아동복지의 실현에 있다는 아동복지적인 관점에 따라 모든 아동은 보호자의 취업 유무와는 상관없이 자아의 개성을 발달시키고 자아

실현을 위해 고르게 보호받고 교육을 받을 수 있는 기회를 누려야 한다는 것이다. 이러한 측면에서 볼 때 아동은 보육의 기회를 공평하게 가져야 할 뿐만 아이니라 각자의 개성에 따라 다양한 유형의 보육을 받아야 한다. 이를 위해서는 사회양육을 하는 것이 가정양육보다 바람직하다는 주장을 담고 있다.

이상에서 살펴본 보육을 파악하는 세 가지 관점은 강조점이 다르지만 서로 배타적이라기보다는 보완적인 관계를 가진다. 즉, 보육서비스는 저소득층만의 욕구는 아니며 여성의 자아실현을 위한 도구적인 측면보다는 아동의 기본권 보장이라는 아동복지적인 측면이 강조되어야 한다. 아동복지적 측면에서의 보편적인 보육서비스 관점은 특히 21세기를 맞이하면서 급변하고 있는 우리 사회의 사회경제적 변화에 따른 영유아 보육패러다임의 변화에 의한 필연적인 관점이다. 다시 말해 저출산과 고령화로 인한 인구구조의 변화, 확대가족의 급격한 감소와 증가하는 이혼율로 인한 전통 가족구조와 가족에 대한 가치관의 변화, 맞벌이부부의 증가로 인한 2인 생계부양체계가 변화하였으며 이러한 현상은 영유아 보육정책을 전면적으로 재검토하게 만들었고 재정 지원의 필요성을 증대시키게 되었다. 이제 영유아 보육은 영유아와 부모, 그리고 관련된 일을 하는 사람들만의 영역이 아니라 전 국가적인 중대사 및 공적 영역이 되었다.

그리고 정부에서는 우리 사회의 사회경제적 변화에 따른 필연적인 결과로 보육에 대한 국민의 관심과 요구가 더욱 증대될 것임을 예측하여 영유아 보육업무가 보호자 중심과 선별적 보육에서 탈피하여 보호자와 국가가 함께 책임을 지고 보육을 필요로 하는 모든 아동에게 균등하게 보육서비스를 제공하는 보육의 공공성 강화와 보육서비스의 질적 수준 향상을 위해 영유아 보육정책을 수립하게 되었다. 이에 국가에서는 더욱 더 보편적인 보육서비스로 접근하고 있으며, 전국의 보육서비스를 이용하는 모든 영유아의 무상보육뿐만 아니라 가족 내 아동돌봄까지 양육수당 지원을 통하여 보육의 관점을 더욱 폭넓은 범주에서 바라보고 있다. 이러한 접근은 보육의 목적이 궁극적으로는 아동 및 가족복지의 실현에 있다는 점에서 볼 때 고무적인 일이라 할 수 있다.

생각해 볼 문제

1. 과거와 현재의 보육에 관한 관점의 차이가 무엇이며, 현재의 보육 관점에 따른 보육정책의 방향에 관해 생각해 봅시다.

2. 영유아 보육에 관한 개념은 과거와 달리 현재 어떻게 변화되었는지, 그 이유는 무엇인지 생각해 봅시다.

3. 저출산대책으로서 보육은 어떤 의미를 지니는지 생각해 봅시다.

Chapter 02

보육의 유형

어린이집을 선택할 때는 보육 대상 영유아와 부모의 특성과 욕구를 고려하여, 다양한 유형의 어린이집 중에서 적합한 어린이집을 선택하여야 한다. 이에 본 장에서는 보육의 유형을 보육의 질, 보육 대상, 운영 주체, 보육시간, 보육장소에 따라 나누었다. 그리고 보육의 질에 따라서는 보호적 보육, 발달적 보육, 포괄적 보육으로 나누어 살펴보고, 보육 대상에 따른 보육유형은 영유아의 연령과 영유아의 욕구에 따라 분류하여 살펴보고자 한다. 그리고 운영 주체에 따른 보육 유형은 국공립어린이집, 사회복지 법인어린이집, 법인 · 단체 등 어린이집, 민간어린이집, 직장어린이집, 가정어린이집과 협동어린이집 등으로 분류하였다. 또한 보육시간에 따라서는 종일제 보육, 일시 보육, 시간 연장 및 휴일보육, 24시간 보육 등으로 살펴보고 보육장소에 따라서는 가정 중심 보육과 기관 중심 보육으로 나누어 살펴보고자 한다.

1. 보육의 질에 따른 보육 유형

보육은 질적 수준에 따라 보호적 보육(custodial care), 발달적 보육(developmental care), 포괄적 보육(comprehensive care)으로 분류할 수 있으며(Decker & Decker, 1984), 보육서비스는 보호적 보육, 발달적 보육, 포괄적 보육 순으로 발전되어 왔다.

1) 보호적 보육

보호적 보육(custodial care)은 보육사업 초기에 많이 나타났던 유형으로 영유아들이 모든 발달영역에서 건전하게 성장·발달할 수 있도록 적절한 자극과 환경을 제공하기보다는 최소한의 법적 기준을 지키면서, 안전한 환경 속에서 신체적으로만 돌보는 데 중점을 두고 있다.

2) 발달적 보육

발달적 보육(developmental care)은 기본적인 양육서비스에 더하여 안전, 영양, 건강을 포함한 서비스로 영유아가 신체, 인지, 언어, 정서, 사회 등 전 발달영역에서 건전하게 성장·발달할 수 있도록 계획된 프로그램이다. 그리고 발달적 보육 유형의 어린이집에서는 영유아의 성장과 발달을 돕기 위해서 부모참여 프로그램을 활용하여 가정과 연계하기도 하며, 현재 우리나라 대부분의 어린이집이 발달적 보육 유형에 속한다고 할 수 있다.

3) 포괄적 보육

포괄적 보육(comprehensive care)은 영유아와 가족을 위해 보호적 보육, 발달적 보육에 건강과 사회적 서비스를 포함하는 보육 유형이다. 미국의 Head Start Program이 대표적인 포괄적 프로그램의 사례이며, 신체검사, 예방접종, 구강보건, 심리상담, 부모교실 등의 서비스를 포함한다. 현재 우리나라에서는 포괄적 보육의 필요성을 인식하고, 2007년부터 아동보호 통합서비스인 희망스타트 사업을 시작하였다. 2008년에 희망스타트를 드림스타트로 변경하였으며, 드림스타트 사업은 0세(임산부)~만 12세(초등학생 이하) 아동 및 가족 중에서 취약계층 아동에게 맞춤형 통합서비스를 제공하여 아동의 건강한 성장과 발달을 도모하고 공평한 출발기회를 보장함으로써 건강하고 행복한 사회구성원으로 성장할 수 있도록 지원하는 사업이다. 2021년 기준 전국적으로 229개소를 운영하고 있다. 드림스타트에서는 가정방문을 통한 서비스 대상아동 발굴 및 주기적 면담을 통한 통합사례관리 서비스를 제공하고 있다. 〈표 2-1〉에 발달 영역별 서비스 내용과 프로그램 예시를 제시한다.

표 2-1 드림스타트 사업 현황

구분	내용	프로그램(예시)
신체 · 건강	• 아동의 건강한 성장과 신체발달 증진 • 건강한 생활을 위한 건강검진 및 예방, 치료 • 아동 발달에 필요한 신체/건강 정보 제공	건강검진, 예방접종, 건강교육, 영양교육 등
인지 · 언어	• 아동의 의사소통 및 기초학습 능력 강화 • 맞춤형 인지 · 언어 서비스를 통한 아동의 강점 개발	기초학력 검사, 기초학력 배양 경제교육, 독서지도 등
정서 · 행동	• 자아존중감 및 긍정적 성격 형성을 위한 정서발달 서비스 제공 • 사회성 발달 및 아동 권리 신장을 위한 교육	사회성 발달프로그램, 아동학대 예방, 심리상담 및 치료, 돌봄기관 연계 등
부모 · 가족	• 부모자녀 상호작용 및 적합한 교육환경을 위한 부모 역량 강화 • 부모의 유능감 및 자아존중감 강화 • 부모의 양육기술 지원 • 임산부의 건강한 출산 및 양육 지원	부모교육, 가족상담 및 치료 부모취업지원, 산전산후관리 등

출처: 드림스타트(https://www.dreamstart.go.kr).

2. 보육 대상에 따른 보육 유형

1) 영유아의 연령에 따른 보육 유형

어린이집에서는 대상 아동의 연령별 특성을 고려하여 교사 대 영유아의 비율, 물리적 환경, 보육프로그램 내용을 다르게 구성하여야 한다. 어린이집의 보육대상은 6세 미만의 취학 전 영유아(만 0세~만 5세의 취학 전 아동)를 원칙으로 하며, 필요한 경우 만 12세까지 연장하여 보육할 수 있다.

(1) 영아보육

만 3세 미만의 영아를 대상으로 하며, 영아들이 가정에서 생활하는 것과 같이 편안하게 생활할 수 있도록 일상적 양육서비스를 주로 제공한다. 영아보육은 만 0세반, 만 1세반, 만 2세반 등으로 구분하며, 교사 대 아동 비율은 만 0세반 1:3, 만 1세반 1:5, 만 2세반 1:7이다. 영아전담어린이집은 만 3세 미만의 영아만을 20인 이상 전담하여 보육하여야 하나 예외적으로 시설 정원범위 내 40%까지 유아를 보육할 수 있다(보건복지부, 2018). 영아를 위한 보육프로그램은 일상생활의 양육과 개별화된 활동, 놀이가 균형을 이루는 것이 중요하다. 대소집단 활동을 최소화하고 거의 모든 활동을 개별화된 활동으로 구성할 필요가 있고, 교사가 영아의 민감한 요구를 파악하고 이에 적합하게 상호작용하는 것이 중요하다(보건복지부 · 중앙육아종합지원센터, 2013).

(2) 유아보육

유아보육의 교사 대 아동 비율은 만 3세반은 유아 15명당 교사 1인, 만 4, 5세는 유아 20명 당 교사 1인을 배치하여야 한다.

누리과정은 3~5세 유아를 위한 국가수준의 공통 교육과정이며, 어린이집과 유치원 모두 동일하게 적용되며 신체운동 · 건강, 의사소통, 사회관계, 예술경험, 자연탐구 등 5개 영역으로 분류된다. 누리과정은 첫째 국가 수준의 공통성과 지역, 기관 및 개인 수준의 다양성을 동시에 추구하며, 둘째 유아의 전인적 발달과 행복을 추구하며, 셋째 유아 중심과 놀이 중심을 추구하며, 넷째 유아의 자율성과 창의성 신장을 추구하며, 유아, 교사, 원장(감), 학부모 및 지역사회가 함께 실현해가는 것을 추구한다.

(3) 방과후 보육

방과후 보육은 초등학생을 대상으로 학업 및 숙제지도, 음악 · 미술 · 체육 등의 특기교육, 문화체험 활동 등과 같은 서비스를 제공하는 것이며, 방과후 보육서비스 제공은 4시간 이상(~19:30분까지)이다. 방과후 어린이집은 영유아보육의 연계선상에서 초등학생 저학년을 우선 대상으로 하는 것으로 맞벌이부부 등 아동을 맡길 곳이 없는 가정을 우선적으로 하여 어린이집 정원 범위 내에서 20%까지 보육할 수 있다.

현재 초등학생을 위한 방과후 프로그램은 초등학교 내 돌봄교실, 지역아동센터 등이 확대되면서 어린이집 방과후 보육은 점차 축소되고 있다.

2) 영유아의 욕구에 따른 보육 유형

장애아동을 위한 보육프로그램은 일반 보육과정 접근과 개별 보육과정 접근이 동시에 이루어져야 한다. 먼저 일반아동에게 보육프로그램을 기반으로 하여 장애가 있는 아동이 장애가 없었다면 가졌을 모든 경험을 동일하게 하도록 함으로써 성장과 발달과정 중에 장애로 인한 불이익을 받지 않도록 하여야 한다. 더불어 장애아동의 장애유형이나 정도를 고려하여 개별아동 중심의 접근이 함께 고려되어야 한다(이소현 외, 2007).

다시 말해서 어린이집에서는 장애아동을 대상으로 인근 장애아전문 · 통합 어린이집 또는 장애인복지관과 연계하여 특수교육진단평가, 개별화 교육프로그램(IEP) 등을 시행함으로써 장애아동이 제대로 된 보호서비스를 받을 수 있도록 하여야 한다. 장애아전담보육교사는 장애아보육 직무교육과정을 이수하여야 한다.

(1) 장애아 통합보육

장애아동과 비장애아동이 함께 보육하는 형태로 2021년 기준 정원의 20% 내에서 장애아반을 편성 운영하거나 장애아반을 별도로 편성하지 않은 채 3명 이상의 장애아동을 비장애아동과 함께 보육하는 어린이집을 장애아 통합 어린이집으로 지정하고 있다. 장애아 종일반을 편성 · 운영하거나 미취학장애아 3명 이상을 통합보육하는 경우 장애아보육 전담교사 1인당 인건비의 일부를 정부에서 지원하고 있다.

장애아동 통합교육은 장애아동에게는 또래와의 집단생활을 통해 사회적 접촉의 기회를 제공함으로써 궁극적으로 사회적응을 도와줄 수 있으며, 비장애아동에게는 타인을 배려하고 도와주는 태도와 방법을 배울 수 있는 장점이 있다(조성연 외, 2004). 그러나 통합보육이 성공하려면 장애아동이 사회화의 기술을 가지고 있어야 하며, 보육교사 이외에 별도의 장애아동 전담교사를 두어야 하고 장애아동의 장애유형과 정도에 맞는 개별화된 프로그램을 제공해야 하는 어려움이 있다.

(2) 장애아 전문보육

장애의 유형과 정도에 따라 장애아동을 보육하는 유형으로 장애아전문어린이집은 장애아동을 위한 어린이집과 설비, 특수교사를 갖추고 있어야 한다. 장애아전문어린이집은 「장애아동복지지원법」에 따라 설치 · 운영되며, 2021년 기준으로 12명 이상의 장애아(단, 미취학장애아 9명 이상 포함)를 보육하여야 하며, 12세까지 입소할 수 있다. 장애아전문어린이집은 장애아의 연령, 장애의 종류 및 정도를 함께 고려하여 반을 편성·운영하고, 통합보육을 위하여 정원 범위 내에서 40%까지 비장애아를 보육할 수 있다. 교사 대 아동 비율은 장애아 3인당 교사 1인이며, 국가에서 인건비 80%를 지원한다(보건복지부, 2021). 장애아 전문보육은 장애아동의 장애유형과 정도에 따라 반을 편성하고 보육프로그램을 운영하므로, 개별화된 보육프로그램을 제공할 수 있는 장점이 있으나, 장애아동의 사회 적응 측면에서는 부정적인 면이 있다.

3. 운영주체에 따른 보육 유형

어린이집의 운영주체에 따른 유형은 「영유아보육법」제10조(어린이집의 종류)에 의해 7가지로 나눌 수 있다[5](보건복지부, 2021; 법제처, 2021).

1) 국공립어린이집

국공립어린이집은 국가와 지방자치단체가 설치·운영하는 어린이집으로서 지역주민 자녀를 보육아동 정원의 50% 이상 보육하는 어린이집을 말한다. 상시영유아 11인 이상을 보육할 수 있는 어린이집을 갖추어야 하며, 명칭은 '○○어린이집'으로 하여야 한다. 그리고 국공립어린이집은 보육계획에 따라 도시 저소득주민 밀집 주거지역 및 농어촌지역 등 취약지역, 「주택법」 제2조 제3호에 따른 아파트, 연립주택, 다세대 주택 등 공동주택에 설치되어야 한다. 다만, 「공동주택관리법」 제2조 제7호에 따른 입주자 등의 과반수가 국공립어린이집으로의 운영에 찬성하지 아니하는 경우는 설치하지 않아도 된다.

---

5) 「영유아보육법」 제10조 (어린이집의 유형), 〈개정 2011.6.7., 2011.8.4., 2016.2.3., 시행일: 2016.8.4.〉

한편, 국공립어린이집 외의 어린이집을 설치 · 운영하려는 자는 특별자치도지사 · 시장 · 군수 · 구청장의 인가를 받아야 한다.

2) 사회복지법인 어린이집

사회복지법인 어린이집은 「사회복지사업법」에 따른 사회복지법인(이하 "사회복지법인"이라 한다)이 설치 · 운영하는 어린이집을 말한다. 사회복지법인어린이집은 상시 영유아 21인 이상을 보육할 수 있는 어린이집을 갖추어야 하며, 명칭은 '○○어린이집'으로 하여야 한다. 설치는 관할 시장 · 군수 또는 구청장에게 사전에 인가를 신청하여야 하며, 지역 보육 수요와 어린이집의 공급 현황 등을 감안하여 지역별로 균형 있게 배치되도록 하여야 한다.

3) 법인 · 단체 등 어린이집

어린이집 법인 · 단체 등 어린이집은 각종 법인(사회복지법인을 제외한 비영리법인)이나 단체 등이 설치 · 운영하는 어린이집으로서 대통령령으로 정하는 어린이집이다. 즉, 「유아교육법」, 「초 · 중등교육법」 및 「고등교육법」에 따른 법인 또는 학교법인, 종교단체, 근로복지공단, 보육교사 교육훈련시설이 설치 · 운영하는 어린이집 혹은 이에 준하는 어린이집으로서 보건복지부장관이 정하는 어린이집을 말한다.

법인 · 단체 등 어린이집은 상시 영유아 21인 이상을 보육할 수 있는 어린이집을 갖추어야 하며, 명칭은 '○○어린이집'으로 하여야 한다. 설치는 관할 시장 · 군수 또는 구청장에게 사전에 인가를 신청하여야 한다.

4) 직장어린이집

직장어린이집은 사업주가 사업장의 근로자를 위하여 설치 · 운영하는 어린이집(국가나 지방자치단체의 장이 소속 공무원을 위하여 설치 · 운영하는 어린이집을 포함한다)이다. 직장어린이집은 상시 5명 이상을 보육하여야 하며, 상시 여성근로자 300명 이상 또는 상시 근로자 500명 이상을 고용하고 있는 사업장의 사업주는 직장어린이집을 설치하여야 한다. 만일 의무사업장의 사업주가 직장어린이집을 단독으로 설치하기 어려운 경우에는 둘 이상의 사업주가 공동으로 직장어린이집을 설치 · 운영하거나, 지역의 어린이집과 위탁 계약을 체결하여 근로자 자녀의 보육을 지원하여야 한다.

직장어린이집을 설치(사업주가 공동으로 직장어린이집을 설치하는 경우를 포함한다)하거나, 지역의 어린이집과 위탁계약을 맺은 사업주는 그 어린이집의 운영 및 수탁보육 중인 영유아의 보육에 필요한 비용의 100분의 50 이상을 부담하여야 한다. 그리고 직장어린이집 설치 등 의무 이행에 관한 실태 조사를 매년 실시하여 그 결과에 따라 직장어린이집 설치 등의 의무를 이행하지 아니한 사업장 및 실태조사에 불응한 사업장의 명단을 공표할 수 있다.

5) 가정어린이집

어린이집은 개인이 가정 또는 그에 준하는 곳에 설치 · 운영하는 어린이집을 말하며, 상시 영유아 5인 이상 20인 이하를 보육할 수 있는 어린이집을 갖추어야 하며, 명칭은 '○○어린이집'으로 한다. 관할 시장 · 군수 또는 구청장에게 사전에 인가를 신청하여야 하며, 지역 보육 수요와 어린이집의 공급 현황 등을 감안하여 지역별로 균형 있게 배치되도록 하여야 한다.

6) 협동어린이집

협동어린이집은 보호자 또는 보호자와 보육교직원이 조합(영리를 목적으로 하지 아니하는 조합에 한정한다)을 결성하여 설치 · 운영하는 어린이집을 말하며, 상시 영유아 11인 이상을 보육할 수 있는 어린이집을 갖추어야 하며, 명칭은 '○○어린이집'으로 하여야 한다. 또한 관할 시장 · 군수 또는 구청장에게 사전에 인가를 신청하여야 한다.

이 어린이집 유형은 기존 부모협동어린이집의 명칭이 변경된 것으로써 기존에는 보호자들이 조합을 결성하고 있으나, 협동어린이집에는 보호자와 보육교직원이 조합을 결성하는 것으로 하였다. 이는 보호자와 보육교직원이 함께 참여하여 조합을 결성하도록 다원화시켜 부모와 보육교직원 간의 유대감을 높이고 보육교직원의 보육책임성을 보다 강화하기 위해서이다.

7) 민간어린이집

민간어린이집은 위의 각 어린이집에 해당하지 않는 어린이집으로서, 상시 영유아 21인 이상을 보육할 수 있는 어린이집을 갖추어야 하며, 명칭은 '○○어린이집'으로 하여야 한다. 설치는 관할 시장 · 군수 또는 구청장에게 사전에 인가를 신청하여야 하며, 지역 보육 수요와 어린이집의 공급 현황 등을 감안하여 지역별로 균형있게 배치되도록 하여야 한다.

4. 보육시간에 따른 보육 유형

어린이집은 주 6일 이상 연중 계속 운영하는 것을 원칙으로 하며, 다만, 보호자의 근로시간 등을 고려하여 미리 보호자의 동의를 받은 경우에는 영유아 및 그 보호자에게 불편을 주지 않는 범위에서 어린이집 운영일 및 운영시간을 조정하여 운영 가능하다. 감염병의 발생에 따라 '보건복지부장관, 시 · 도지사 또는 시장 · 군수 · 구청장은 천재지변이나 감염병 발생 등 긴급한 사유로 정상적인 보육이 어렵다고 인정하는 경우 어린이집의 원장에게 휴원을 명할 수 있다. 그리고 명령을 받은 어린이집의 원장은 지체 없이 어린이집을 휴원하여야 하며, 휴원 시보호자가 영유아를 가정에서 양육할 수 없는 경우 등 긴급보육수요에 대비하여 긴급보육 계획을 가정통신문 등을 통하여 보호자에게 미리 안내하는 등 어린이집 운영에 필요한 조치를 하여야 한다.'고 규정하고 있다. 근로자의 날(5월 1일)은 사전 보육수요 조사를 통해 보육에 지장을 주지 않는 범위 내에서 교사 배치를 조정하여 운영할 수 있으며, 근로자의 날 근무자에 대하여 관련법에 따라 휴일 근로수당을 지급하여야 한다. 그리고 토요일에도 어린이집을 운영하여야 하나, 토요 휴무제 확대에 따라 보육아동 수가 감소할 경우에는 보육에 지장을 주지 않는 범위 내에서 교사 배치를 달리할 수 있다. 즉 교사들의 토요일 교대 휴무가 가능하다.

그러나 어린이집은 연중 운영이 원칙이므로 교사의 하계휴가 사용 등을 이유로 임시휴원(일명 '방학')은 불가하다. 다만 보육 공백을 최소화하고 보육에 지장을 주지 않는 범위 내에서 반 구성, 교사 대 아동비율을 달리하여 운영할 수 있으며, 이 경우 반드시 보호자의 보육수요조사를 거쳐야 한다. 즉 교사의 하계휴가 기간에도 맞벌이 가정 등 긴급보육이 필요한 아동을 위하여 당번교사를 배치하여야 한다.

1) 기본보육

기본보육은 오전 9시부터 오후 4시까지 7시간이며, 지역별 · 어린이집별 사정에 따라 보호자와 협의하여 9시~16시 전 · 후 30분 범위 내에서 보육시간 탄력 조정 가능하다. 오전 7시 30분부터 오전 9시와 전후 9시 30분까지 등원지도 시간과 오후 4시부터 오후 5시와 전후 30분까지의 하원지도 시간은 기본보육으로 간주한다.

2) 연장보육

연장보육은 오후 16시부터 저녁 7시 30분까지이며, 안정적 보육 환경 조성 차원에서, 하원한 아동이 학원 등을 다녀온 후 재등원하는 것은 불가하다. 다만, 영유아의 의료기관 진료와 같이 불가피한 경우에만 재등원 가능하며, 하원 시에는 아동 보호자가 원내로 들어와서 인계받는 것이 원칙이다.

이외에도 다양한 연장보육은 다음과 같다. 먼저 야간연장보육은 저녁 7시 30부터 밤 12시까지이며, 아침 7시 30분 이전에 이용하는 경우도 야간연장보육으로 간주한다. 두 번째로 야간 12시간 보육은 저녁 7시 30분부터 다음날 아침 7시 30분까지이며, 세 번째로 24시간 보육은 오전 7시 30부터 다음 날 오전 7시 30분까지이며, 마지막으로 휴일보육은 일요일 및 공휴일 오전 7시 30분부터 저녁 7시 30분까지이다.

3) 야간연장보육

기준보육시간(07:30~19:30)을 경과하여 최대 24:00까지 시간을 연장하여 보육하며, 해당 시설의 연장보육 아동을 연장하여 보육하는 것이 원칙이나, 주간에 다른 어린이집 등을 이용한 경우에도 가능하다. 원칙적으로 별도 교사를 두어야 한다.

단, 야간연장 보육교사 근무수당을 지원받는 어린이집의 경우 교사 겸직 원장이나 보육교사가 야간연장반 교사 겸임 가능하다.

4) 24시간 보육

부모가 야간에 경제활동에 종사하는 가정, 한부모 또는 조손가정 등의 아동으로 주간 보육도 이용하고 야간 12시간 보육이 불가피하다고 판단되는 아동에 대해 24시간 보육을 제공한다(보건복지부, 2021).

장기간 영유아가 24시간 어린이집을 이용할 경우 건전한 성장과 발달에 부정적인 영향을 미칠 수 있으므로, 질 높은 보육서비스를 제공하도록 노력하여야 한다. 즉 영유아가 24시간 어린이집에서 생활하게 되므로, 24시간 어린이집은 가정에서와 같은 환경과 조·석식을 포함한 균형적인 급·간식 제공 및 기본 생활습관 형성, 가족과의 유대 강화 프로그램 등을 제공하여야 한다.

24시간 어린이집을 이용하는 부모는 영유아와 친밀감을 유지하기 위하여 최소한 주 3회 이상 전화 또는 방문으로 아동과 접촉하여야 하고, 최소한 주 1회 이상은 아동을 가정에 데려가서 보호하여야 하며, 아동의 질병, 사고 등 비상시를 대비하여 상시적으로 연락체계를 유지해야 한다. 만일 아동의 보호자가 정당한 사유 없이 장기간(1개월 이상) 아동을 어린이집에 방치하였을 경우, 어린이집 원장은 시·군·구청장에게 통보하여 아동의 계속 보육여부 및 「아동복지법」에 의해 아동을 보호조치의 필요성을 판단하도록 조치하여야 한다. 24시간 보육아동을 최대 10명 이하로 보육하고 있거나 보육할 수 있는 시설로서 24시간 어린이집으로 지정받은 시설은 정부로부터 시간 연장 보육교사(19:30~24:00)와 새벽근무 보육교사(24:00~익일 07:30) 인건비를 지원받고 있다. 정부지원 어린이집과 직장어린이집은 보육교사 인건비의 80%, 정부미지원시설은 보육교사 1인당 월 147만 원을 지원하고 있다(보건복지부, 2021).

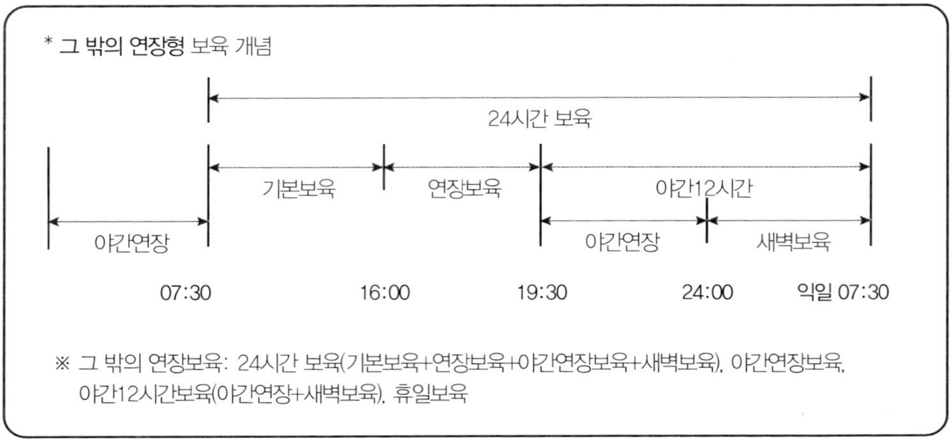

그림 2-1 보육기간에 따른 보육 유형

출처: 보건복지부(2021). 보육사업안내.

5) 시간제 보육

시간제 보육은 가정양육 시에도 지정된 제공기관에서 시간단위로 보육서비스를 이용하고 이용한 시간만큼 보육료를 지원하는 보육서비스이다. 지원대상은 어린이집, 유치원 등을 이용하지 않고 양육수당을 수급 중인 자(6개월~36개월 미만의 양육수당을 지원받는 영아)이다. 제공기관은 시·군·구로부터 시간제보육 제공기관으로 지정 받은 어린이집, 육아종합지원센터이다. 교사 대 영아 비율은 1:3이며, 운영 시간은 월요일부터 금요일까지 오전 9시부터 오후 6시까지며, 주말 및 공휴일 제외된다(보건복지부, 2021).

5. 보육현황

보육장소에 따른 보육 유형은 영유아를 자기 집에서 조부모, 친인척 또는 타인이 돌보는 자기집보육, 보육교사의 가정에서 소수의 영유아에게 보육프로그램을 제공하는 가정보육 등 가정중심보육, 어린이집에서 보육하는 기관중심보육으로 분류할 수 있다. 〈표 2-2〉에 가정중심보육과 기관중심보육의 장단점을 비교 제시하였다.

표 2-2 가정중심보육과 기관중심보육의 비교

분류	가정중심보육		기관중심보육
	자기집보육	가정보육	
물리적 환경	정서적으로 매우 안정적	자기 집과 유사하므로 비교적 안정적	낯선 환경이므로 적응 기간이 필요함
교구 및 놀잇감	부족함	보통	풍부함
보육 프로그램	단순 보호에 그치는 경우가 많음	비교적 체계적이고 일관된 보육프로그램 제공	체계적이고 일관된 보육 프로그램 제공
보육교사의 질	양육자의 질을 감독, 평가가 어려움	보육교사의 전문성이 기관보육에 비해서는 부족함	보유교사의 전문성이 가장 뛰어남
보육교사의 안정성	양육자가 빈번하게 바뀔 수 있는 위험이 높음	보육교사가 바뀔 수 있는 위험이 보통임	보육교사가 바뀔 수 있는 위험이 낮음
보육교사와 영유아의 상호작용	개별 아동의 욕구나 흥미에 대한 고려 및 상호작용이 잘 이루어짐	개별 아동의 욕구나 흥미에 대한 고려 및 상호작용이 보통임	개별 아동의 욕구나 흥미에 대한 고려 및 상호작용이 부족함
건강, 영양, 안전	체계적인 관리가 어려움	비교적 체계적인 관리가 이루어짐	체계적인 관리가 이루어짐
보육시간	부모의 편의나 시간 조절에 융통성이 많음	부모의 편의나 시간 조절에 융통성이 보통임	부모의 편의나 시간 조절에 융통성이 부족함
보육비용	고비용	보통임	저렴함

1) 어린이집의 설치 및 운영현황

어린이집은 1991년 「영유아보육법」 제정 이후 괄목할 만한 성장을 이루어 왔는데 연도별 설치 및 운영현황을 보면 〈표 2-3〉과 같다. 어린이집은 1993년 5,490개에서 2019년 37,371개로 약 7배 증가하였다. 2019년 기준 전체 어린이집 중에서 국공립어린이집 11.5%, 사회복지법인 어린이집 3.5%, 법인·단체 등 어린이집 1.8%, 민간어린이집 36.5%, 가정어린이집 45.6%, 협동 어린이집 0.4%, 직장어린이집 3.1%로 나타났다. 이상에서 볼 때 가정어린이집과 민간어린이집이 전체 어린이집 수의 82.1%를 차지하고 있어 어린이집의 공보육화에 있어서 더 많은 노력이 요구된다.

표 2-3 어린이집 연도별 설치·운영 현황 (단위: 개소)

구분	계	국·공립 어린이집	사회복지 법인 어린이집	법인·단체 등 어린이집	민간어린이집	가정 어린이집	부모 협동 어린이집	직장 어린이집
2019	37,371	4,324	1,343	707	12,568	17,117	159	1,153
		11.6%	3.6%	1.9%	33.6.%	45.9%	0.4%	3.1%
2017	40,238	3,157	1,392	771	14,045	19,656	164	1,053
		7.8%	3.5%	1.9%	34.9%	48.9%	0.4%	2.6%
2015	42,517	2,629	1,414	834	14,626	22,074	155	785
2013	43,770	2,332	1,439	868	14,751	23,632	129	619
2011	39,842	2,116	1,462	870	14,134	20,722	89	449
2009	35,550	1,917	1,470	935	13,433	17,359	66	370
2007	30,856	1,748	1,460	1,002	13,081	13,184	61	320
2005	28,367	1,473	1,495	979	12,769	11,346	42	263
2003	24,142	1,329	1,632	787	11,225	8,933	미분류	236
2001	20,097	1,306	1,991	313	9,490	6,801	미분류	196
1999	18,768	1,300	1,965	266	8,327	6,703	미분류	207
1997	15,375	1,158	1,634	150	6,388	5,887	미분류	158
1995	9,085	1,029	928	22	3,175	3,844	미분류	87
1993	5,490	837	624	19	1,776	2,205	미분류	29

출처: 보건복지부(2020). 보육통계.

2) 보육아동 현황

연도별 보육아동 현황은 〈표 2-4〉에 제시하였듯이, 1993년 153,270명에서 2017년 1,450,243명으로 약 9배 증가하였다. 이용 어린이집 유형별로 보면 민간어린이집이 보육아동수가 가장 많고, 그 다음으로 가정, 국공립 순이다. 직장어린이집은 어린이집 시설수가 작아 보육아동 수 역시 많지 않다. 앞으로는 국공립어린이집뿐만 아니라 직장어린이집에서도 더 많은 영유아를 보육할 수 있는 제도적 장치 마련이 필요하다.

표 2-4 어린이집 연도별 보육아동 현황 (단위: 개소)

구분	계	국·공립 어린이집	사회복지 법인 어린이집	법인·단체 등 어린이집	민간 어린이집	가정 어린이집	부모 협동 어린이집	직장 어린이집
2019	1,365,085	232,123	86,775	38,538	664,106	273,399	4,121	66,023
		17.0%	6.4%	2.8%	48.7%	20.0%	0.3%	4.8%
2017	1,450,243	186,916	96,794	43,040	738,559	321,608	4,508	58,454
		12.9	6.7	3.0	50.9	22.2	0.3	4.0
2016	1,451,215	175,929	99,113	45,374	745,663	328,594	4,240	52,302
2015	1,452,813	165,743	99,715	46,858	747,598	344,007	4,127	44,765
2014	1,496,671	159,241	104,552	49,175	775,414	365,250	3,774	39,265
2013	1,486,980	154,465	108,834	51,684	770,179	364,113	3,226	34,479
2011	1,348,729	143,035	112,688	50,676	706,647	308,410	2,286	24,987
2009	1,175,049	129,656	112,338	52,718	623,045	236,843	1,655	18,794
2007	1,099,933	119,141	118,211	55,906	612,484	177,623	1,444	15,124
2005	989,390	111,911	125,820	56,374	552,360	129,007	933	12,985
2003	858,345	103,474	140,994	37,911	461,640	103,935	미분류	10,391
2001	734,192	102,118	161,419	16,483	369,044	77,247	미분류	7,881
1999	640,915	99,866	151,652	13,195	301,630	67,294	미분류	7,278
1997	520,959	89,002	123,567	6,727	227,951	68,467	미분류	5,245
1995	293,747	78,831	77,187	591	92,634	42,116	미분류	2,388
1993	153,270	55,133	44,026	854	35,520	17,012	미분류	725

출처: 보건복지부(2020). 보육통계.

3) 보육교직원 현황

연도별 보육교직원 현황은 〈표 2-5〉에 제시하였듯이, 2001년 103,924명에서 2020년 159,721명으로 약 1.5배 증가하였다. 남녀비율을 살펴보면 2020년 기준 남자 0.4%, 여자 96.6%이다. 어린이집 유형별로 보육교직원 현황을 살펴보면 2020년 국공립어린이집은 18.8%, 사회복지법인 어린이집 5.2%, 법인·단체 등 어린이집 2.2%, 민간어린이집 41.9%, 가정어린이집 26.4%, 부모협동어린이집 0.3%, 직장어린이집 5.2%이다.

표 2-5 어린이집 연도별 보육교직원 현황 (단위: 명)

구 분		계	국·공립 어린이집	사회복지 법인 어린이집	법인·단체등 어린이집	민간 어린이집	가정 어린이집	부모 협동 어린이집	직장 어린이집
2020	계	159,721	29,874	8,384	3,603	66,948	42,125	469	8,318
			18.8	5.2	2.2	41.9	26.4	0.3	5.2
	남	705	37	91	13	349	169	6	40
	여	159,016	29,837	8,293	3,590	66,599	41,956	463	8,278
2017		330,217	36,098	18,845	8,254	146,920	104,176	1,066	14,858
2015		321,067	30,823	18,933	8,637	145,724	105,124	970	10,856
2013		301,719	26,750	18,765	8,703	136,180	102,731	730	7,860
2011		248,635	22,229	17,491	7,724	112,779	82,911	485	5,016
2009		206,912	19,397	17,042	7,988	95,668	62,863	348	3,606
2007		169,585	15,628	16,020	7,687	83,088	44,167	345	2,650
2005		136,916	13,656	15,922	7,220	70,384	27,492	267	1,975
2003		125,931	14,957	24,666	5,212	59,400	19,946	미분류	1,750
2001		103,924	14,500	23,155	2,147	49,065	13,675	미분류	1,382

** 보육교직원수: 정상운영 중인 어린이집에서 임용, 출산휴가 상태인 보육교직원 수

* 남/녀 구분: 보육교직원의 주민등록번호 7번째 자릿수가 홀수이면 남, 짝수이면 여- 이후 남/녀 구분 동일한 조건

출처: 보건복지부(2020). 보육통계.

생각해 볼 문제

1. 보육대상 영유아의 특성을 고려하여 좀 더 다양한 특성을 가진 어린이집을 개발한다면 어떤 유형을 개발할 수 있을지 생각해 봅시다.

2. 협동어린이집의 장단점에 대해서 생각해 봅시다.

3. 24시간 보육서비스를 제공하는 어린이집 보육교사에게 필요한 자질은 무엇인지 생각해 봅시다.

Chapter 03

보육경험과 영유아발달

본 장에서는 아동발달의 기초, 아동발달의 이론, 보육경험과 영유아발달에 대해서 살펴본다. 먼저 아동발달의 기초에서는 발달의 개념 및 원리, 신체 · 언어 · 인지 · 정서 · 사회성발달 등의 발달영역과 태내기, 신생아기, 영아기, 유아기, 아동기 등 발달단계에 따른 특징도 살펴본다.

아동발달 이론으로는 성숙이론, 인지발달이론, 학습이론, 정신분석이론, 생태체계이론 등을 살펴본다. 마지막으로 영아기, 걸음마기, 유아기 등 영유아의 연령에 따라 신체 · 운동발달, 인지 · 언어발달, 정서 · 사회성발달의 특성과 보육방법에 대하여 살펴본다.

보육교사가 양질의 보육서비스를 제공하기 위해서는 아동발달의 개념 및 원리, 아동발달영역, 성숙이론 · 인지발달이론 · 정신분석이론 · 생태체계이론 등 아동발달 이론과 영유아의 연령에 따른 발달 특징과 보육방법을 숙지하여야 한다.

1. 아동발달의 기초

1) 아동발달의 개념과 원리

발달(development)은 역동적 체계(dynamic systems)의 산물로 인간의 생명이 시작되는 수정부터 죽음에 이르기까지 전 생애에 걸쳐 연속해서 일어나는 시간에 따른 변화를 의미한다. 역동적 체계란 한 사람 또는 한 집단 내의 연속적인변화과정을 의미하며, 이 변화는 각각의 개인들과 모든 사회 내에서 이루어지는 다른 발달과 체계적으로 연결되어 있다.

발달은 시간에 의한 연속적인 변화로서 출생 후 청년기까지의 상승적인 과정과 청년기 이후부터 사망하기까지의 하강적 과정을 모두 포함한다. 발달의 이러한 변화는 양적 변화와 질적 변화로 대별해 볼 수 있다. 양적 변화는 키가 크거나 몸무게가 늘어나는 등의 신체 변화와 같이 크기와 양의 증가현상을 말하며, 질적 변화란 지적 수준이나 언어 수준의 향상 등과 같이 분화되지 못한 낮은 수준에서 정밀화된 높은 수준으로의 구조적 변화와 미숙한 수준에서 유능한 수준으로의 기능적 변화를 말한다(조성연 외, 2007). 다음에 발달(development)과 유사한 성숙(maturation)과 성장(growth)의 개념을 소개한다.

발달(development) 인간의 생명이 시작되는 수정부터 죽음에 이르기까지 전 생애에 걸쳐 연속해서 일어나는 시간에 따른 변화

성숙(maturation) 유전적 기제에 의해 나타나는 타고 난 변화로 목소리의 변성, 초경, 뇌 기능의 분화, 사춘기 등과 같은 신체적 · 심리적 변화를 의미

성장(growth) 키, 몸무게, 근육 증가 등과 같은 단순한 양적 변화를 의미

발달은 모든 아동에게 보편적으로 나타나는 몇 가지 기본 원리가 있다.

첫째, 발달에는 일정한 순서가 있으며 누적적이다. 발달은 유전에 의해 순서대로 진행되므로 앞으로 진행될 발달의 모습을 예측할 수 있다. 또 발달이란 그 이전에 획득한 행동 변화에 새로운 행동 및 능력이 포함되어 다음 단계로 나아가는 것이기도 하다. 예를 들면 앉고, 서고, 그 다음에 걷는 것처럼 이행능력은 일정한 순서를 거치며, 앉기와 관련된 신체적 능력을 획득한 다음 서기, 걷기에 필요한 새로운 능력이 추가되어 이행이 가능해진다(조성연 외, 2007).

둘째, 발달 특히 신체 및 운동발달의 경우 일정한 방향으로 발달이 이루어진다.

두미(cephalocaudal) 발달원칙 발달은 위에서 아래로, 즉 머리 부분이 먼저 발달하고 점차 팔, 다리 아래쪽 부분의 기관이 발달한다.

근원(proximodistal) 발달원칙 발달은 중앙에 있는 심장이 먼저 생기고 점차 손가락, 발가락의 말초 부분이 형성되므로 중심에서 말초로 진행된다.

세분화(general to specific) 발달원칙 일반적인 것에서 특수한 것으로 발달이 진행된다. 유아 초기에는 몸 전체를 사용하여 거칠고, 산만하며, 분화되지 않은 행동을 보이지만 점차적으로 분화되고, 정밀한 행동으로 바뀐다. 예를 들어 유아는 방바닥에 떨어진 머리카락 하나를 줍기 위해 거의 온몸을 사용하지만, 시간이 지나면 엄지손가락과 집게손가락만으로도 가능하다.

셋째, 발달에는 개인차가 있다. 인간은 많은 공통점을 지니지만, 인간의 행동에 있어서 가장 재미있는 것 중의 하나는 모든 인간들이 다 다르다는 점이다. 사실 일란성 쌍생아들 간에도 출생 시부터 개인차가 나타난다. 모든 아동의 발달은 일정한 순서대로 이루어지지만, 발달의 속도와 양상은 아동마다 제각기 다르다. 특히 사춘기와 같은 성적 성숙의 시기에는 상당한 개인차가 있다.

넷째, 발달은 계속 이루어지지만 그 속도는 동일하지 않다. 발달은 상승과 하강 과정을 거치며 일생 동안 끊임없이 변화하지만 발달해 가는 속도는 신체적 · 심리적 특성에 따라 혹은 발달영역에 따라 동일하지 않다. 즉 신체가 급속도로 성장하는 기간이 있는가 하면, 심리적 발달이 급속도로 이루어지는 기간이 있다. 예를 들면, 출생 후 첫돌까지는 신장과 체중이 크게 증가한다. 또 청년기가 되면 신장과 체중이 급격히 성장하는데, 이것을 청년기 성장급등(adolescent growth spurt)이라고 한다. 생식기관은 아동기에는 그 발달이 매우 느리지만, 사춘기에는 급속도로 발달한다. 또한 유아기에 어휘력이 갑자기 풍부해지고, 청년기에는 논리적인 문제해결 능력이 현저하게 향상된다(정옥분, 2002).

다섯째, 발달에는 결정적 시기(critical period)가 있다. 결정적 시기는 발달이 가장 용이하게 이루어지는 최적의 시기를 의미한다. 발달이 급속히 이루어지는 이 시기에 정상적인 발달이 이루어지지 못하는 경우에는 그 영향이 장기적이고 심각하다. 그러나 최근에는 결정적 시기의 한계가 불변적이 아니며, 환경조건을 인위적으로 조작함으로써 결정적 시기를 확대시킬 수 있다고 본다. 그 결과 결정적 시기라는 용어보다 민감기(sensitive period)라는 용어를 더 많이 사용하고 있는 추세이다. 즉 학습이 이루어질 수 있는 최대의 가능성이 있는 시기가 있으며, 그 시기 전후에는 가능성이 다소 감소된 시기가 존재한다고 생각한다.

여섯째, 발달은 분화와 통합의 과정을 거친다. 아동의 운동발달 과정을 보면 처음에는 각 부분들이 분화되지 못하여 미숙한 모습, 정교하지 못한 둔한 모습을 보이다가 점차 각 기관이 분화되면서 세련되고 필요한 부분만 사용하게 된다. 보다 정확하고 신속한 행동은 각 기관이 분화된 이후, 분화된 다른 여러 기관들이 상호 협응할 수 있는 통합능력이 생겨난 후에야 비로소 가능하게 되는데, 이때에 이르러 완전한 발달이 이루어진다고 볼 수 있다. 즉 각 기관들의 분화가 이루어지고 각각으로 분화된 이후 다시 통합할 수 있는 능력이 생길 때 비로소 발달은 완성된다.

예를 들면, 아동이 물건을 잡으려면 먼저 몸을 앞으로 구부리고, 팔을 뻗고, 손목을 움직이고, 필요한 손가락을 움직이는 등 각 부분에서 분화가 이루어져야 한다. 그런 뒤에 분화된 기관들이 물건을 잡기 위해 서로 협응하는 통합과정을 거쳐 물건을 한 번에 쉽게 잡을 수 있게 된다(조성연 외, 2007).

일곱째, 발달의 각 영역은 서로 밀접하게 관련되어 있다. 신체 · 운동, 언어 · 인지, 사회 · 정서발달영역은 유기적으로 연결되어 있어서 각 영역 간에 서로영향을 주고받는다. 예를 들면, 정서적으로 불안정한 아동은 친구들과의 관계형성이 어려워 혼자 지내는 경우가 많아 사회성발달이 늦어진다. 또 신체적으로 건강하고, 정서적으로 안정된 아동은 호기심을 충족시키기 위해 활발한 탐색활동을 하게 되고 그로 인해 인지능력도 발달하게 된다. 이처럼 발달영역들이 연결되어 있어 서로 영향을 주고받지만, 한 발달영역의 극적인 변화가 다른 발달영역에 큰 영향을 주는 것은 아니다. 때로는 아주 작은 변화가 다른 영역에 강력한 영향을 미칠 수 있으며, 반대로 아주 중요한 사건이 그다지 큰 영향을미치지 못하는 경우도 있다는 것을 간과해서는 안 된다(Berger, 2003).

2) 아동발달의 영역과 내용

아동발달은 크게 생물학적 발달, 언어 · 인지발달, 사회 · 정서발달의 세 영역으로 이루어진다. 먼저 생물학적 발달은 신체적 변화와 관련된 것이다. 부모로부터 물려받은 유전인자, 뇌와 감각기관의 발달, 신장과 체중의 증가, 운동기능, 사춘기에 나타나는 호르몬의 변화 등은 모두 아동발달에 있어서 생물학적과정의 역할을 반영한 것이다(정옥분, 2002).

두 번째로 언어 · 인지발달은 지식을 얻고 환경에 대해 대처해 가기 위해 사고하고 배우는 모든 정신적 과정으로 지각, 표상, 개념, 기억, 주의집중, 문제해결력, 지능, 언어 등의 발달을 주로 다룬다.

세 번째로 사회 · 정서발달은 아동의 선천적 요인과 부모의 양육행동, 형제, 또래, 교사, 학교, 지역사회, 대중매체, 문화 등의 사회적 관계에서 많은 영향을 받으며, 부모자녀관계, 형제관계, 또래관계, 교사와의 관계를 통한 자아개념, 정서 및 성격발달, 사회적 기술능력의 발달 등을 다룬다(조성연 외, 2007).

3) 아동발달의 단계

아동발달의 단계는 학자에 따라 다양하게 분류하고 있지만, 일반적으로 태내기, 신생아기, 영아기, 유아기, 아동기로 분류한다.

먼저, 태내기(prenatal period)는 수태의 순간부터 출산까지, 약 9개월의 기간을 말한다. 태내기는 매우 짧은 기간이지만, 기본적 신체구조와 기관이 이 시기에 형성되며, 신체의 성장이 일생 중 가장 빠른 속도로 이루어진다. 이 시기 태아는 태내환경에 영향을 많이 받는다.

두 번째로 신생아기(neonatal period)는 출생 후부터 28일까지를 말하며, 신생아는 의존적이다. 신생아는 출생 시에 모든 감각기관이 작용하며, 신체의 성장과 발달이 매우 빠른 시기이고, 학습능력과 기억력 등이 형성되기 시작한다.

세 번째로 영아기(infancy)는 출생 후 4주부터 24개월까지의 기간으로, 영아는 스스로 몸을 움직여 이동할 수 있고, 의사소통도 가능해진다. 12개월 무렵에 부모에 대한 애착이 형성되고, 24개월이 되면 자아에 눈을 뜨기 시작한다.

네 번째로 유아기(early childhood, preschool age)는 만 2세부터 만 6세까지 초등학교에 입학하기 전의 기간이다. 이 시기에 유아는 운동기술과 체력이 신장되고, 놀이, 창의력, 상상력이 풍부해지며, 자율성, 자기통제력이 증가한다. 또한 친구를 중요하게 생각하기 시작한다.

마지막으로 아동기(school age)는 초등학교에 다니는 만 7세부터 12세까지의 기간이다. 이 시기 아동은 생활 중심이 가정에서 학교로 옮겨지고, 친구와 많은 시간을 보내게 된다. 신체의 성장은 느려지나 체력과 운동기술이 더욱 더 신장된다. 기억력과 언어기술이 증가하고, 자아개념이 발달하며, 유아기의 자기중심성이 사라진다.

2. 아동발달의 이론

1) 성숙이론

Gesell은 인간 성장의 모든 측면, 즉 구조적 · 생리적 · 행동적 · 심리적 측면을 배아모형(embryological model)으로 설명하였다. 그에 따르면 모든 성장은 사전에 결정된 유전적 요소에 의해 그 기본 방향이 결정되는 성장모형(growth matrix)을 갖고 있으며, 환경적 요인은 단지 이를 지지해 주거나 수정할 뿐이다. 그러므로 인간의 발달은 내적인 힘에 의해 이루어지는데 이를 성숙(maturation)이라고 하였다(조성연 외, 2007). 성숙주의자들은 아동의 발달은 내적 성장의 힘에 의해 이루어진다는 기본적인 방향에 근거하여 아동이 자신을 수용하고 이해하도록 돕는 환경적 영향을 제공해 줌으로써 아동의 순서적이고 자연적인 발달을 도모한다고 한다.

이와 같이 유전적으로 결정되어 있는 순서에 따라 이루어지는 발달에는 다음과 같은 기본 원리가 있다(정옥분, 2004).

(1) 발달방향의 원리

성숙이론에 따르면 발달은 순서에 따라 이루어지며, 발달순서는 유전자 지도에 따라 신경이 성숙하면서 이루어지는 것으로 그 순서가 결코 바뀌지 않는다. 즉 발달은 일정한 방향, 즉 머리에서 꼬리로, 중심에서 말초로, 순서에 따라 이루어진다.

(2) 상호적 교류의 원리

상호적 교류(reciprocal interweaving)의 원리란 대칭되는 두 부분이 서로 한 부분씩 발달한 뒤 함께 통합되어 균형적으로 발달되어 가는 것을 말한다. 예를 들자면 인간에게는 내향적인 특성과 외향적인 특성이 있는데 유아의 경우 3세경에는 약간 소심하여 내향적인 성격 특성을 나타내다가, 4세경이 되면 외향적인 특성을 보이고, 5세가 되면 이 두 가지 성격 특성이 통합되면서 균형 잡힌 성격특성을 보인다.

(3) 기능적 비대칭의 원리

상호적 교류작용을 통해 균형적인 발달이 이루어지지만 완벽한 균형을 이루기는 상당히 어렵다. 오히려 약간의 불균형이 보다 기능적일 수 있다. Gesell은 이러한 기능적 비대칭(functional asymmetry)의 원리가 오른손잡이, 왼손잡이와도 관련이 있다고 주장하였다.

(4) 개별적 성숙의 원리

성숙은 내적 요인에 의해서 통제되는 과정이며, 학습과 같은 외적 요인에 의해 영향을 받지 않는다. 다시 말해서 성숙과정의 결과는 학습될 수 없다는 것이다. 개별적 성숙의 원리는 개인의 발달패턴과 방향을 확립하는 내적 기제로서 '성장모형'이 갖는 중요성을 강조한다.

(5) 자기규제의 원리

자기규제(self-regulation)에 대한 기제는 영아가 자신의 능력 이상으로 새로운 것을 시도하지 않도록 영아의 행동을 조절해 줌으로써 너무 빨리, 너무 많이 배우도록 강요받을 때 영아 스스로 이에 저항하면서 자신의 수준에 맞도록 성장을 조절하고 이끌어 간다.

2) 학습이론

학습이론은 행동주의이론이라고도 하며, '인간의 본성은 태어날 때부터 백지와 같다.'는 Locke의 백지설(Tabula Rasa)에서 출발되어 Thorndike, Pavlov, Watson, Skinner 그리고 Bandura에 의해서 연구 발전되었다. 학습이론에서는 아동 발달에서 생물학적 요인보다는 환경적 요인을 더 강조하고, 인간발달에서단계를 설정하지 않으며, 기본 원리인 자극과 반응 간의 관계를 연구하였다. 학습이론가들은 개인의 인생에서 얻게 되는 학습경험이 인간발달에서 변화의 근원이므로, 환경을 재구성함으로써 새로운 학습경험을 하게 되면 발달에 변화를 가져올 수 있다고 주장한다. 즉 부모나 교사는 조건형성과 모델링을 통해서 아동의 바람직한 행동은 격려하는 반면, 바람직하지 못한 행동은 제거할 수 있다. 행동주의이론의 기본 전제는 Watson이 자신의 저서에 제안한 다음의 유명한글에 잘 나타나 있다.

"나에게 12명의 건강한 아기를 주어 모든 조건이 충족된 나의 세계에서 기를 수 있게 해준다면, 나는 그들 중 아무라도 택하여 그의 재능이나 취미, 성향, 능력, 적성 그리고 인종에 관계없이 의사나 법률가, 예수, 사업가뿐만 아니라 거지와 도둑에 이르기까지 내가 원하는 어떤 유형의 전문가라도 만들 수 있다."고 장담하였다.

한편 Watson, Skinner 등의 행동주의자들은 직접 행동함으로써 학습된다고 주장하는 반면, Bandura는 일상적인 사회적 상황에서 타인들의 행동을 관찰함으로써 학습된다고 본다. 타인, 즉 모델의 행동을 보고 듣는 관찰을 통해 모방함으로써 학습한다는 것이다.

3) 정신분석이론

정신분석이론은 정신이 모든 인간행동의 기초가 된다는 가정하에 인간 내부의 충동적인 힘이나 인간의 행동에 영향을 주는 경험들을 밝히고자 하는 이론이다. 이 이론에 의하면 아동발달은 무의식적인 것이며, 부모와의 초기 경험이 아동발달에 지대한 영향을 미친다고 본다. 그리고 인간의 행동은 단지 표면상 나타나는 특성이므로, 아동발달을 제대로 이해하기 위해서는 행동의 상징적인의미를 분석해야 하고, 마음속에서 무슨 일이 일어나는지 이해해야 한다고 강조한다.

정신분석이론의 구성요소는 역동적 체계, 구조적 체계, 연속적 체계 등이 있다. 먼저 역동적 체계는 인간의 정신을 유동적인 에너지 체계로 특징짓고, 정신에너지의 근원과 배분 및 이용에 관여한다. 정신에너지는 성격의 구조를 형성하고 있는 생물학적 본능인 원초아, 개인으로 하여금 현실에 적응하게 하는 자아, 현실보다 이상을 지향하고 완벽한 것을 추구하는 초자아로 분배되는데, 발달이 진행되는 동안 어떤 욕구가 존재하느냐에 따라 끊임없이 유동한다. 연속적 체계는 쾌락과 만족을 추구하는 신체 부위가 어디인가에 따라 구강기, 항문기, 남근기, 잠복기, 성기기의 발달단계를 제시하였다.

4) 인지발달이론

인지발달이론은 아동의 의식적인 사고를 강조하며, 발달과정에서 아동은 능동적으로 환경에 적응하고, 스스로 사고하고, 정보를 처리하며 적극적이고 주도적인 활동을 하는 존재이다. 즉 인지발달이론에서 아동발달은 환경적 요인에 의해 결정되는 것이 아니라 아동이 환경적 요인들을 어떻게 받아들이고 해석하느냐 하는 주관적인 경험에 의해 결정된다고 본다.

Piaget의 인지발달이론에서는 도식, 적응, 동화, 조절 그리고 평형의 개념을 중요하게 다룬다. 도식(schema)은 사물이나 사건에 대한 전체적인 윤곽을 말하며, 적응(adaptation)은 환경과의 직접적인 상호작용을 통해 도식이 변화하는 과정이고, 동화(assimilation)는 새로운 환경자극에 반응함으로써 기존의 도식을 사용해 새로운 자극을 이해하는 것을 말한다. 조절(accomodation)은 기존의 도식을 가지고는 새로운 사물을 이해할 수 없을 때 기존의 도식을 변경하는 것을 말하며, 평형(equilibration)은 동화와 조절의 균형을 의미한다.

Piaget는 감각운동기, 전조작기, 구체적 조작기, 형식적 조작기 등 네 단계의 발달단계를 제시하였다. 먼저 감각운동기는 신생아의 단순한 반사들이 나타나는 출생에서 시작해서 초기의 유아적 언어와 함께 상징적 사고가 나타나는 2세경에 끝난다. 이 시기 아동의 행동은 자극에 대한 반응으로서, 이때 자극은 감각이고 반응은 운동이다. 두 번째 전조작기는 2세에서 7세까지이며, 이 단계에서는 논리적 조작이 가능하지 않다. 여기서 조작이란 과거에 일어났던 사건들을 내면화시켜 서로 관련지을 수 있는 것을 말한다. 세 번째는 구체적 조작기로 7세에서 12세까지이며, 이 단계에서 아동은 전조작기에서 갖지 못한 가역성이라는 특성을 갖는다. 가역성은 어떠한 상태의 변화가 그 변화의 과정을 역으로 밟아 가면 다시 원상으로 복귀될 수 있다는 사실이다. 따라서 이 시기 아동은 조작의 순서가 전환될 수 있고, 조작 전 상황의 특성이 회복될 수 있다는 것을 이해한다. 마지막으로 형식적 조작기는 청년기에 해당하며, 추상적 사고, 가설적사고가 가능하고, 아동기에 비해 훨씬 효율적으로 지적 과업을 성취하는 시기이다.

5) 생태체계이론

생태학적 체계이론은 Bronfenbrenner(1979)가 인간발달을 사회문화적 관점에서 이해하는 이론이다. 이 이론에는 미시체계, 중간체계, 외체계, 거시체계 그리고 시간

체계라는 다섯 가지 환경체계가 있다. 생태학적 환경은 개인에게 영향을 미치는 즉각적인 상황으로, 개인이 반응하는 대상이나 그가 얼굴을 마주보고 상호작용하는 사람들을 초월한, 훨씬 확대된 개념으로 정의된다. 이때 중시되는 것은 그 장면에 함께 있는 또 다른 사람들 간의 관계, 그 관계의 본질에 관한 것들이다. 이러한 즉각적인 환경 내에서의 상호관계들의 복합체를 미시체계라고 부른다. 중간체계는 상호연결성의 원리로서 장면들 내에서만 적용될 뿐만 아니라, 장면들 간의 연결고리들에도 똑같은 힘과 결과로 적용되는 것을 말한다. 외체계는 발달하는 개인이 실제로 참여하는 장면은 물론 한 번도 참여한 적이 없어도, 그 사건이 발생함으로써 그 사람의 직접적인 환경에서 무엇인가 일어나도록 영향을 끼치는 경우까지도 적용되는 것이다. 거시체계는 겹구조로 된 상호 관련된 체계들의 복합체로서, 그것은 특정한 문화나 하위문화에 공통되는 사회적 제도의 이념과 조직의 상부를 덮고 있는 아치형태를 띤다. 시간체계는 전 생애에 걸쳐 일어나는 변화와 사회역사적인 환경을 포함한다. 이러한 생태학적 체계를 [그림 3-1]에 제시하였다(정옥분, 2003).

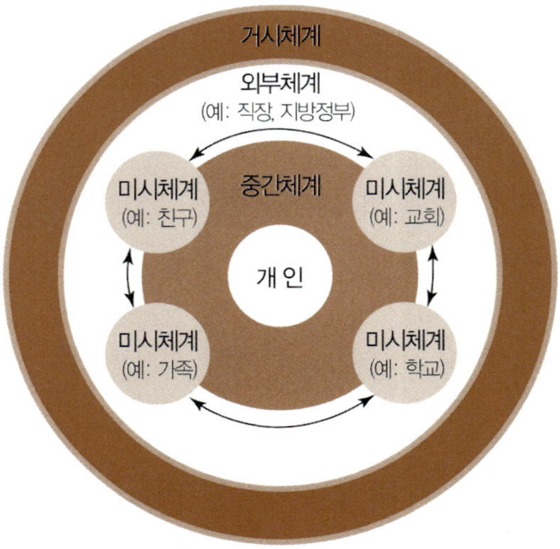

그림 3-1 생태학적 체계

3. 보육경험과 영유아발달

1) 영아기(0~18개월) 발달과 보육

(1) 신체 · 운동발달과 보육

영아의 신체적 건강과 발달을 위해 보육교사는 수유 시나 기저귀를 갈 때, 목욕을 시킬 때 영아가 청결한 신체상태를 유지할 수 있도록 돌보아야 한다. 영아가 장난감, 놀잇감을 비롯한 주변의 모든 사물을 입에 넣어보거나, 손으로 만지고, 혼자서 앉을 수 있는 시기에는 영아가 안전하게 움직일 수 있도록 모든 비품이나 시설 환경을 청결하고 안전하게 제공하여야 한다. 〈표 3-1〉에 영아기 신체 · 운동발달의 특징을 제시하였다.

표 3-1 영아기 신체 · 운동발달

영역		연령	발달 특징
신체 발달	체중	출생 시	3~3.5kg
		3개월	2배
		12개월	3배
	신장	출생 시	50cm
		12개월	12개월 1.5배
	치아	6~8개월	이가 나오기 시작함
		24개월~30개월	이가 모두 나옴
운동발달		2개월	고개 들기, 구르기
		6개월	앉기
		7~9개월	기어다니기
		8~9개월	일어서기
		10~11개월	혼자 서기
		12~14개월	혼자 걷기

(2) 인지 · 언어발달과 보육

먼저 이 시기 영아가 대상영속성의 개념을 획득하도록 돕기 위해 보육교사는 새로운 물건을 영아의 손이 닿을 만한 곳에 두고 숨기고 찾는 놀이, 영아가 보는 앞에서 물건을 숨기거나 다른 장소로 옮기는 것을 보여주고 찾는 놀이를 한다. 4개월 이후에는 외부의 사물과 사건에도 관심을 가지므로, 다양한 형태, 색깔, 소리가 있는 놀잇감을 준비하도록 하고, 반복된 행동을 용이하게 하는 새로운 물건을 유아가 닿을 수 있는 곳에 준비해 둔다. 12개월이 지나면서 사물마다 목적이 있는 것을 알고 호기심을 가지며, 자신의 목표를 이루기 위해 효율적인 방법을 찾을 수도 있게 된다. 이때 보육교사는 영아가 새로운 생각을 하거나 시도해 보도록 자극하고 격려해 주어야 한다.

두 번째로 영아의 언어발달을 위해 보육교사는 표정, 억양, 시선을 통해 상황 천천히 말하고, 간단하고 구체적인 짧은 문장을 반복해서 사용하며, 반복할 때는 그 말을 확장하여 좀 더 길고 문법적으로 정확하게 말하는 것이 효과적이다. 그리고 언어적 자극을 줄 때에는 사물을 가리키며 '여기 꽃이 있네.', '꽃이 어디 있지?', '이게 뭐지?'와 같은 순서로 아이들이 주목한 상태에서 사물의 명칭을 말하고 이해 정도를 신체로 표현한 후 단어를 말하게 하는 것이 도움이 된다. 〈표 3-2〉에 영아기 인지 · 언어발달의 특징을 제시하였다.

표 3-2 영아기 인지 · 언어발달

영역	연령	발달 특징
인지발달	4~8개월	• 없어진 물체에 관심을 보임 • 외부 사물에 관심을 보이기 시작함
	8~12개월	• 대상이 눈에 보이지 않아도 존재한다는 대상영속성 획득
	12~18개월	• 보는 앞에서 숨긴 대상을 찾으려고 여러 곳을 살펴보고 찾음 • 사물에 호기심을 가짐
언어발달	2~3개월	• 분화된 울음
	5~6개월	• 옹알이

	6~12개월	• 특정 언어에 반응
	8~12개월	• 몸짓 사용, 말을 이해하기 시작
	9~13개월	• 첫 단어, 첫 말
	18개월	• 폭발적인 어휘 획득의 시작, 두 단어 문장 시작 • 50단어 사용

(3) 정서 · 사회성발달과 보육

먼저 영아가 자신의 불쾌하거나 쾌한 감정을 잘 분화하여 표현할 수 있도록, 보육교사는 영아의 다양한 정서적 표현에 민감하게 반응하여야 한다. 특히 영아가 배고픔, 아픔, 대소변으로 인한 불쾌함 등과 같은 신체적 고통을 표현할 때 원인을 빨리 파악하여, 영아의 욕구를 충족시켜 줌으로써 정서적 안정감을 형성하도록 하여야 한다. 3개월이 지나면서 영아가 분노를 표현할 때 보육교사는 분노의 원인을 파악하여 영아의 요구를 들어주거나 울거나 고함치지 않고 자신의 요구를 이룰 수 있는 방법을 가르치는 것이 필요하다. 또한 부정적 정서의 표현을 조절할 때는 감정표현을 조절하도록 도와줄 수 있고 정당한 요구가 아닐 때는 무시하여야 한다. 12개월 이후에는 말과 행동을 통해 자신의 정서를 표현할 수 있도록 격려한다.

두 번째로 보육교사는 영아의 사회성발달을 촉진하기 위해 바라보기, 눈 접촉, 울기, 미소 짓기 등의 미분화된 사회적 반응에 적절하게 상호작용하여야 한다. 12개월 이상의 영아들은 또래의 영아들과 잘 접촉할 수 있도록 돕고, 모방을 통해 사회적 기술을 익힐 수 있도록 돕는다. 이 시기에는 양육자와 애착관계가 형성되어 분리불안이 생기는 시기이므로, 등원 시에 보육교사는 영아를 안고 눈을 맞추며 충분히 영아가 안심할 수 있는 시간을 준 후 부모가 어린이집을 떠날 수 있도록 한다. 〈표 3-3〉에 영아기 정서 · 사회성 발달 특징을 제시하였다.

표 3-3 영아기 정서 · 사회성 발달

영역	연령	발달 특징
정서발달	출생 시	• 흥미, 불쾌, 혐오, 막연하게 웃고 배고프거나 불편하면 울음
	4~6주	• 기쁨
	출생~3개월	• 슬픔
	3~4개월	• 분노, 다른 사람이 웃으면 큰 소리로 같이 웃음
	3~6개월	• 놀람
	5~7개월	• 공포, 욕구가 충족되지 않으면 불쾌한 반응을 보임
	6~8개월	• 수줍음
	7개월 이상	• 격노
	12~24개월	• 수치, 사랑과 주의를 끌기 위해 울거나 소리를 냄
사회성 발달	4개월	• 사회적 미소
	7~8개월	• 낯가림 지속, 부끄러워함, 가족에게는 애정반응을 보임
	12개월	• 양육자와 애착관계가 형성되어 분리불안이 생길 수 있음
	12~18개월	• 다른 영아에게 관심을 가짐, 자신의 말을 듣는 사람을 좋아하고, 칭찬을 좋아함

2) 걸음마기(18개월~3세) 발달과 보육

(1) 신체 · 운동발달과 보육

걸음마기 유아들은 한시도 제자리에 가만히 있지 않고 움직이는데, 아직 위험이나 안전에 대한 인식이 발달하지 않았으므로, 어린이집 환경이나 놀잇감 등을 안전하게 제공하여야 한다. 소근육이 발달하므로 손끝을 다룰 수 있는 놀잇감을 제공하며, 유아가 편안하게 배변훈련을 성공할 수 있도록 돕는다.

이 시기 유아들은 자아에 대한 인식이 증가하면서 식사하기, 옷 입기, 달리기, 매달리기, 계단 오르기, 공차기 등을 혼자서 하겠다고 주장하는 일이 많아진다. 이때 보육교사는 다치거나 상처를 입을 수 있는 위험한 시도가 아니라면, 시간이 좀 걸리더라도 유아가 스스로 하는 것을 통해 자율성, 독립심을 키우고 성취감도 맛볼 수 있도록 격려하여야 한다. 〈표 3-4〉에 걸음마기 신체 · 운동발달 특징을 제시하였다.

표 3-4 걸음마기 신체 · 운동발달

영역		연령	발달 특징
신체 발달	체중	24개월부터	• 매년 2kg 증가
	신장	24개월부터	• 매년 7cm 증가
	대소변	13~15개월	• 대변을 가림
		20개월	• 소변을 가림
운동 발달	걷기	2~3세	• 율동적으로 잘 걸음
	달리기	2~3세	• 몸을 뻣뻣하게 세우고 달림 • 방향을 바꾸거나 갑자기 멈추는 것이 어려움
	뛰기	2~3세	• 두 발로 깡충 뜀
	페달밟기	2~3세	• 장난감 자동차에 올라타고 두 발로 민다.
	오르기	2~3세	• 계단을 오를 때 한쪽 발을 먼저 올려놓고 그 다음 다른 쪽 발을 그 옆에 놓음 • 높은 곳에 올라갈 수 있지만 내려오지는 못함
	던지기	2~3세	• 목표물을 향해서 공을 던지는 데 두 팔을 사용함. 발이나 몸은 움직이지 못함

(2) 인지 · 언어발달과 보육

걸음마기 유아는 직접적 행위를 통한 시행착오의 힘든 과정 없이 머릿속으로 상상해 보고 문제를 해결하며, 인과관계에 대해서는 눈앞에서 모방 대상이 사라진 후에도 그 행위를 모방할 수 있다. 그러므로 보육교사는 유아가 생각을 하고 나서 물건을 찾을 수 있도록 문제해결의 시간을 주는 것이 좋으며, 장난감을 갖고 놀 때도 갈등을 하도록 하고, 가작놀이를 할 수 있는 옷이나 장신구 등을 준비해 주어 다양한 모방놀이를 할 수 있도록 한다. 또한 보육교사는 유아가 가작화(make-believe)를 통해 무한한 상상의 세계를 펼칠 수 있는 상징적 놀이를 할 수 있도록 격려한다.

한편 이 시기의 유아는 전보식 언어를 구사하므로, 유아와 상호작용할 때는 유아가 처한 상황을 고려하여 유아의 의도를 파악하여 반응하는 것이 중요하다. 보육교사는 문법적으로 완전하지 않은 유아어를 사용하지 말고, 유아의 말을 되도록 완전한 문장으로 바꾸어 천천히 그리고 분명한 발음으로 이야기하는 것을 통해 유아가 차츰 완전한 문장을 구사할 수 있도록 한다.

그림책을 보거나 이야기 듣는 것을 즐기기 시작하므로 적절한 그림책을 제공하고, 많이 읽어 주는 것이 필요하다. 크레파스나 연필, 볼펜 등과 종이와 쓰기도구를 준비하여 유아가 문자언어의 초기 형태라 할 수 있는 끼적거리기를 즐겨할 수 있도록 한다. 〈표 3-5〉에 걸음마기 인지 · 언어발달 특징을 제시하였다.

표 3-5 걸음마기 인지 · 언어발달

영역	연령	발달 특징
인지발달	18개월~3세	• 정신적 기능이 발달하여 원시적 · 상징적 수준으로 발달–지각이나 행위 없이 구체적 사건을 생각할 수 없음 • 탈중심화 · 탈맥락화 현상 • 대상영속성 개념의 획득으로 보이지 않는 대상을 찾아냄 • 사물과 자신 간에 존재하는 공간적 관계를 표상할 수 있음
언어발달	2~3세	• 언어발달이 빠른 경우 간단한 문장을 구사함 • 단어를 조합하여 문장을 만드는데 주로 명사와 동사의 내용어만을 결합한 주요 단어로 이루어지고, 형용사 등 기능어가 빠진 '전보식 언어(telegraphic speech)' 형태를 구사함 • 자율감의 발달로 '싫어', '아니야', '안 해' 등의 반응과 '이거 뭐야'처럼 사물의 명칭을 묻는 말을 자주 사용함, 200~300단어 구사

(3) 정서 · 사회성발달과 보육

보육교사는 걸음마기 유아들이 질투, 공포, 불안과 같은 불쾌한 감정을 사회적으로 인정받는 범위 내에서 솔직하고, 적절하게 표출하는 방법을 가르쳐야 하고, 자기 자신과 가족, 친구, 선생님과 애정관계를 형성하여 안정감을 느낄 수 있도록 도와야 한다. 먼저 유아들이 질투의 감정을 갖기 시작하므로, 보육교사는 유아가 충분히 사랑받고 있다는 느낌이 들도록 안아주거나 머리를 쓰다듬어 주면서 애정표시를 하는 것이 좋다. 만일 보육교사가 자기만 사랑하지 않고 친구를 더 사랑한다고 느낄 때 유아는 친구를 꼬집거나 때리는 것 같은 공격적 행동을 하기도 하고, 응석부리기, 말썽피우기, 야뇨증 같은 퇴행적 행동을 할 때도 있다. 두 번째, 2세가

되면 낯선 곳, 어두운 곳 등 불안이나 공포를 느끼는 대상이 많아지는데, 이때 잘 설명해 주어 비합리적인 공포가 생기지 않도록 지도하는 것이 필요하다. 세 번째, 피로하거나 배고플 때, 하고 싶은 것을 못하게 할 때 분노의 감정이 폭발하는데, 이 분노의 감정을 적절하게 표출할 수 있도록 가르쳐야 한다.

더불어 이 시기는 애정도 싹트는 연령이므로 인형을 갖고 놀 때 예뻐해 주는 방법을 가르치거나 꽃에 물주기, 개나 고양이와 친하게 지내기 등을 통해 다른 사람이나 사물에게 애정을 주는 방법을 가르친다.

한편 2세경에 유아는 자아에 대한 인식이 생기면서 보육교사가 요구하거나제시하는 것을 '안 돼', '싫어'라는 말을 사용하면서 거부하는 경우가 있는데, 이때 보육교사는 유아가 자기 자신의 소망과 양육자의 요구 사이에 균형을 이룰 수 있도록 가르쳐야 한다. 이러한 과정에서 유아는 자신이 원하는 행동이 계속 방해를 받거나 실패하게 되면 탐색의 욕구가 위축되고 수동적이고 소심한 성격으로 발전할 수 있으므로, 보육교사는 유아의 자율적 탐색을 격려하고 칭찬해 주어서 자율성과 독립성이 발달할 수 있도록 도와야 한다. 〈표 3-6〉에 걸음마기 정서·사회성발달 특징을 제시하였다.

표 3-6 걸음마기 정서·사회성발달

영역	연령	발달 특징
정서발달	18개월	• 질투의 감정을 표현함. 특히 동생이 생겼을 때 절정에 달하며 공격성이 퇴행행동으로 나타남 • 당황, 죄책감이 나타남
	18~24개월	• 고통을 일으키지 않는 대상에 관심을 돌림으로써 정서를 조절함
	2~3세	• 공포의 대상이 넓어져서 혼자 남겨지거나 천둥소리, 어두운 곳, 동물 등을 무서워함
	3세	• 애정표현이 뚜렷이 나타남 • 주름살이 많은 노인, 가면이나 피부색 등 시각적 자극에 민감해짐

사회성 발달	18개월 이후	• 거울에 비친 자신의 모습을 알아볼 수 있음 • 여러 가지 사진 중에서 자신을 훨씬 오랫동안 바라보며 자신의 모습을 찾아낼 수 있음 • '나'에 대한 개념이 발달하기 시작하므로 독립된 존재로 행동하고자 함

3) 유아기(3~6세) 발달과 보육

(1) 신체 · 운동발달과 보육

3세 이후의 유아는 운동기능이 발달하고 사물에 대한 흥미와 탐색이 계속되므로 넘어져서 골절, 탈수, 출혈로 나타나기 쉬워, 보육교사는 안전사고가 나지 않도록 유의하여야 한다. 〈표 3-7〉에 유아기 신체 · 운동발달 특징을 제시하였다.

표 3-7 유아기 신체 · 운동발달

영역		연령	발달특징
신체발달	체중	3세 이후	매년 2kg 증가
	신장	3세 이후	매년 7cm 증가
운동발달	걷기	3~4세	팔을 앞뒤로 흔들며 걸음
		4~5세	곡선 위를 걸음, 평균대 위를 걸음
		5~6세	성인처럼 걸음
	달리기	3~4세	유연하게 잘 달리고 출발과 정지를 잘함
		4~5세	빨리 잘 달리고 달리면서 방향도 바꿀 수 있음
		5~6세	속력을 내서 잘 달림
	뛰기	3~4세	두 발로 높이 뛰어오름
		4~5세	한 발로 장애물을 뛰어넘음
		5~6세	깡충깡충 뛰면서 앞으로 나아감
	페달밟기	3~4세	세발자전거를 탈 수 있음
		4~5세	세발자전거를 빠르고 유연하게 잘탐
		5~6세	두발자전거를 탈 수 있음
	오르기	3~4세	계단을 오를 때는 한 발로 차례차례 오르지만, 내려올 때는 두 발을 모아서 내려옴
		4~5세	발을 번갈아가면서 계단을 오르내린다. 사다리, 정글짐, 미끄럼틀, 나무 등을 타고 오르내림

		5~6세	성인처럼 오르고 내림
	던지기	3~4세	몸을 앞뒤로 흔들며 한쪽 팔로 공을 던짐
		4~5세	팔꿈치를 사용해서 공을 던짐
		5~6세	발을 앞으로 내밀고 팔을 쭉 뻗어 공을 던짐

(2) 인지 · 언어발달과 보육

유아기는 인지적 발달로 인해 질문과 호기심이 많아지고, '왜'라는 질문을 많이 하게 되는데, 보육교사는 유아가 스스로 답하도록 지도하여야 한다. 유아는 언어발달과 함께 상징적 사고가 급격히 발달하여 극놀이를 즐기며, 이러한 극놀이를 통하여 타인이 어떤 생각을 하고 어떤 느낌을 갖는지 이해하고, 사건의 인과관계를 파악하므로 보육교사는 극놀이를 확대시키도록 한다.

보육교사는 유아에게는 강압적 명령보다는 설명을 하여 의사소통하는 것이 좋고, 자기중심어와 과잉일반화 현상이 나타나므로, 바른 언어모델을 제공할 필요가 있다. 한편 어린이집의 질적 수준에 따라 유아의 인지 · 언어발달에 차이가 있을 수 있는데, 질적으로 우수한 어린이집의 유아는 주당 어린이집에서 보내는 시간이 유아의 어휘력, 이해력 및 지능지수와 긍정적인 상관관계가 있는 것으로 나타났다(이기숙 외, 2005). 〈표 3-8〉에 유아기 인지 · 언어발달 특징을 제시하였다.

표 3-8 유아기 인지 · 언어발달

영역	연령	발달 특징
인지 발달	3~6세	• '자기중심성'으로 인해 어떤 상황에서 한 가지 측면만으로 추리를 하게 되며, 타인의 입장을 고려하지 못함 • '비가역성'으로 인해 하나의 장면에 집중하고 다른 장면으로 전환을 이해하지 못함 • 꿈과 실제를 구분하지 못함 • 상징적 사고가 급격히 발달하여 극놀이를 즐김 • 직관적 사고 • 모든 사물이 살아 있다는 물활론적 사고

언어 발달	3~6세	• 3세 1,000단어, 4세 1,500단어, 5세 2,000~2,500단어, 6세 5,000~6,000단어 • 언어규칙에서 조사나 시제 변화의 규칙을 충분히 획득하지 못하고 타인조망능력이 발달하지 못해서 자신의 규칙에 맞는 언어를 사용함 • 과잉일반화(과잉확대와 과잉축소) 현상 • 의사전달의 목적 없이 그저 단순히 만족하는 말소리 자체를 즐김 • 비밀스러운 느낌 때문에 귓속말을 즐기며, 집단대화도 가능함

(3) 정서 · 사회성발달과 보육

보육교사는 유아가 불안, 수치, 실망, 부러움 등과 같은 불쾌정서와 기대, 희망 등과 같은 반응 등 쾌정서를 잘 분화하고 자신의 감정을 적절하게 표현할 수 있도록 돕는다. 그리고 유아가 또래관계를 잘 형성하고, 또래 간의 갈등해결기술을 습득할 수 있도록 가르친다. 한편 보육경험은 아동의 정서 · 사회성발달에 영향을 미치게 되는데, 먼저 보육의 양의 측면에서 살펴보면, 보육의 양은 어머니와 애착안정성과 유의미한 부적 상관을 보이는 것으로 나타났다(강유선, 2005; 백지혜, 2008). 즉 보육의 양이 많을수록 어머니와의 애착안정성의 수준이 낮을 수 있는데, 이것은 영아가 오랜 시간 보육을 받다 보면 어머니와 함께하는 시간이 상대적으로 줄어드는데, 이것은 어머니와의 상호작용의 경험을 적게 하며 영아에 대한 어머니의 민감성을 떨어뜨려 영아와 어머니 간의 안정된 애착 형성을 방해하는 것으로 해석할 수 있다(백지혜, 2008).

두 번째로 보육의 안정성, 즉 보육자 변경과 관련하여서는 변경 수가 많을수록, 어머니와의 애착안정성 점수는 낮게 나타났다(백지혜, 2008). 따라서 맞벌이가정과 같이 아동이 어린 시절부터 어린이집에서 오랜 시간 돌봄을 받아야 하는 경우에는 아동이 부모와 안정애착을 형성할 수 있도록, 부모는 자녀를 돌보는 시간에 양육의 질을 높이는 노력이 필요할 것이다.

마지막으로 보육의 질의 측면에서 보면, 질적으로 우수한 어린이집에 다니는 유아는 그렇지 못한 유아보다 자아개념이 높게 나타났고, 놀이실에서 또래와 긍정적인 상호작용은 더 많이 하는 반면, 교사와 부정적인 상호작용은 더 적게 하는 것으로 나타났다(이기숙 외, 2005). 따라서 어린이집의 질적 수준 제고를 위한 노력이 지속적으로 이루어져야 할 것이다. 〈표 3-9〉에 유아기 정서 · 사회성발달 특징을 제시하였다.

표 3-9 유아기 정서 · 사회성발달

영역	연령	발달 특징
정서 발달	3~4세	• 가장 심하게 나타나는 정서로 질투를 들 수 있음 • 정서의 원인과 결과를 표현 • 영아기 때의 분리불안과 애착행동 감소
	5세	• 불안, 수치, 실망, 부러움 등과 같은 반응이 불쾌정서에서 분화되어 나타남 • 기대, 희망 등과 같은 반응도 쾌정서에서 분화되어 나타남 • 인정받으려는 욕구가 강하고, 자신의 성취에 대해 자부심을 가지므로 꾸짖음이나 비평에 대해 민감해져 감정도 쉽게 상하게 됨
	6세	• 시간이 지남에 따라 감정은 희석되고 사고가 정서를 통제한다는 것을 이해 • 동시에 두 가지 감정을 느끼는 것이 가능함을 이해
사회성 발달	3~4세	• 동성 친구 선호 • 또래 간의 갈등해결기술이 능숙하지 못해서 함께 20~30분을 있으면 위축되거나 서로 싸우는 일이 발생함
	5세	• 친구를 사귀기 위해 또래의 비판을 참아내며 차례를 기다려야 한다는 것을 앎

생각해 볼 문제

1. 다양한 아동발달이론 중에서 현대사회에서 아동의 발달을 가장 잘 설명하는 이론은 무엇이며, 그 이유는 무엇인지 생각해 봅시다.

2. 영유아발달을 긍정적으로 촉진하기 위한 보육교사의 역할에 대해서 생각해 봅시다.

Chapter 04

보육의 발달

한 나라의 보육제도 발전과정을 이해함으로써 그 나라의 보육제도를 이해하고 발전시킬 수 있다. 국내외 보육역사를 고찰해 보는 것은 보육의 현재를 이해하고 미래지향점을 찾는 데 중요한 일이다.

현재 우리나라의 보육사업은 보육서비스의 질적인 향상과 공공성 강화를 위하여 다양한 정책이 다루어지고 있다. 따라서 현 시점에서 우리나라 보육의 여가와 제도를 전통기, 태동기, 전환기, 정비기, 발전기, 도약기로 나누어 살펴봄으로써 당시 사회가 요구하는 시대상을 배경으로 보육을 해결하기 위한 방편으로 어떠한 것을 삼았는지가 한국 보육역사의 단계를 가름하는 기준이 될 것이다.

또한 미국, 프랑스, 스웨덴, 일본의 외국 보육역사를 살펴봄으로써 앞으로 우리나라의 보육사업이 나아갈 방향을 설정하는 데 도움이 될 것이다.

1. 우리나라 보육의 발달

우리나라 보육의 발달을 이해하기 위해서는 당시 사회가 요구하는 시대상을 배경으로 어떤 기준을 가지고 보육을 해결하였느냐가 중요할 것이고, 그것은 한국 보육역사의 단계를 가름하는 기준이 될 것이다.

〈표 4-1〉에서 우리나라의 보육역사를 일곱 단계로 나누어 살펴보고자 한다(도미향, 2009; 오경희, 2006; 이미정 외, 2009).

표 4-1 우리나라 보육의 발달단계와 내용

단계	보육내용
전통기 (서기 28년~1920년)	구휼정책을 바탕으로 국가 차원의 아동보호 개념이 있었음을 인지하는 시기
태동기 (1921년~1960년)	일본의 정책과 더불어 서양식 교육을 받은 한국 지식인들의 증가로 보육의 필요성에 대해 눈뜨는 시기. 이 시기에 본격적인 보육이 시작되었으며 일제강점기를 벗어나 해방과 한국전쟁으로 극심한 사회적 혼란기를 겪으며 현대적 보육 개념이 이미 발생하였음에도 불구하고 전쟁이라는 특수 상황에서 비롯된 많은 고아들을 돌보기 위한 사회구호적 보육의 시기
전환기 (1961년~1980년)	1961년 아동복리법의 제정과 법정어린이집의 보육서비스가 정착되는 단계로 아동복지의 필요성을 인지하는 시기
정비기 (1981년~1989년)	1981년 아동복리법이 전문 개정되면서 아동복지법으로 개칭되었고 1982년 유아교육진흥법의 제정으로 보육사업이 정비되는 시기
발전기 (1990년~2003년)	1991년 영유아보육법의 제정으로 보육의 개념이 정리되는 시기. 유치원 과 어린이집의 이원화체제를 정부에서 선택함으로써 보육을 분리하여 양적 성장을 거친 시기
도약기 (2004년~2011년)	2004년 영유아보육법의 전부 개정과 공보육화 개념이 도입되어 보편적 보육서비스를 지향하는 정부의 의지가 천명된 보육사업의 도약기
확대기 (2012년~현재)	2012년 무상보육시대가 열리면서 보육서비스는 보편적이고 공보육화되고 유치원과 어린이집의 교육과정 일원화 체계의 시기

1) 전통기(서기 28년~1920년)

우리나라의 국가 보육사업 형태의 시초는 매우 오래되었다. 역사서에 등장하는 국가 차원의 구휼정책이 원시적인 형태의 보육사업의 전신이라 할 수 있으므로 우리나라의 역사는 유구하다.

《삼국사기》 신라본기 권 1의 유리 이사금 조(條)에는 환과고독(鰥寡孤獨)에게 급식을 주고 양육하는 사업이 있었다고 하는데 그중 아동에 해당하는 것이 국가 차원에서의 고아양육사업이다. 신라 유리 이사금 5년(서기 28) 겨울 11월에 왕이 나라 안을 순행하다가 한 할멈이 굶주리고 얼어서 죽어가고 있는 것을 보고 옷을 벗어서 덮어주고 밥을 주었다. 그리고 담당 관청에 명하여 곳곳에 있는 홀아비와 홀어미, 부모 없는 아이, 자식 없는 늙은이와 늙고 병들어 스스로 살아갈 수 없는 사람을 위문하고 양식을 나누어 주어서 부양하게 하였다. 여기서 담당 관청에서 고아에게 양식을 주고 부양하게 했다는 내용은 국가 차원의 구호가 이루어졌음을 알게 하는 부분이다.

삼국시대로부터 이어져 온 아동의 구호정책은 고려에도 전해져 구휼의 한 부분으로 명맥을 유지했다. 충목왕 3년(1347)에 설치된 구빈기관인 '해아도감(孩兒都監)'은 주로 젖먹이와 같은 어린 아이를 보호·양육하는 일을 맡아보던 기관으로 최초의 관설 영아원이었다. 고려 전기에는 동서대비원, 제위보[6] 등의 기관에서도 고아를 보호·양육하였으나 후기에 이러한 기관들의 운영이 유명무실해지면서 고아를 돌보기 위해 별도로 설치된 것이다.

조선시대에도 아동 구호는 지속적으로 이루어지고 있었다. 조선사회는 임진왜란(1592), 병자호란(1636)을 겪은 이후로 사회제도가 부패하였고 조세의 수탈문제는

---

6) 빈민·행려자의 구호와 질병을 맡아본 곳으로 963년(광종 14)에 설치하였으며 1321년(공양왕 3)에 폐지하였다.

민중의 삶을 직접적으로 압박했다. 정조 6~7년(1982~1783)에는 대흉년까지 겹쳐 식량난에 견디다 못한 백성들이 자식을 버리자 떠돌며 구걸하는 아동의 수가 증가하였고 이는 급기야 왕의 관심을 불러일으키게 되었다. 그래서 정조 7년(1783)에 자휼전칙(字恤典則)의 전교가 내려지게 되었다.

여기서 주목할 점은 아동의 나이에 따른 차별을 두어 구휼한 점으로 유아에 더 중점을 두었다. 0~3세, 4~6세, 7~10세를 구분하여 아동의 성장과 보호 유형에 대한 국가 차원의 인식이 있었음을 뜻한다. 이에 3세 이하의 '유기아'와 10세까지의 '행걸아'로 구분하여 '행걸아'는 관청인 진휼청에서 구제하고 '유기아'는 유모를 정하여 보살피게 했다. 또 '행걸아'는 구제에 있어서 친족의 1차적 책임을 강조하여 국가적 구제는 부모, 친족, 주인이 없는 자에 한하여 고의로 구걸하거나 유기하지 못하게 한 점도 주목할 만하다.

유기아를 발견하면 각 부에서 즉시 진휼청으로 이송하고 탐문하여서라도 유기아를 찾아내고 유기아 구휼에 있어서 젖어미 제도를 도입하여 유양하는 유녀(乳女)에게는 식량을 주었다. 행걸아, 유기아의 친권자가 유기아를 수양하던 사람에게서 아이를 찾아가면 배상을 하고 찾아갔고 행걸아, 유기아를 먹이는 절차와 진휼청의 사후 감독이 철저하여 월말마다 보고하고 유양을 잘 하는지 염탐을 했다.

근대적 고아구제사업의 발단은 고종 25년(1888) 3월에 설치된 명동 천주교회고아원이다. 당시 프랑스 신부가 기아 · 고아 · 빈곤아를 수용 · 양육하였는데 수용한 아동들에게 글과 기술을 가르치며 천주교 보육원으로 발전하였다.

근대적인 아동보호와 교육의 개념은 서울 종로구 인사동에 있는 중앙교회에서 1916년 중앙유치원을 창설한 데서부터 미약하나마 시작되었다고 할 수 있다.

중앙유치원에서 시작하여 중앙보육학교에 이르는 일련의 과정은 '보육'의 용어를 학교명에 사용함과 동시에 교사 양성으로 이어져 보호와 교육의 동시개념을 포괄한 것으로 볼 수 있다. 따라서 근대적인 아동보호와 교육의 시초를 1921년 태화

사회관에서 찾는 것이 일반적이기는 하나 1916년 중앙유치원의 창설의 의의를 함께 살펴보는 것도 의미가 있을 것이다.

2) 태동기(1921년~1960년)

일반적으로 한국 보육사업의 근대적 역사의 시초는 일제시대 1921년 기독교민간단체인 태화사회관에서 빈민아동을 돕기 위한 구제사업으로 시작되었다. 태화사회관은 가장 오래된 사회복지관으로 서양 감리교 선교사들에 의해 개관한 이래 태화진료소를 중심으로 아동보건사업을 전개하였다. 아동의 건강진단을 실시하였고 빈곤아동을 위한 탁아사업, 우유급식사업 등을 수행하였다. 탁아사업이라는 부분에 한정해서 본다면 보육사업의 시초는 분명 태화사회관으로 볼 수 있다.

본격적인 탁아소는 1926년 '부산 공생탁아소'와 '대구 탁아소'의 두 개 시설이 설치되어 운영되었다. 1934년 말까지 전국에 22개 육아시설이 만들어지고 그 수용인원은 2,192명에 이르렀다. 1939년에는 조선총독부 사회과 통계에 의하면 전국 11개소의 탁아소(관립 1개소, 공립 2개소, 재단설립 2개소)가 설치되었고 435명의 아동이 탁아서비스를 받았다. 평양에는 직장어린이집 형태인 전매국 탁아소가 설치되어 그 당시에도 다양한 형태의 어린이집이 존재하였음을 보여 주고 있다.

1941년에는 여러 곳에 보호시설이 설립되면서 세계대전과 경제공황으로 요보호아동을 위한 구제사업이 본격적으로 제공되었고 이 시기에 관·민 종교단체들이 다양한 관심 속에 탁아소를 설립하였다. 광복 당시 요보호 대상자를 수용·보호하는 인가된 후생시설은 육아시설, 양로시설 및 기타시설 등 총 15개 시설에 1,085명의 피수용자가 보호되고 있었으나 1948년에는 두 배로 증가하여 31개의 각종 시설에 2,717명이 수용되고 있었다. 특히 육아시설은 광복 당시 10개였던 것이 23개로 증가하였으며, 수용된 아동 수는 2,289명으로 광복 당시에 비해 약 2.8배가 증가하였다.

그 후 한국전쟁으로 인한 아동보호 수용시설이 설치되었고 이때까지의 보육사업도 이전과 마찬가지로 사후처리와 구호적인 차원에서 이루어졌다.

국내의 민간단체들은 고아, 기아, 부랑자를 위한 아동보호어린이집을 설립하여 이들을 보호하였다. 탁아소가 증설되면서 이 어린이집들은 합리적으로 지도 · 감독해야 할 행정적 필요에 따라 1952년 10월 '후생어린이집 운영 요령'이 마련되었다.

후생시설은 직장을 가진 부모의 자녀를 일시 또는 일정 기간 동안 위탁 · 보호할 수 있다고 정의하였으며 이런 정의는 낮 시간 동안의 보호라는 개념을 넘어 현재 24시간 보육과 같은 개념으로 볼 수 있다. 이 시기는 탁아시설 설립 목적의 취지를 제대로 실시하지 못한 미분화된 시설보호에 그쳤다.

해방 이후에서 한국전쟁에 이르기까지 사회는 정치적으로 매우 불안하고 혼돈의 상태였으며 전쟁은 수많은 고아와 기아를 양산했다. 이런 혼란의 소용돌이 속에서 보육사업은 예방적 기능이 아닌 응급 · 구호적 기능을 수행할 수밖에 없었고 아동복리가 사회적 책임이라는 인식이 본격화되었다.

한국전쟁 이후 1952년 '후생어린이집요강'에서 빈민 아동의 탁아나 고아들의 구호를 위한 사업 규정이 나타났다. 그에 대한 법제화는 1960년대 정부의 경제개발 정책에 따른 여성노동력 증가와 더불어 탁아어린이집의 증설과 정부의 요청에 따라 1961년 제정된 아동복리법과 1962년의 '아동복리어린이집 기준령'이 효시라 할 것이다(신현식, 1999). 이후 우리나라의 보육사업은 관계 법령의 제정으로 후진적 형태에서 발전적 형태로 나아가게 된다.

3) 전환기(1961년~1980년)

1950년대까지 임시 구호적인 성격을 벗어나지 못한 어린이집은 1961년 「아동복리법」 제정을 계기로 법정시설로 정부의 지도 감독을 받게 되면서 예방 차원의 보육이 전개되기 시작하였다. 당시 탁아시설의 수는 1960년대 116개소, 1966년에는 116개소, 1968년에는 292개소에 달했고 수용 아동 수는 25,443명에 이르렀다 「아동복리법」에서는 탁아시설의 설치기준, 직원 배치기준, 탁아기간, 보호내용 등을 구체적으로 규정하였으며 1962년 '아동복리시설 기준령'에는 아동복리 증진과 보장을 위한 내용이 명시되어 있다.

경제개발 추진에 의한 사회화가 진행되면서 취업여성이 증가하고 보육문제가 사회문제로 대두되기 시작했기에 1968년 3월에는 「아동복리법」 시행령 제2조 9항에 근거한 '미인가 탁아시설 임시 조치령'을 공포하여 민간 탁아시설을 적극 권장하여 1960년에 24개소이던 어린이집이 1977년에는 600여 개에 달하는 양적 확충을 가져왔다. 또한 탁아소는 일제 때 생긴 명칭으로 아이를 단순히 맡겨놓는 곳으로의 오해 소지가 있어 명칭을 '어린이집(children' s house)'으로 변경하게 되었다.

'어린이집'의 목적은 경제개발에 의한 고용 증대로 근로자가 증가함에 따라 보호결함이 있는 아동을 탁아 · 보호하기 위한 아동복리 향상을 위한 것이다. 그러나 어린이집의 법 규정에 보호 위주의 시설임을 밝힘으로써 학부모의 교육적 기대 불충분으로 중류계층 맞벌이부부들이 취원을 꺼리게 되고 이는 맞벌이가정 아동의 취원율을 저조하게 한 결과의 직접적인 요인이 되었다.

1969년에는 사단법인 '어린이집 협회'가 조직되어 1970년 잡지 〈어린이집〉을 창간하여 단순히 어린이를 맡아서 보호하는 것만이 아닌 어린이들의 건전한 성장, 발달을 위하여 유아교육적인 차원에서 접근한다는 설립목적을 꾸준히 홍보하기 시작하였다.

'미인가 탁아시설 임시 조치령'으로 인해 설립된 시설이 늘어나 저소득층 자녀의 문화실조의 심각성과 조기교육의 필요성이 고조됨에 따라 어린이집의 질 향상을 위해 1977년 「사회복지사업법」 제6조 제2항을 개정하고 탁아시설의 법인화를 촉구하는 한편, 1978년에는 '미인가 탁아시설 임시 조치령'을 폐지하게 되었다.

맞벌이부부의 자녀는 여전히 증가 추세에 있어 이에 대한 대응책이 필요해져1978년 4월에 정부는 아동을 보호하기 위한 다목적 어린이집을 개방하면서 수탁료를 받을 수 있는 '탁아시설 운영 개선방안'을 마련하였다. 빈곤층, 농어촌지역 등의 요보호 아동에서 일반 가정의 아동에게로 확대시키고 수익자 부담 원칙을 제시하였다. 이 조치에 따라 중산층의 아동은 시설을 이용할 수 있게 되었다. 문제는 시설이 탁아시설의 기능과 교육이 첨가된 관점으로 출발한 것은 바람직하지만 홍보와 인식 부족으로 부모들이 유치원의 대용물로 활용했다는 것이다(이소희, 2005).

일반적으로 1980년대 이전까지의 보육사업은 보편적 서비스로 발전되지 못하고 선별주의 원칙에 기초한 잔여적 형태의 서비스로 평가되고 있다. 이 시기는 전반적으로 보육이 침체된 시기였다.

4) 정비기(1981년~1989년)

제5공화국은 복지국가 건설을 국정 이념으로 삼고 그 일환으로 1981년 4월에는 「아동복리법」의 전문개정 및 개칭으로 「아동복지법」을 시행하였다. 이 법은 국가와 지방자치단체가 아동의 건강과 복지 증진을 위하여 노력하여야 하고, 그 시책을 시행하여야 하며 아동의 보호자는 아동을 성장 시기에 맞추어 건강하고 안전하게 양육하여야 함을 취지로 삼고 있다. 또한 단순한 탁아시설의 증설이나 정비의 차원을 넘어 아동복지의 이념에 따라 실천의지를 나타낸 것이며, 1982년 12월 31일에 「유아교육진흥법」을 제정 · 공포함으로써 정부의 의지를 뒷받침하였다.

1982년 「유아교육진흥법」 제정과 함께 보육은 일대 변화기를 맞게 된다. 그동안 보건사회부(어린이집 691개소), 내무부(새마을 협동 유아원 263개소), 농업진흥청(농번기 탁아소 382개소) 등에서 관장하던 탁아기관을 '새마을 유아원'으로 통합하고 내무부가 주무부서를 관장하도록 하였으며 어린이집들을 일원화하여 체제를 정비하고

유아교육의 진흥을 가속화할 수 있는 법적 근거를 마련하였다. 즉, 문교부 관할의 유치원과 내무부 관할의 새마을 유아원으로 정비되고 유치원은 교육기능을, 새마을 유아원은 보육기능을 담당하게 된 것이다. 이러한 관점은 시설의 기능은 교육중심으로, 관장 부서는 행정력 중심으로 새로운 전환을 도모한다는 것이다. 이로써 종전의 탁아시설로서 지니는 서비스 성격은 퇴색되고 교육의 기능이 강화된 유치원과 새마을 유아원만이 유아교육기관으로 존재하게 되었다.

「유아교육진흥법」은 교육 강조론으로 질적 수준이 높아진 것에 의미가 있으나 교육 부분을 지나치게 강조함으로써 영유아 복지의 약화를 초래했으며 이 영향은 「유아교육법」의 제정, 유아학교로의 전환과 같은 문제를 지속적으로 제기하게 되었다.

「유아교육진흥법」에 따라 설치된 새마을 유아원의 문제점은 운영시간이 짧아 기혼여성들의 실제 근로시간을 맞출 수 없어 화재로 어린 자녀를 사망하게 하는 비극이 발생하면서부터 보육에 대한 요구가 심각하게 제기되었다. 새마을유아원은 설치 목적이 맞벌이부부 및 저소득층의 자녀를 보호하고 교육하는 기능을 병행하는 것이었으나, 실제로는 반일제로 운영되는 곳이 대부분이었으며 내용에 있어서도 기존의 유치원과 별반 차이가 없어 계속적인 양적 확대에도 불구하고 저소득층 맞벌이부모의 보육 부담을 줄여주지 못했다. 이에 보건복지부에서는 대대적인 보육사업의 확충계획을 수립, 추진하게 되었다.

이 시기는 저소득층 맞벌이부부의 보육 부담에 대한 배려가 지극히 부족했고 새마을 유아원은 문제점이 많아 영세민의 생활안정을 돕는 '88탁아소'가 부활하여 저소득 밀집지역에서 140개소로 늘어나는 결과를 가져왔다.

제6공화국에 들어와 기혼여성의 취업률이 45.5%로 급증, 취업모들의 요구와 농어촌 지역의 아동방치 문제가 심각해졌다. 정부는 어린이집 부활의 긴급성을 느끼고 보건사회부는 1989년 9월 '아동복지법 시행령'을 개정하여 1982년에 삭제된 탁아시설의 설치, 운영 근거를 부활시키기에 이르렀다.

이 조치는 관계 부처인 내무부, 교육부, 보건복지부 3부 장관의 합의에 의해1993년까지 「교육법」에 의한 유치원이나 「영유아보육법」에 의한 어린이집으로전환토록 하였고 이로써 우리나라의 보육사업은 과거의 구호 차원에서 교육 및 복지 차원으로 한걸음 나아갔으나 유치원과 어린이집으로의 이원화체계를 갖추게 되었다. 「아동복지법」에 의거한 보육사업 추진은 효율적이고 체계적이기에 미흡한 점이 많아 보육사업을 위한 독립법 제정의 필요성이 제기되기에 이르렀다.

5) 발전기(1990년~2003년)

제6공화국 초기에는 기혼여성의 취업률이 급격히 증가하고 탁아 요구가 증대되었다. 이에 정부는 늘어나는 보육 수요에 대처하고 건전한 맞벌이가정의 경제적 · 사회적 활동 지원을 위해 보육시설 확충을 위한 대책마련을 서둘렀다.1990년 12월 각계각층의 의견을 폭넓게 수렴한 '영유아보육법안'이 국회에서 통과되고 1991년 1월 「영유아보육법」이 제정, 공포되면서 보육사업의 발전 및질적 향상을 하는 발판을 마련하였다.

그동안 분산되었던 탁아사업이 보건사회부로 일원화되고 '탁아'라는 용어가 '보육'이라는 용어로 바뀌고, 시행령(8월 1일)과 시행규칙(8월 8일)이 마련됨으로써 비로소 유아, 보육에 관한 법률체제가 정비되었다. 한편, 「유아교육진흥법」에 의해 설치된 새마을 유아원과 유치원은 1990년 11월 내무부, 보건복지부, 교육부 3부 장관의 합의하에 1993년까지 유치원이나 「영유아보육법」에 의한 어린이집으로 전환토록 하자는 안에 합의하게 되었으며 보육은 보건복지부에서 관장하게 되었고 내용도 종전의 탁아에서 보호와 교육을 통합한 보육으로 기능이 확대되었다.

「영유아보육법」(1991.1.14. 제정, 1997.12.24. 개정, 1998.3.1. 시행)은 보호자가 근

로 또는 질병, 기타의 사정으로 인하여 보호하기 어려운 영아 및 유아를 대상으로 하되, 영유아의 심신의 보호와 교육 및 보호자의 사회·경제적 활동을 돕는 것을 목적으로 하고 있다. 이는 '보육'이 국가적 과제임을 밝힌 것으로 공적 의미로서의 '보육' 개념을 잘 드러낸 법령으로 보인다. 또 전통적인 아동의 가정양육원칙과 자유민주주의 이념에 따라 보호자가 보육하기 어려운 영유아(12세까지)로 한정하여 불필요한 국가 개입을 최소화하고 교육법에 의한 유치원과의 구분을 명확하게 하였다. 〈표 4-2〉는 어린이집의 목적, 기능, 취원, 교육 일수, 보육 형태 등을 유치원과 비교한 표이다.

표 4-2 어린이집과 유치원의 비교

	어린이집	유치원
목적(설치배경)	• 가정을 대신하는 보호·교육기관 • 보호자가 노동, 질병, 기타 사정으로 보호하기 어려운 영유아를 심신의 보호, 교육을 통하여 건전한 사회성원으로 육성 • 보호자가 경제적·사회적 활동을 원활하게 하여 가정복지증진 기여 • 사회적 필요성에서 설치	• 유아 담당 교육기관 • 유아에게 알맞은 교육환경을 제공함으로써 심신의 조화로운 발달 조장 • 교육의 필요성에서 설치
기능	• 자녀의 보호양육이 불가능한 부모를 대신하여 아동을 보육함으로써 아동 및 가족 복지 증진에 기여 • 여성의 노동시장 참여를 가능케 함으로써 간접적으로 소득 지원 • 바람직한 양육환경 및 집단생활의 경험을 제공함으로써 아동발달에 기여 • 신체적 안전 및 보호뿐 아니라 교육적 기 능을 담당함으로써 총체적 서비스 제공	• 조기교육을 통해 교육의 기초를 공고히 함 • 잠재능력의 조기 개발
취원대상 연령	• 0~6세 미만의 취학전 아동 • 6~12세(방과후 프로그램)	• 만 3~6세 미만
교육(보육) 일수	• 연간 300일(법정 공휴일을 제외한 전일)	• 연간 180일
교육(보육) 형태	• 주로 전일제 • 반일제, 시간제, 야간 보육, 24시간 보육	• 주로 반일제 • 종일제
종사자 자격	• 보육교사	• 유치원 교사

출처: 공인숙 외(2005).

〈표 4-2〉에서 보듯이 어린이집과 유치원을 이원화한 법령으로 민간보육시설은 유치원과 경쟁해야 하는 상황이 되었고 이는 민간보육시설의 경영난을 가중하는 한 원인이 되었다.

「영유아보육법」의 제정으로 보육사업은 「아동복지법」(보건사회부), 「유아교육진흥법」(내무부, 교육부), 「남녀고용평등법」(노동부)으로 분산되어 있던 법체계나 주무부서를 독립법 체계하에 주관 부서를 보건복지부로 일원화하여 본격적인 제도적 기반을 구축하고 보호와 교육을 통합한 사업으로 확대, 발전하게 되었다.

그 결과 1990년 말에 1,010개이던 보육시설의 수가 2005년 6월 30일에는28,040개소에 이르고 보육시설을 이용하는 아동의 경우에도 1990년 48,000명에서 2005년 6월에는 972,391명으로 놀라운 증가를 보였으며 보육교직원의 수도 130,972명에 이를 정도로(보육통계, 2005) 1991년 영유아보육법이 제정된 이래 우리나라의 보육사업은 엄청난 양적 발전을 이루었다(보육통계, 2005).

이 법은 보호와 교육의 애매했던 개념을 보호와 교육을 통합한 보육이라는 진보된 개념으로 전환하였고 보육내용도 아동교육, 영양, 건강, 안전 등의 보호와 교육 또는 부모교육, 지역사회와의 연계까지 포괄하는 종합서비스를 제공토록 하였다. 또한 저소득계층 아동 중심에서 중·상류계층 아동을 포함함으로써 모든 가정의 아동이 동일한 서비스를 받도록 하였다. 특이한 점은 0~12세까지 아동의 연령을 연장하여 제도화한 점으로 그 후 세계화추진위원회에서 방과후아동지도가 10대 과제로 채택되었다(이영석, 2005).

보육사업에 대한 정부의 확고한 의지에 따라 시설의 양적 확충을 목표로 1994~1995년 국민연금융자제도를 마련하여 땅이나 재산을 소유한 무자격자들에게 보육시설 설치비를 저리로 대여해 주어 어린이집을 짓게 하고 단기 어린이집 원장 양성과정을 수료하게 하여 원장이 될 수 있도록 하는 제도를 실시하였다. 그러나 양적 확충에 따른 질적 성장이 이루어지지 않아 보육의 질적 저하를 초래하는 결과를 가져왔다. 이로써 민간보육시설의 경영난이 심화되는 양상이 나타났다.

1998~2003년까지는 어린이집의 질적 수준 향상에 주요 목적을 둔 시기로 보육의 중요성이 부각됨에 따라 보건복지부의 조직을 개편, 보육과를 신설하여 기존에 아동보건복지과에 속해 있던 보육업무를 담당하게 하였다. 1998년에는 장애아 전담보육시설의 강화, 민간보육시설 교재교구비 지원 강화, 보육료 특별 소득공제의 신설, 연말정산 시 보육소득공제액을 확대(100만 원)하였다. 1999년에는 보육시설 설치절차의 간소화(인가제에서 신고제로 전환), 2001년에는 만 5세 무상교육 대상 지역 확대 등의 변화가 일어났다. 그러나 보육정책은 많은 부분에서 여전히 보육수요자의 요구에 부응하지 못하는 문제점을 안고 있어 개선의 필요성이 지속적으로 제기되었다.

6) 도약기(2004년~2011년)

우리나라 아동보육은 현재까지 육아의 의무를 어머니와 가족들에게만 맡겨두고 있었으나 보육 현실은 가정에만 미룰 수 없게 되었다. 아이를 낳은 기혼여성들은 일과 가정을 양립하며 양육의무를 수행하기 어려운 현실 때문에 출산을 기피하고 이에 따라 한국사회는 저출산·고령화사회로 진입하면서 국가의 장기적이고 지속적인 성장을 위협하는 심각한 상황에서 보육사업의 기능과 중요성에 대한 사회적 인식이 확산되면서 보육의 공적 책임을 실감하지 않을 수 없게 되었다.

그 일환으로 보육서비스의 질적 향상 및 다양화, 보육의 공적 책임을 골자로 한 '영유아보육법' 개정안을 2004년 1월 30일 발표하고 2005년 1월 30일부터 시행토록 하였다. 보육사업의 적극 추진을 위한 일차적 방안으로 2004년 6월12일 보건복지부의 보육업무를 여성부로 이관하고 관장부서로 보육정책국을 신설, 산하에 보육기획과와 보육지원과를 설치하였다.

2004년 「영유아보육법」의 전면 개정을 통해 보육은 질적 발전을 수립할 수 있는 여건을 조성했다. 개정된 법은 보편주의 보육 이념과 아동의 보육받을 권리 및 보육에 대한 국가와 사회의 책임을 분명히 하고 있으며, 보육과정의 제정, 생활기록부 작성의 의무화, 평가인증제 실시, 어린이집 운영위원회, 보육교사 자격제도 등 새로운 제도가 도입되었고, 보육정책조정위원회 및 보육개발원 설치 등이 새로이 추가되었다. 이에 보육시설 평가인증 사무국과 보육교사자격 관리사무국이 여성개발원 산하에 설립되어 어린이집 평가인증 작업이 시작되었고 새롭게 바뀐 제도에 따라 보육교사 자격증 교부가 시작되었다.

이와 더불어 2004년 6월 대통령자문기구인 고령화 및 미래사회위원회가 일자리 창출을 목표로 육아지원정책 방안을 발표하였고, 이에 따라 같은 해 12월 육아정책개발원이 설립되었다. 육아정책개발센터는 한국교육개발원, 여성개발원, 보건사회연구원 등 세 개 기관이 제각기 해오던 유아교육과 보육정책연구를 종합적으로 수행하기 위해 세 기관이 공동으로 설립했다는 점에서도 의의가 있다.

이 법의 목적을 살펴보면 국가가 보육에 적극 개입하겠다는 의지를 보였으나 보육정책에서 밝힌 가정복지 증진에 기여한다는 항목은 포괄적인 사회, 복지증진으로 명시하는 것이 바람직할 것이다.

또한 2006년 11월 10일 「영유아보육법」 시행규칙 개정을 통해 표준보육과정을 마련함으로써 영유아가 건강하고 안전하며 바르게 생활하는 데 필요한 내용과 신체, 사회, 언어 · 인지, 정서 등 전인적 발달을 위해서 영유아가 갖춰야 할 지식, 기술, 태도를 제시하는 등 영유아가 조화로운 사회구성원으로 성장할 수 있도록 보육환경의 질을 높였다. 그리고 2007년 7월 개정된 「영유아보육법」은 거짓이나 그밖의 부정한 방법으로 보조금을 교부받거나 보조금을 유용한 경우 어린이집 원장의 자격정지 및 자격취소가 가능하도록 규정하였으며 영아 또는 장애아가 주로 이용하는 어린이집으로서 여성가족부령으로 정하는 어린이집은 운영정지처분에 갈음하여 어린이집 정원의 감축 또는 아동모집의 정지 조치를 취할 수 있도록 함에 따라 그 구체적 기준을 여성가족부령으로 마련하였다.

2008년 새 정부의 출범과 함께 보육사무가 여생가족부에서 보건복지가족부로 이관되어 보육업무는 아동청소년정책실 보육정책관 부서에서 담당하였다.

2009년에 아이사랑카드를 도입 · 시행함으로써 보육의 질적 수준 향상과 더불어 수요자 중심의 보육정책을 강화하였으며 2010년에는 표준보육과정을 전국적으로 실시하기 위해 모든 어린이집의 보육교사를 대상으로 교육을 실시하였다. 그리고 2011년에는 어린이집과 유치원이 공통으로 실시하는 만 5세 누리과정이 발표되어 2012년 3월부터 실시하게 되었다.

7) 확대기(2012년~현재)

2012년부터 연령별에 보육료 지원이 대폭 강화되었으며, 2013년부터는 모든 보육아동에게 소득에 관계없이 보육료를 지원하고 있다. 구체적으로 살펴보면 2011년까지는 소득이 낮은 가정의 영유아에게만 어린이집 이용아동에게는 보육료, 가정양육아동은 양육수당을 지원하였다. 2012년에는 단계적으로 무상보육이 실시되었는데, 만 3~4세는 소득이 낮은 가정에만 보육료를 지원하였지만, 만 0~2세, 만 5세에게는 소득과 재산에 관계없이 보육료를 지원하였다. 2013년부터는 소득과 재산에 관계없이 모든 만 0~5세 영유아에게 보육료와 양육수당이 지원되었고, 만 3~5세까지 어린이집과 유치원 공통과정인 누리과정이 실시되었다. 이와 같은 일련의 제도적 변경은 보육사업의 확대기를 가져왔다고 할 수 있다.

그리고 2014년 1월부터 시행된 국무총리훈령 제626호 "영유아 교육 · 보육통합추진단의 설치 및 운영에 관한 규정"에 따라 영유아 교육 · 보육통합추진단을 국무총리 소속으로 설치하여, 영유아 교육과 보육을 통합하려고 진행하였으나, 2018년에 들어

오면서 유아교육과 보육의 특성을 고려하여 통합의 필요성과 논의는 감소하였다.

2014년에는 입소대기시스템을 전산화하였고, 2015년에는 모든 어린이집에 CCTV 설치하였고, 임신 · 출산 · 육아 관련 웹사이트 통합하여 '아이사랑' 포털사이트를 만들었으며, 2016년에는 맞벌이 가족과 비맞벌이 가족 등 가족특성에 따라 '맞춤형 보육' 도입 · 시행하였다. 이후 맞춤형 보육을 폐지하고, 2020년부터는 오전 9시부터 오후 4시까지 기본보육제도가 도입되어, 오후 4~5시 전후로 영유아들이 하원하며, 연장보육을 신청한 영유아만 오후 4시부터 저녁 7시30분까지 연장보육을 받게 되었다. 2018년부터 2022년까지 적용된 적용되는 제3차 중장기보육기본계획를 수립하였는데, 기본계획에는 보육의 공공성 강화, 효과적 보육서비스 제공을 위한 보육체계개편, 보육서비스의 품질향상, 부모양육지원 확대 등의 내용을 포함하고 있다. 이상에서 살펴본 바와 같이 우리나라에서는 보육서비스의 질 향상과 공공성 확보를 위해 지속적으로 노력하고 있다.

2. 외국 보육의 발달

1) 미국

미국은 영국으로부터 건너온 청교도들의 가족에 대한 중요성 강조와 독일에서 전파된 프뢰벨 사상, 유치원의 도입, 자선유치원의 설립 등 유럽의 전통이나 영향을 받게 되어 가족은 아동을 양육하고 사회화하는 책임을 지고 부모는 아동양육에 직접적인 책임을 갖게 되었다.

한편 Dewey의 철학과 경험주의적 사상의 영향으로 미국은 유치원의 확장과 함께 영국으로부터 유아원이 도입되어 1924년 미시간 주에 최초 공립 유아원이 설립되었다. 1933년 경제공황에 따른 실업대책의 일환으로 긴급탁아소(emergencyday care)가 전액 국고 부담으로 증설되었으며 1937년까지 공립학교 안에 1,900개의 탁아소가 설립되었다. 이는 1935년 사회보장법과 함께 당시의 보육에 대한 사회적 요구를 수용하게 된 것이다.

제2차 세계대전 중 연방정부는 징병으로 남성노동력이 줄어든 방위산업체에 여성노동자를 투입하여 가동시키게 되면서 어린이집 공급에 개입하였다. 이 시기에 각 주에 어린이집을 설치, 지원하도록 하는 랜함법이 통과됨으로써 경제지원과 직업여성에 대한 편견이 없어지고 어린이집이 번창하다가 전쟁의 승리와 함께 랜함법에 준한 기금이 중단되었다.

어린이집에 수용된 아동의 발달에 대한 심각한 우려가 제기되고, Bowlby의 모성실조에 대한 연구 등은 1950년대 아동양육에 대한 논쟁을 사회문제로 부각시키게 됨으로써 가정양육의 필요성이 다시 강조되었다. 그 결과 전업 취업여성들이 가정으로 돌아가도록 권장됨으로써 어린이집의 설립이 한때 감소되는 경향을 보이기도 하였다.

1965년 정부 차원에서 보육 책임을 지고 보육서비스를 주도하기 위해 저소득층 유아를 위한 보상교육으로서 연방 정부의 주도하에 종합적인 유아교육프로그램인 Head Start Program을 실시하였다. 이는 모든 아동에게 교육이 중요하고 여러 가지 연방프로그램을 통하여 어린이집에 대한 공적 지원을 가능하게 했다는 의의가 있는 반면 10%만 전일제로 운영되고 활동에 부모를 참여시키는 형태의 유치원 모델이기에 취업모가 참여하기에는 한계가 있었다.

1990년에는 아동보호법이 제정되어 연방정부가 종합적인 보육시책을 강구하게 되었으며 의회의 승인을 얻은 클린턴 정부는 저소득층 어린이 조기교육의 질을 개선하기 위해서 '조기교육 신탁기금'을 설립하여 저소득층 아동의 보육서비스에 기여하였다.

2014년 미국 보육서비스 현황을 살펴보면, 5세 이하 영유아들은 평균적으로 1주일에 36시간을 보육서비스를 받고 있으며, 전체 보육서비스 이용 아동 중에서 약 30%는 부모의 직장 시간 때문에 2개 이상의 Child Care 센터를 이용하고 있다. 보육서비스 비용은 연령, 주, 이용시설(센터 또는 가정)에 따라 차이가 있다. 보육료는 부모가 약 60%를 부담하고 있고, 중산층 이상일수록 부담 비율은 높아진다.

연간 보육비용은 주별로 차이가 있지만 연령이 높을수록, 가정보육시설을 이용할수록 비용이 적게 든다. 먼저 영아가 센터를 이용할 경우 연간 최소 6천 달러에서 2만 5천 달러의 비용이 든다. 걸음마기 영아가 센터를 이용할 경우 최소 6천 달러에서 최대 1만 8천 달러의 비용이 들고, 4세 유아의 경우 최소 5천 달러에서 최대 1만 8천 달러의 비용이 든다.

가정보육서비스의 경우 영아는 최소 5천 달러, 최대 콜롬비아 주에서는 1만 6천 달러, 걸음마기 영아의 경우 최소 5천 달러에서 최대 1만 2천 달러가 소요되며, 4세 이상 유아의 경우 사우스캐롤라이나 주에서는 4천 5백 달러, 최대 콜롬비아 주 1만 4천 달러가 소요된다.

2021년 미국 정부는 미국 구조계획의 일환인 아동세금공제 혜택을 대폭 확대하여 자녀를 양육 중인 근로 가정의 세금을 감면하기로 하였다. 구체적으로, 2021년 공제금액은 6~17세 사이의 자녀 1명당 3천 달러(한화 약 350만 원), 6세 미만 자녀 1명당 3천6백 달러(한화 약 410만 원)으로 인상되었다(육아정책연구소, 2021). 이와 같이 미국은 여성인력의 사회적 진출이 증가되고 가치관의 변화가 일어나면서 보육에 대한 사회적 욕구도 증가되면서, 영유아의 양육은 가족의 책임이라는 전통적 가치관에서 뛰어넘어 보육의 전문화와 질적인 혁신을 위해 지속적으로 노력하고 있다.

2) 프랑스

프랑스 보육제도의 발달은 과거의 유모제도에서 찾아볼 수 있다. 유모제도는 당시 높은 영아사망률을 줄이기 위해 유모의 자격과 활동이 합법적 기준에 따라 체계화되었다. 이는 오늘날의 가정 탁아제도로 발전하게 되었다.

오늘날 어린이집의 직접적인 기원은 Oberlin이 벌목일에 종사하는 여성들의 자녀를 주변의 위험으로부터 보호하기 위해 1770년에 설립한 편물학교(ecole atricoter)에서 찾을 수 있다. 이러한 어린이집은 초기에는 자선사업 또는 구빈사업의 목적을 가졌는데, 일터나 공장 때문에 자녀를 돌볼 수 없었던 부모를 대신하고 작업현장에 참여하는 취업모의 사회적 문제를 해결하기 위한 교육적 · 사회적 목적을 갖게 되었다.

1844년 파리에 샤이오 탁아소(Chaillot Creche)가 설립되었으나 어린이집의 빈약 등으로 효과적인 운영이 어려웠다. 그러나 1848년 사회 저소득계층 시민의 호응을 받아 20여 개의 탁아소가 파리에 설립 · 운영되었다. 1874년 최초의 아동보호법이 러셀 왕조에 의해 제정되면서 탁아소의 발전이 이루어졌다. 1888년에는 내무부가 어린이집의 위생 및 운영에 관한 문제점을 검토한 결과 공공기관에서 어린이집을 운영 · 감독하는 것이 바람직하다고 결정됨에 따라 어린이집을 시가 운영하는 공공 어린이집 형태로 자리매김하게 되었다.

제1, 2차 세계대전을 거치면서 1945년 전쟁이 끝나기 이전까지 탁아소는 아동을 질병과 죽음의 위험으로부터 보호하기 위한 아동보호소(une garderiemedicale)의 기능을 하였다.

1960년을 기점으로 여성의 사회적인 참여의 증가에 따른 사회적 필요성과 인구정책의 하나로 어린이집의 양적 · 질적 개선이 요구되었다. 따라서 어린이집의 유형과 기능이 다양해지면서 어린이집의 수가 증가하게 되고 어린이집에 근무하는 종사자의 자격기준과 어린이집 기준도 강화되었다.

1960년대부터 최근까지 프랑스는 심리학, 정신분석학, 임상심리학의 발달로 아동 내면의 심리적 안정을 더욱 중요시하고 있다. 따라서 아동의 능력과 잠재력이 최대한 발달하도록 국가, 지역, 각 지방 행정당국에서 적극적인 지원을 하고 있다(조혜경 외, 2009).

프랑스의 보육기관은 3개월부터 3세까지 30명 이상의 영유아를 8~10명의 전문 보육교사가 오전 7시 30분부터 오후 6시 30분까지 돌보는 킨더가르텐(kindergarten) 있고, 전문적인 아이돌보미가 아이돌보미의 가정에서 4명의 아이까지 돌보는 크레세(Creche)가 있는데, 크레세의 운영시간은 탄력적으로 운영된다.

3) 스웨덴

스웨덴은 이른바 복지선진국으로 일찍이 공립보육체제가 확립되어 서구의국가들 중에서 가장 진보적인 제도를 갖춘 것으로 알려져 있다. 1980년대 이후 선진화된 사회복지모형을 추구하는 서구 국가들이 경제 성장의 둔화와 실업률의 증가로 복지정책을 축소하는 경향에도 불구하고 스웨덴은 아동 및 가족복지정책을 꾸준히 확대, 발전시켜 온 것은 복지가 국가의 시혜가 아니라 사회적 권리로써 인정되기 때문이다(송근호, 1997).

스웨덴의 아동보육제도는 산업화 이후 빈민아동과 기아문제를 해결하기 위한 대책으로서의 보육제도로부터 스웨덴 전체 아동들의 보호와 교육에 대한 사회적 책임을 수행하기 위한 공적제도로까지 단계적으로 발전되었다고 볼 수 있다(이옥, 1996).

산업화 이전의 스웨덴 역시 아동의 교육은 완전히 가족만의 몫이었고 가정에서 부모들이 자녀를 기르는 것이 가장 이상적이라고 여겼다. 법적으로 아동들의 복지에 대한 사회적 관심이 나타나기 시작한 것은 18세기 중엽에 들어와서 였다. 탁아에 대한 새로운 개념은 1930년대에 나타났는데 탁아소에 교사를 배치한 유치원 형태의 교육활동을 하루 또는 일주일에 몇 시간 정도씩 추가하기 시작한 것이다.

1940년대 이후부터 1970년대까지 스웨덴의 탁아제도는 스웨덴의 사회경제적 상황에 따라 상당한 제도적 지원이 이루어졌고, 제2차 세계대전과 산업화로 인한 인구분포의 변화와 노동인구에 대한 국가 차원의 요구는 여성노동을 전적으로 요구하게 되었다. 이러한 여성노동력의 요구로 인한 스웨덴 국민의 여성취업권에 대한 진보적 의식의 반영으로 스웨덴에서의 보편주의적 아동보육제도의 발달이 이루어졌다고 할 수 있다.

1972년 국회에 가족정책위원회가 구성되었고, 1973년에는 'preshooling법'을 제정, 1975년부터 시행하였다. 이 법은 6세까지의 어린이를 대상으로 하여 탁아의 목적을 가정과 긴밀하게 협조하여 아동의 전인적 인격 발달과 신체적 · 사회적 발달을 도모함을 규정하였다. 그 후 이 법은 1977년에 개정되어 대상을 12세 아동까지 확대하여 취업부모와 공부하는 자녀를 보호할 지방자치단체의 책임을 명시하였다(강영옥, 2002).

1990년대 스웨덴 아동정책은 모든 가족에게 동등한 조건과 기회를 주고 시민에게 사회적 지원을 극대화하며 여성이 가족에 대한 책임과 노동시장의 성원으로 참여하는 것을 돕는 것이다. 스웨덴에서는 사람들이 부모의 역할과 직장에서의 역할을 잘 조화시킬 수 있게 사회가 도와주어야 한다고 보며, 이에 따라 유아를 둔 부모도 직장생활과 가정생활을 하면서 평등하게 참여할 수 있도록 인식하고 자녀를 맡길 수 있는 체계가 필요하다고 본다. 구체적인 목표로는 첫째, 아동의 성장을 통하여 자아의 안정을 꾀함으로써 기본적으로 이타적인 자아를 형성할 수 있는 환경을 제공한다. 둘째, 환경과의 상호작용을 통해서 의사소통능력을 발달시킬 수 있는 최적의 어린이집을 제공한다. 셋째, 아동으로 하여금 기본적인 개념 형성, 문제해결능력, 창조력 등을 익히게 한다. 넷째, 양친과의 협력을 통해서 개개 어린이의 정서 및 사고력의 다양한 증진을 위한 환경을 제공한다. 다섯째, 아동 자신의 감정과 타인과의 협력을 바탕으로 개방적이고 사려 깊은 인간으로 키우기 위한 기초를 제공한다. 여섯째, 아동으로 하여 금자신과 타인의 생활조건을 개선하기 위한 지식 추구와 활용의지의 기초 제공 등을 들 수 있다(양옥승 외, 1996).

스웨덴의 아동보육제도의 역사에서 알 수 있듯이 스웨덴 역시 전통적으로 육아 문제는 전적으로 가정의 책임으로 간주되었다. 이러한 보수적 양육관에서부터 모든 아동의 보육에 대해 국가의 적극적 개입을 현실화시킨 진보적 보육제도로의 발전은 그것이 가족과 여성, 그리고 국가의 다양한 이해관계에서 비롯된 것이지만 결국 아동은 가족뿐 아니라 사회적 책임이라는 아동양육을 수용한 시민과 사회, 그리고 아동보육의 중요성에 대한 합의된 국민적 인식으로 이루어진 것이라 하겠다(이옥, 1996).

스웨덴의 보육기관 이용 비용은 중앙정부와 지방정부, 부모의 삼자 부담으로 이루어지는데, 부모 부담 보육료 상한제를 도입하여 상한 금액상으로 부모에게 수납하는 것을 금지하고 있다. 기관 운영에 필요한 나머지 비용은 정부(특히 지방정부)가 부담하며 대개 보육 · 교육 비용의 80% 이상을 책임지고 있다. 정부 지원액은 부모 자부담 비용을 제외한 나머지 비용으로, 지자체마다 다른 비용을 수납하고 있다. 부모 자부담 비용은 비용 상한제로 인해 가구소득의 3% 이내, 전체 비용의 약 10~15% 수준을 유지하여, 월 최대 SEK 1,287(한화 약 18만 원)을 넘지 않도록 하고 있으며, 가구소득과 자녀연령, 자녀수, 맞벌이 여부를 고려하여 이루어지고 있다.

스웨덴 아동은 연령 및 부모의 취업 등 가구 여건에 따라 푀르스콜라, 개방 푀르스콜라, 유아학급(preschool class 또는 Kindergarten), 가정보육시설, 여가활동센터 등을 이용할 수 있다. 우리나라에 비해 초등학교 취학 연령이 만 7세로 1년 늦으나, 만 6세를 대상으로 초등학교 내 유아학급(pre-school class, forskoleklass)의 제공으로 사실상 준 의무교육에 해당하는 취학전 교육과정을 갖고 있다. 이는 ECEC와 초등학교의 중간단계로 유아학교에서 초등학교로의 전이와 연계를 중시하는 학교 체계라 할 수 있다. 유아학급은 반일제 교육과정과 방과후 보육의 과정으로 구분되어 운영되고 있다. 스웨덴의 교육과 보육기관은 〈표 4-3〉과 같다.

표 4-3 스웨덴 영유아 교육 · 보육기관 현황

<table>
<tr><th colspan="2">기관</th><th>이용아동 연령</th><th>특징</th></tr>
<tr><td rowspan="3">피르
스콜라</td><td>피르스콜라
(pre-school)</td><td>만 1~5세</td><td>• 취업 혹은 학업 중인 부부 이용 가능이 원칙
• 미취업 상태이거나 육아휴직인 경우에도 이용 가능
• 연중무휴 종일제(부모 근무시간에 따라 조정 가능)
• 평균 3학급 정도로 구성, 학급당 인원은 15~24명 정도로, 3명의 교직원 배치
• 지자체별로 비용 상한액이 정해져 있음</td></tr>
<tr><td>Pedagogical care</td><td>만 1~12세</td><td>• 비형식적 기관으로, 2009년부터 Family daycare에서 Pedagogical care로 명칭 변경
• 아이를 돌봐주는 사람이 가정으로 방문하여 데이케어를 하는 경우(만 1~12세 이용 가능, 보통 만 1~5세 이용)
• 가정보육과 방과후센터는 취업 · 학업 중에만 이용 가능
• 지자체별로 비용 상한액이 정해져 있음</td></tr>
<tr><td>개방형
피르스콜라
(open preschool)</td><td>만 1~5세</td><td>• 전업주부를 위한 시설, 비형식적 기관
• 기관(피르스콜라)에 다니지 않는 아동이 부모 · 양육자와 함께 이용하는 서비스 시간제(정기적 등록 필요 없음)
• 부모, 가정보육교사 등이 함께 방문하여 가정에서 접하기 어려운 교재 등을 이용
• 주로 3세 미만 아동을 대상으로 함
• 학기 중: 시간제 위주, 방학 중: 전일제 위주로 제공됨</td></tr>
<tr><td colspan="2">유아학급
(pre-school class, forskoleklass)</td><td>만 6세
(취학 전 아동)</td><td>• 취학 직전 유아를 위한 기관으로 초등학교 내 위치
• 반일+방과후보육으로 구성됨
• 높은 이용률(99%)로 준 의무교육에 해당함
• 연간 525시간이 무상으로 제공됨</td></tr>
<tr><td rowspan="2">취학아동을
위한 보육</td><td>여가활동
센터</td><td>만 6~12세</td><td>• 부모가 취업 · 학업 중인 경우 도움을 주기 위해 구성
• 학교를 다니지 않거나 학교가 휴일인 경우 아동을 보육하고, 학교에 다니지 않는 경우에는 학교에서 경험할 수 없는 경험을 제공함으로써 아동발달을 지원함
• 연중무휴, 시간제 서비스 제공
• 지자체별로 비용 상한액이 정해져 있음</td></tr>
<tr><td>Pedagogical care</td><td>만 1~12세</td><td>• 아이를 돌보는 사람이 가정으로 방문하여 데이케어를 하는 경우에 해당</td></tr>
</table>

			• 가정보육과 방과후센터는 부모가 취업 · 학업 중인 경우에만 이용 가능 • 지자체별로 비용 상한액이 정해져 있음

출처: 최윤경 · 김윤화 · 이혜민(2015). 스웨덴의 육아정책(II): 교사정책을 중심으로. 육아정책연구소.

4) 일본

1904년부터 '탁아소'를 '보육소'로 개칭하였으며 일본의 탁아사업은 메이지시대(1968~1912) 때 초등 의무교육 실시를 위하여 아동들이 수업할 수 있도록 데려온 어린 동생을 돌보아 주는 어린이집을 제공한 것이 시초라고 볼 수 있다. 그 이후 근대화로 나타나기 시작한 방직염색, 견직공장에서 부인들의 노동력 확보를 위해 공장 탁아소가 개설(1889)되면서 증가하기 시작하였다.

러일전쟁 중에는 군수사업에 여성노동력 확보 차원에서 탁아소가 급속히 증가되기도 하였다. 1938년에는 복지부가 신설되어 종전 내무부에서 담당하는 아동보육사업을 아동국이 담당하게 되었고, 점차 군국주의가 확산되면서 국가를 위한 어린이로 키우기 위해가정, 유치원, 학교를 통제하였다.1947년 아동복지법이 제정되어 비로소 탁아사업이 복지어린이집로 인정받기 시작하였으며, 유아의 보육을 위한 어린이집로 규정함으로써 제도적으로 유아의 교육을 위한 유치원과 구분하는 계기가 되었다(강영옥, 2002).

1950~1960년대는 현재의 체제와 제도의 기틀이 마련되었던 시기라 볼 수 있다. 1965년 4세와 5세아를 위한 보육지침을 마련함으로써 저소득층 근로여성의 자녀를 위한 보육소와 1965년 이후부터 초등학교 준비단계로서 유치원과 이원화하는 체제를 확고히 하였다. 1965년 이후부터 보육소가 급증하게 되었으며, 소규모 보육소 설치와 영아를 위한 특별보육대책이 제시되었다. 이어 1974년에는 장애아 보육을 위한 제도가 마련되었으며 1981년에 와서는 근로 형태의 다양화로 인한 보육 요구에 부응하기 위해 연장보육과 야간보육사업을 위한 제도가 마련되었다.

1990년대 이후에 들어서 급격한 출산력의 감소로 소자녀(小子女)시대가 도래되어 1990년 합계출산율이 1.57을 기록하면서 저출산에 대한 우려의 목소리가 컸다. 이에 정부는 자녀의 출산 및 양육을 정부가 지원해야 된다는 인식을 갖고 1994년 12월, 문부 · 후생 · 노동 · 건설성의 네 장관의 합의에 의한 '금후의 자녀양육을 위한 시책의 기본적 방향에 대하여' 엔젤플랜을 제시하였다.

엔젤플랜의 구체화를 위해 1994년 '12월 긴급 보육 대책 5개년 사업'을 발표하고, 이어서 1995년에는 '저연령아 보육사업 촉진사업' 등을 실시하여 다양한 시책을 추진하여 왔다. 그럼에도 불구하고 출생률이 1999년에 1.34까지 떨어져 합계출산율이 최저치를 기록하게 되자 1999년에 소자녀화에 대응하는 구체적실시계획인 '신(新)엔젤플랜'을 제시하였다.

신엔젤플랜은 종래의 엔젤플랜사업을 기초로 1999년에서 2004년까지 '중점적으로 추진해야만 하는 소자녀시대의 구체적 실시계획'으로서 대무 · 문부 · 후생 · 노동 · 건설 · 자치의 여섯 장관의 합의에 의해 책정된 것이다. 긴급하게 정비해야 할 신엔젤플랜의 주요 내용은 첫째, 보육서비스 등 자녀양육 지원의 충실, 둘째, 취업에 있어서 고정적인 성별 역할분업이나 직장 우선적 기업풍토의 시정, 셋째, 모자보건의료체제의 정비, 넷째, 지역에서 자녀를 양육하는 교육환경 정비, 다섯째, 자녀의 건전한 성장을 위한 교육환경의 실현, 여섯째, 자녀교육에 따른 경제적 부담의 경감, 일곱째, 자녀양육 지원을 위한주택 및 생활환경 정비이다.

최근 일본에서는 출산율 급감이 사회문제로 대두되면서 셋째 자녀의 양육비용을 국가가 부담하도록 하는 '출산안정법안'이 발의된 가운데 일본에서도 새로운 육아 지원방침이 나와 주목된다. 문부과학성이 제시해 내놓은 새로운 육아 지원방침은 '아즈가리(맡아 돌보는)' 보육책이다. 문부성은 평상시근무시간 외에 원아를 맡기는 '아즈가리' 어린이집을 확충해 전국 원아의 약 80%에 해당하는 사립유치원생 보호자의 부담을 줄이며, 또한 휴일에는 공립이나 사립의 유치원을 개방해 부친이 보육에 참가하도록 한다는 것이다. 이는 일본의 '소자(小子)화'에 따른 정부의 주요 대책방안 중의 하나로 판단된다.

일본의 보육제도도 우리나라와 마찬가지로 유치원과 보육소로 이원화되어 있다. 유치원은 문부성 소관으로 「학교교육법」에 의한 교육어린이집이고, 보육소는 후생성 소관으로 「아동복지법」에 의한 아동복지어린이집이다.

1997년 개정된 아동복지법에는 이용자의 어린이집 선택을 돕기 위하여 어린이집 부설이나 어린이집 공동으로 지역 자녀양육지원센터를 설립하여 부모에게 필요한 각종 정보를 제공하도록 명시하였다(황수연, 1999).

2003년에는 '차세대 육성 지원대책 추진법안'을 마련하여 어린 자녀를 둔 남녀가 일과 가정을 양립할 수 있도록 각종 지원 네트워크를 활성화시키는 것을 주요 내용으로 다양한 형태의 보육서비스를 제공하고 있다(태시치즈, 2004).

다양한 형태의 보육서비스 외에 아이를 키우는 부모를 대상으로 육아를 지원하기 위해 '가정지원센터'가 설치되어 있다(이순형 외, 2009).

일본의 보육원은 유형에 따라 차이는 있지만 대략적으로 만 0세~만 5세 영유아를 보육하고 있다. 보육형태는 산후 휴가 후 보육(생후 57일부터), 연장보육(4시간형), 24시간 대응형 연장보육, 장애아보육, 일시보육, 양육지원, 질병 후 영유아보육 서비스 등이 있다(세이이쿠 시세이 보육원, 2015). 2017년부터 3~5세 무상보육이 실시되고 있으며, 0~2세는 연간 소득이 연 260만 엔 미만일 경우에 무상보육을 제공하고 있다(세계일보, 2018.1.2).

생각해 볼 문제

1. 스웨덴의 보육제도가 우리나라에 시사하는 점에 대해 생각해 봅시다.

2. 우리나라의 보육역사와 외국의 보육역사의 차이점을 통해 우리나라 보육의 바람직한 방향에 관해 생각해 봅시다.

Chapter 05

보육정책과 행정

일반적으로 가장 현실적이고, 수용도가 높은 정책의 정의는 정부 차원에서 각종 사업을 추진하기 위한 방침을 말한다. 보육정책을 이해하기 위해서는 보육에 대한 전반적 이해를 바탕으로, 정치이념과 정책결정 과정에 대한 이해가 서로 유기적으로 연결되어야 한다. 보육정책이란 정부가 보육욕구를 지닌 아동과 그 가족의 복지를 위해 설정한 방침이라 할 수 있다. 보육은 아동-여성-가족-사회 등의 복지와 직·간접적으로 연결되어 있으므로 그 어떤 분야보다도 합리적이면서 현실과 미래가 조화를 이룰 수 있는 국가정책이 필요한 분야이다. 보육을 포함한 모든 「사회복지관계법」은 그 나라의 사회역사적 배경과 밀접한 관계가 있다. 우리나라 보육의 기본법적 성격을 갖는 「영유아보육법」은 「사회복지서비스법」에 속하며, 관련법으로 「아동복지법」, 「국민기초생활보장법」, 「한부모가족지원법」, 「모자보건법」, 「유아교육법」, 「남녀고용평등과 일·가정양립지원에 관한 법률」, 「다문화가족지원법」, 「건강가정기본법」 등과 같은 법이 있다.

본 장에서는 이러한 보육정책과 보육 관계법, 또 보육정책을 서비스로 옮기는 보육행정에 관해 살펴보고자 한다.

1. 보육정책

우리나라는 산업화로 인하여 혈연에 기초한 대가족의 가족구조가 독립적인 생활 기반을 요구하는 핵가족 형태로 변화하게 되면서 보육정책이 대두되기 시작하였다. 산업사회는 가족구조의 변화에 그치지 않고 가치관의 변화도 가져와 가족의 역할이 다양해지면서 취업여성이 증가하게 되었고, 이에 대한 대책으로 보육욕구가 늘어나게 되었으며, 보육사업에 대한 필요성이 급증하면서 이제 보육은 보육의 사회성 내지 보육의 공공성이라는 차원에서 논의되고 있다.

보육정책의 주체는 국가이며, 국가는 일정한 방침을 정하여 보육정책을 실현하게 된다. 「영유아보육법」 제4조에서는 모든 국민은 영유아를 건전하게 보육할 책임을 지며, 국가와 지방자치단체는 보호자와 더불어 영유아를 건전하게 보육할 책임을 진다고 규정되어 있다.

따라서 국가의 유아교육 · 보육에 대한 투자는 여성의 사회진출을 지지하고 유아에게 안전하게 보호받을 수 있는 교육적 환경을 지원할 뿐만 아니라, 교육적 불이익을 극복하도록 하는 사회적 책임의 일부라는 점에서 필수적이라고 할 수 있다(오채선, 2011).

그러나 정책은 국가마다 처해 있는 정치적 · 경제적 · 문화적 · 사회적 여건이 다르므로 기본적 생존권과 생활권의 보장에 대한 국가의 대응수준 사이에는 현실적인 문제가 발생할 수 있다. 국가는 보육의 공공성을 인정하고 보육 욕구를 지닌 아동과 가족의 복지권을 인정하고 보장해 주기 위해 노력한다는 기본원칙은 준수하되, 그 실제적인 대책은 소위 복지이념이라고 하는 기준에 따라 선택적으로 조절하여 실시하게 된다는 점이다. 다시 말해, 보육복지의 수준은 국가가 지향하는 정치 이념에 따라 설정될 가능성이 매우 크다.

1) 보육이념의 유형과 보육정책

복지정책의 기본 원리가 되는 복지이념은 역사적 관점과 앞으로 지향해야 할 인간복지의 수준을 고려하여 다양하게 분류되고 있다. George와 Wilding(1980)은 자유방임주의, 자유민주주의, 사회민주주의, 사회주의 네 가지 유형으로 분류하였는데, 이 4분법 모형을 적용하면 아동복지정책을 비롯한 사회복지 전반적인 측면에서 우리나라 복지정책의 성격을 잘 파악할 수 있다. 우리나라는 「헌법」 전문에 자유민주주의의 이념을 지향함을 밝히고 있는데, 보육정책이 사회정책의 하위영역인 바, 동일한 복지모형의 맥락에서 파악될 수 있다. 우리나라 보육의 이념적 특성은 기본적으로 생활능력이 있는 보호자의자녀를 보호 대상자로 하기 때문에 수익자 부담을 원칙으로 하지만, 보육능력이 없는 저소득층 자녀에 대하여 국가 또는 지방자치단체가 보육에 필요한 비용의 전부 또는 일부를 부담하도록 하고 있다. 기본적으로 사회복지 또는 아동보육의 이념적 모델은 개인과 사회 또는 자유와 평등이라는 형태 내지 가치에 의해 구분될 수 있는바, 양축의 끝에 자유방임주의와 사회주의의 대립적인 이념이 존재하고 그 중간 형태로 자유주의 또는 사회민주주의의 이념이 존재하게 된다.

(1) 자유방임주의와 보육정책

자유방임주의는 개인주의에 기초하고 있는 것으로서 경제 성장과 부의 극대화에 큰 가치를 부여하며 모든 종류의 계약과 합의에 있어서 개인적 선택을 강조한다. 또한 개인 및 가족의 능력에 따라 서비스를 시장에서 유료로 구매하도록 하며, 분배는 생산체계와 개인의 능력에 따라 이루어져야 한다고 본다. 그리고 빈곤에서의 절대적 개념을 수용한다. 따라서 자유방임주의 이념하에서의 보육서비스는 아동보육의 책임이 개별가족이나 부모에게 있으므로 이들이 해결해야 하며, 국가는 최소한도의 개입을 해야 된다고 보고 있다. 일반적으로 자유방임형은 후진국가에서 볼 수 있다.

(2) 자유주의와 보육정책

자유주의나 사회민주주의는 자유방임주의와 사회주의의 중간 형태로 기회, 개인적 자유와 사회적 배분방법으로서의 시장의 중요성을 인정한다는 공통점을 지닌다. 그러면서도 자유주의에서는 자신을 부양할 수 없는 사람에 대한 최소한의 생활을 보장하고, 사회민주주의에서는 시민권 또는 사회권에 기초하여 인간다운 삶의 보장을 추구한다(신재명, 2000). 이중에서 자유주의에서는 사회적 취약계층을 제외하고는 가능한 한 유료의 자원에 의하여 욕구를 해결해야 한다고 본다. 따라서 자유주의 이념하에서의 보육서비스는 빈곤계층과 같은 사회적 취약계층만 국가가 제공하는 보육서비스를 받게 되며, 나머지 일반 소득계층은 수익자 부담의 유료서비스를 이용하게 된다. 미국, 일본을 비롯하여 많은 자본주의 국가들이 이에 해당되며, 우리나라도 최근 무상보육이 되기 이전까지는 이에 해당되었다. 요약하면 우리나라는 기본적으로 선택적 · 보편적 아동보육을 가능하게 하는 자유주의적 복지모형으로서 보육에 대해서는 국가가 책임을 지는 보육이념을 채택하고 있으며, 현재 전면 무상보육을 실시하고 있다.

(3) 사회민주주의와 보육정책

사회민주주의에서는 사회적 취약계층은 물론 개인 및 가족도 가능한 한 적극적으로 무료의 자원에 의해 욕구에 따른 서비스를 해결해야 한다고 본다. 따라서 사회민주주의 이념하에서의 보육서비스는 보다 공공적인 성격을 띠게 되므로 요보호 아동과 가족은 물론, 그렇지 않은 아동과 가족에 대해서도 국가적 지원이 따르게 된다. 보육서비스에 있어서 사회민주주의형은 스웨덴 등의 복지국가에서 발견할 수 있다.

(4) 사회주의와 보육정책

사회주의에서는 개인 및 가족의 욕구에 따라 국가에서 무료의 서비스를 받게 된다. 사회주의형은 정치적 · 경제적 · 사회적 활동에 참여하는 평등과 공동체의 가치를 강조하고 욕구에 따른 최대의 생활기회를 보장하려고 한다. 따라서 사회주의 이념하에서는 아동보육의 책임을 거의 전적으로 국가가 진다. 일반적으로 사회주의형 또는 마르크스주의형은 과거 소련이나 동구권, 북한 등에서 찾아볼 수 있다.

2) 보육정책의 결정 과정

보육정책 과정 중에서 보육교직원이 어떤 역할을, 어느 정도까지, 어떠한 방법으로 담당할 수 있는가? 이를테면 보육교직원은 서비스 전달자로서의 역할만 충실하게 수행하면 될지, 아니면 이슈 제기, 정책 형성, 정책 결정, 정책 평가 등 여타 과정에도 관여할 것인지의 문제이다. 이러한 질문에 대해 분명히 답하기는 어렵다. 왜냐하면 보육정책 과정에서 역할의 선택은 여러 가지 요인들에 의하여 결정되기 때문이다. 그럼에도 불구하고 보육교직원으로서는 보육수준 향상을 위한 책임을 다하기 위해 직 · 간접적으로 보육정책 결정 과정에 참여하여야 하며, 다음과 같은 준비가 필요하다.

(1) 보육교직원의 정책 참여 준비

보육교직원은 무엇보다도 자신이 전문적으로 다루는 정책 내용에 관한 지식을 갖추어야 한다. 왜냐하면 이러한 지식을 가져야만 '현재 보육과 관련하여 중요한 문제가 무엇인지 알아내고 이들이 해결에 필요한 대안들을 시험할 수 있는 관련 환경들을 설정'할 수 있기 때문이다. 복지정책이라는 접근방법을 통해 보육복지의 증진에 기여하고자 한다면 자신의 분야에 대한 전문지식과 함께 복지정책에 대한 지식이 필요하다. 즉 보육아동과 그 가족이 지니고 있는 문제나 욕구가 어떻게 정책체제에 반영되고 그것이 어떻게 정책 결정으로 연결되며, 산출된 정책이 어떻게 집행되고, 그 영향이나 결과가 어떻게 다시 정책체제에 환류되는지에 대한 지식이 필요한 것이다. 그리고 정책의 정치적 성격도 파악할 수 있어야 한다. 이를테면 정치학, 이슈정치학, 사회 세력들 사이의 권력관계 등에 관한 지식을 어느 정도 갖출 필요가 있다. 왜냐하면 이러한 이해는 공공 결정이 이루어지는 정치적 과정으로서의 정책 과정에 대한 이해의 폭을 넓힐 수 있기 때문이다. 또한 정책적 접근방법을 통해 보육복지를 달성하고자 한다면 분석적 능력이 필요하다. 왜냐하면 분석적 능력은 불확실성이라는 어둠 속에서 문제를 찾아내고 그 문제를 해결하는 방법을 모색하는 데 필수적일 뿐 아니라, 정책 집행 결과에 대한 평가에서도 필수적이기 때문이다. 이러한 분석능력은 보육학 연구방법 및 자료 분석을 위한 통계 처리 및 현장 연구에 대한 지식과 기술을 통해서 얻을 수 있다.

(2) 보육교직원의 정책 참여 형태

보육교직원이 정책에 참여하기 위해서는 보육 전문가로서의 정체성과 보육에 대한 책임감, 이슈에 대한 민감성, 그리고 지속적인 연구, 질적으로 우수한 현장 경험을 쌓아야만 그 역할을 제대로 감당할 수 있다. 보육교직원으로서의 정책 관여 부분은 이슈 제기자, 정책 분석가, 정책 결정자 및 관련자 그리고 정책 감시자와 평가자로 나눌 수 있다.

① 이슈 제기자

보육정책 과정에서 보육교직원이 할 수 있고, 또 해야 할 중요한 일 중의 하나가 이슈 제기자로서의 역할이다. 여기에서 이슈란 어떤 문제(problem)나 요구(demand)가 '공공의 관심'을 끌어 '공공정책상의 논점'으로 제시되는 경우를 의미한다. 이슈 제기자로서의 역할이란 곧 보육 분야에서 해결해야 할 문제와 요구를 개발하고, 그것을 국민들에게 인식시켜, 정보의 정책과정에 올려놓음으로써 정책꾼(policy actor)들로 하여금 논의하도록 만드는 역할을 말한다. 보육교직원은 국가에서 제시한 보육 과정을 이수하고 보육교직원으로서의 자격을 취득한 전문가이다. 그리고 그 자격과 보육에 대한 사명과 애정으로 보육 현장에서 직·간접적으로 아동과 가족을 위하여 보육서비스를 제공하게 된다. 다시 말하면 현장에 밝은 자이며, '문제는 현장에서 나온다'는 말을 실감할 수 있는 사람이다.

따라서 보육복지를 실현하기 위한 문제나 요구를 공공의 논의장으로 올려놓을 수 있으며, 올려놓아야 하는 사람의 위치에 서 있으므로 그 역할을 십분 수행할 수 있어야 한다. 예를 들면, 국공립어린이집이 왜 대도시중류계층 지역에 설치되어서는 곤란한지에 대한 자문자답 및 문제 제기와 행동화가 그것이다.

② 정책 분석가

정책 분석이라는 용어의 개념은 매우 다양하지만, 일반적으로 수용도가 높은 개념은 정책 결정을 위한 대안을 개발하고 각 대안의 효과 및 비용을 분석하기 위해 발달된 정책이론의 한 분야라는 것이다. 사실 정책 분석 과정은 고도의 전문적 지식을 요구하므로 결코 쉬운 일은 아니며, 따라서 고도의 지식과 경험을 필요로 한다.

보육교직원은 정도의 차이가 있지만 자신이 근무하고 있는 분야에서 발생하고 있는 문제가 무엇인지에 대해 인지하고 있다. 뿐만 아니라 그 문제를 해결하기 위한 대안도 어느 정도 가지고 있다. 질적인 정책 분석을 위해 보다 전문성을 가진

전문가들과 공조체계를 형성하거나, 현장 전문가로서 참여한다면 보다 나은 정책 분석이 이루어질 수 있다. 그 예로 보육 주체별 보육비용의 분석을 통해 합리적인 국가지원액을 결정하는 것을 들 수 있다.

③ 정책 결정자 및 관련자

정책 결정이라는 용어는 앞서 언급한 정책 분석을 포함시켜 광의로 개념화하기도 하지만 실천력을 높이기 위해서 협의로 정의하는 편이다. 즉 문제 해결을 위해 제시된 여러 대안들 가운데 하나를 또는 우선순위를 선택하는 행위 또는 과정을 말한다. 실제적으로 이러한 정책 결정은 1인 내지는 위임을 받은 소수의 사람들이 협의를 통하여 결정하는 것이 상례이다. 물론 보육교직원도 보육 관련 기관에 종사하고 있으며 경력에 따라 그 지위도 다양하기 때문에 정책 결정자의 역할을 하기도 하고, 해야 될 때가 있다. 예를 들어 한국어린이집총연합회는 전국 보육교직원의 권익을 위한 정책 결정에서 핵심적인 위치를 차지하고 있다. 사실 정책 결정은 어린이집의 존폐를 결정지을 수 있는 큰 결정을 내려야 할경우도 있지만, 관리를 위해 작은 결정을 내려야 할 경우도 있다. 그렇지만 그 어떠한 정도의 결정이라고 하더라도 결정자로서의 전문 지식, 기술, 통찰, 용기 및 리더십과 같은 통합적인 관점이 요구된다. 한편, 정책 결정 관련자로서의 역할도 중요하다. 다시 말하면 보육 분야에 종사하고 있으면 비록 결정자의 위치에 있지는 않다고 하더라도 우선 정책 결정자로서의 역할을 이해할 줄 알아야 한다. 왜냐하면, 보육정책은 아동에 관한 지식과 기술을 요하는 전문 분야일 뿐 아니라, 대내적으로는 교육, 보건, 고용 등 여러 분야 근무자들과 협력해야 할 경우가 많기 때문이다. 다시 말하면 정책 결정에는 정책 분야에 관한 정책 대안 이외에도 다른 여러 가지 주변 상황을 종합적으로 파악할 수 있는 안목을 필요로 한다. 나아가 그 지역 주민들의 지지나 반대의 정도, 다른 기관들과의 관계, 언론의 영향 등을 종합적으로 파악하고 예측할 필요가 있다. 그 예로, 보육교사의 유치원 교사와의 경력에 따른 보수 규정의 비교분석을 들 수 있다.

④ 정책 감시자

사실 정책이란 만들어진 그대로 결정되는 것도, 결정된 대로 집행되는 것도 아니다. 왜냐하면 정책은 가치의 배분이 그 본질이기 때문에 그것에 의하여 이해관계가 얽힌 사람들에 의해 영향을 받기 때문이다. 그렇기 때문에 정책 결정이나 집행 과정에서 왜곡되거나 변질되기도 하며 때로는 결정이 없었거나 집행이 이루어지지 않았던 것처럼 무위의 상태로 돌아가기도 한다. 복지정책의 경우 클라이언트에게 복지서비스를 어떻게 전달하는가의 여부는 그 정책의 효율성에 크게 영향을 미치는 요인이라 할 수 있다. 따라서 보육교직원은 자신이 근무하고 있는 보육분야의 정책이 제대로 집행되고 있는가를 감시하는 감시자로서의 역할을 담당해야 한다. 만약 정책 집행이 제대로 되지 않으면 잘 집행될 수 있도록 새로이 그것을 이슈화하거나 정치적 압력을 행사하는 등 여러 가지 방법들을 강구하여야 한다. 예를 들어 인터넷사이트를 통하여 자신이 근무하고 있는 어린이집의 지원금에 대한 비리의 시정을 요구했지만, 수용되지 않을 경우 게시판에 올려놓는 것은 정책 감시자로서의 역할에 해당된다.

⑤ 정책 평가자

정책 평가란 정책활동의 가치를 따져 보기 위해서 정보를 수집, 분석, 해석하는 일이며, 더 명료한 협의의 개념은 정책이 원래 의도한 문제의 해결에 어느 정도 영향을 미쳤는지를 파악하는 것이다.

그러나 이러한 정책 평가란 그리 쉬운 일이 아니다. 그것은 정책 평가의 기준설정이 용이하지 않기 때문이다. 그래도 보육교직원은 자신의 분야와 관련된 정책의 의도했던 효과, 곧 정책이 아동과 가족 또는 자신에게 미친 여러 가지영향, 세세한 분석 내지는 분석 결과에 대한 이해와 함께, 그러한 영향이나 결과에 작용한 요인들을 찾아내고 앞으로의 대책이나 정책 방향 등을 제시하거나 견해를 밝힐 필요가 있는 것이다. 대부분의 경우에는 후자의 관점에서 역할을 수행하게 된다.

2. 보육관계법

보육을 비롯한 모든 사회복지제도는 진정한 법관계로서 존재할 때 비로소 보육아동과 보호자 및 국가 사이에 보육에 관한 권리와 의무관계가 형성될 수 있다. 보육관계법은 보육사업을 실시하기 위한 법적 근거를 제공해 주는 것으로서 국가가 영유아의 복지를 보장하고 직업을 가진 여성이나 부모에게 자녀를 건전하게 육성시키는 데 도움을 주고자 공적인 차원에서 제정된 것이다. 이러한 보육관계법은 보육을 필요로 하는 아동의 욕구와 요구에 대응한 각종 대책을 제공하는 근거가 된다. 우리나라의 법체계는 대상별 복지를 실현하기 위한 통합적 체계가 아니라 여러 관계법을 통하여 실현될 수 있도록 조치하고 있기 때문에 보육복지를 실현하기 위해서는 이러한 법구조와 그 특성을 이해할 필요가 있다. 특히 보육은 저소득층 맞벌이가정의 자녀를 보호한다는 차원에서 시작되어 현재는 아동은 물론이거니와 여성, 가족, 고용, 보건, 교육 등의 법과 그 관련성이 높다.

보육관계법의 종류에는 우리나라 보육의 기본법적 성격을 갖는 「영유아보육법」이 제정되어 있으며 이 법은 사회복지법의 분류체계에서 볼 때 소위 말하는 사회복지서비스법에 속한다.

1) 영유아보육법

우리나라 보육서비스의 근간을 이루는 법은 「영유아보육법」(1991.1.14. 제정, 법률 제4328호)으로 보육에서의 기본법적 성격을 갖는다. 영유아보육법(2011.8.4. 개정)은 영유아의 심신을 보호하고 건전하게 교육하여 건강한 사회구성원으로 육성함과 아울러 보호자의 경제적 · 사회적 활동이 원활하게 이루어지도록 함으로써 영유아 및 가정의 복지 증진에 이바지함을 목적으로 한다.

이 법이 제정되기 이전 우리나라의 탁아사업은 「아동복지법」에 근거하고 있었으나 1980년대 중반 이후 여성의 사회참여 증가 및 가족구조의 핵가족화에 의한 탁아 수요의 급증에 따라 아동보호와 교육문제는 개인적인 차원을 넘어 사회적 · 국가적 차원에서 해결이 불가피하게 된 보육독립법으로 1991년 제정 · 공포되었다. 이 법에서는 보육을 탁아라는 개념이 아닌 보호와 교육의 개념으로 통합시켰다.

1991년 「영유아보육법」 제정 이후, 수많은 개정이 있었다. 이중에서 의미 있는 개정을 살펴보면, 먼저 제4차 개정에서는 영유아보육의 정의를 신설하여 보육의 범위를 명확히 하였고, 「초 · 중등교육법」에 따라 초등학교 취학 전 1년을 순차적으로 유아무상교육으로 실시하도록 조치하였다. 제5차 개정에서는 민간 또는 직장어린이집의 폐지 또는 휴지에 관한 승인제를 신고제로 완화하고, 보육비용의 승인제를 폐지하여 시 · 도지사가 정하는 범위 안에서 보육비용을 받을 수 있도록 하는 규제를 일부 완화함으로써 영유아보육을 활성화하였다. 그리고 제8차 개정에서는 보육교직원의 자격기준을 강화하고, 어린이집 설치 · 운영을 종전 신고제에서 인가제로 전환하는 등 영유아보육에 대한 공공성을 강화하였으며, 제13차 개정에서는 대체교사의 인건비에 대한 국가 또는 지방자치단체의 비용보조의 근거를 마련하였다. 제18차 개정에서는 취약보육 대상에 '다문화 영유아'를 포함하였고, 어린이집 안전공제사업 실시 및 안전공제회를 설립하여 어린이집의 안전사고 예방 및 보상에 관한 규정을 제도화하였으며, 양육수당, 보육서비스 이용권 등을 신규로 도입하여 양육에 대한 부담을 경감하고자 하였다. 또한, 「감염병의 예방 및 관리에 관한 법률」에 따른 예방접종통합관리시스템을 활용하도록 하였으며, 「도서 · 벽지 · 농어촌지역 등의 어린이집」은 보육교직원의 배치기준을 적용하기 어렵다고 인정하는 경우에는 제6조에 따른 지방보육정책위원회의 심의를 거쳐 관할 시 · 도지사의 승인을 받아 이를 달리 적용할 수 있도록 하였다.

한편 현행 영유아보육법의 주요 내용은 다음과 같다.

「영유아보육법」(2021)은 6세 미만의 취학 전 영유아의 심신을 보호하고 건전하게 교육하여 건강한 사회 구성원으로 육성함과 아울러 보호자의 경제적 · 사회적 활동이 원활하게 이루어지도록 함으로써 영유아 및 가정의 복지 증진에 이바지함을 목적으로 한다. 현행 「영유아보육법」은 총칙, 어린이집의 설치, 보육교직원, 어린이집 운영, 건강 · 영양 및 안전, 비용, 지도 및 감독, 보칙, 벌칙 등으로 구성되어 있는데, 주요 내용을 제시하면 다음과 같다(국가법령정보센터, 2021).

먼저 총칙에서는 보육이념으로 영유아의 이익을 최우선적으로 고려하고, 영유아가 안전하고 쾌적한 환경에서 건강하게 성장할 수 있도록 하여야 하고, 자신이나 보호자의 성, 연령, 종교, 사회적 신분, 재산, 장애, 인종 및 출생지역 등에 따른 어떠한 종류의 차별도 받지 아니하고 보육되어야 하는 것을 제시하고 있다. 더불어 보육정책조정위원회, 보육정책위원회, 육아종합지원센터, 한국보육진흥원의 설립 및 운영, 보육실태조사와 영유아의 보호자에 대한 교육 실시 등에 대한 내용을 제시하고 있다.

두 번째, 어린이집의 설치에서는 국공립어린이집, 사회복지법인어린이집, 법인 · 단체 등 어린이집, 직장어린이집, 가정어린이집, 협동어린이집, 민간어린이집 등 다양한 유형의 어린이집 설치 및 폐쇄회로 텔레비전 설치, 영상정보의 열람금지 등에 관한 내용을 규정하고 있다.

세 번째, 보육교직원에서는 보육교직원의 배치, 직무, 책무 임면 및 자격과 보수교육 등에 관하여 제시하고 있다. 특히 2020년부터는 보육교직원의 배치에 대하여 다음과 같은 내용이 시행된다. 즉, 제24조에 따라 보육시간을 구분하여 운영하는 어린이집은 기본보육과 연장보육으로 보육시간별로 보육교사를 배치할 수 있고, 보육교사의 업무 부담을 경감할 수 있도록 보조교사 등을 두도록 하였다. 또한 휴가 또는 보수교육 등으로 보육교사의 업무에 공백이 생기는 경우에는 이를 대체할 수 있는 대체교사를 배치하도록 하였다.

다시 말해 어린이집은 1일 12시간 이상 운영하는 것을 원칙으로 하고, 보육교사는 1일 8시간 근무를 원칙으로 하고 있지만 현실적으로 늦은 시간까지 남겨진 영유아는 안정적인 보육서비스를 제공받지 못하고 보육교사는 적정 근로시간을 보장받지 못하고 있는바, 이러한 문제를 해소하기 위하여 어린이집의 보육시간을 기본보육과 연장보육으로 구분하여 보육시간별로 보육교사를 배치할 수 있도록 하였다.

한편, 직장어린이집에 대해서도 규정이 변경된바 설치의무 미 이행 사업장에 대한 이행강제금 제도의 실효성을 제고하기 위하여 이행강제금 부과 시 직장어린이집 미설치 기간과 사유 등을 고려하여 이행강제금 금액을 100분의 50의 범위에서 가중할 수 있도록 규정하였다.

네 번째로 어린이집의 운영에서는 어린이집 운영위원회, 부모모니터링단, 보육대상아동, 보육과정, 평가인증 등에 관한 내용을 제시하고 있다.

다섯 번째로 건강, 영양 및 안전에서는 건강관리 및 응급조치, 예방접종의 확인, 어린이집 안전공제사업, 치료 및 예방조치, 급식관리, 어린이집 차량 안전관리 등을 제시하고 있다.

한편 「영유아보육법」 제28조에서 보육의 우선 제공을 제시하고 있는데, 구체적인 내용은 다음과 같다. 국가나 지방자치단체, 사회복지법인, 그 밖의 비영리법인이 설치한 어린이집과 대통령령으로 정하는 어린이집의 원장은 다음 각 호의 어느 하나에 해당하는 자가 우선적으로 어린이집을 이용할 수 있도록 하여야 한다. 다만, 「고용정책 기본법」 제40조 제2항에 따라 고용촉진시설의 설치 · 운영을 위탁받은 공공단체 또는 비영리법인이 설치 · 운영하는 어린이집의 원장은 근로자의 자녀가 우선적으로 어린이집을 이용하게 할 수 있다.

㉮ 「국민기초생활 보장법」에 따른 수급자

㉯ 「한부모가족지원법」 제5조에 따른 보호대상자의 자녀

㉰ 「국민기초생활 보장법」 제24조에 따른 차상위계층의 자녀

㉱ 「장애인복지법」 제2조의 규정에 의한 장애인 중 보건복지부령이 정하는 장애등급 이상에 해당하는 자(장애부모)의 자녀-장애부모 포함

㉲ 「다문화가족지원법」 제2조 제1호에 따른 다문화가족의 자녀

㉳ 「국가유공자 등 예우 및 지원에 관한 법률」 제4조 제1항에 따른 국가유공자 중 전몰군경, 상이자로서 보건복지부령으로 정하는 자, 순직자의 자녀

㉴ 제1형 당뇨를 가진 경우로서 의학적 조치가 용이하고 일상생활이 가능하여 보육에 지장이 없는 영유아

㉵ 그밖에 소득수준 및 보육수요 등을 고려하여 보건복지부령으로 정하는 자의 자녀

2) 보육 관련 법

보육 관련 법으로는 「헌법」, 「아동복지법」, 「국민기초생활 보장법」, 「한부모가족지원법」, 「다문화가족지원법」, 「유아교육법」, 「남녀고용평등과 일 · 가정양립지원에 관한 법」, 「건강가정기본법」, 「고등교육법」, 「교육기본법」, 「장애인 등에 대한 특수교육법」, 「재외국민의 교육지원 등에 관한 법률」, 「초 · 중등교육법」 등이 있다.

(1) 헌법

보육관계법은 먼저 헌법에 그 근거를 두고 있다. 우리나라의 「헌법」은 헌법조항을 비롯한 모든 법령의 해석 기준을 제공할 뿐 아니라 입법이나 정책 결정의 방향을 제시하는 지침이 되고 있다.

보육관계법을 포함한 대부분의 법은 「헌법」 제10조에 규정한, "모든 국민은 인간으로서 존엄과 가치를 가진다." 및 제34조 1항의 "모든 국민은 인간다운 생활을 할 권리를 가진다."를 기본 전제로 하고 있다. 따라서 「헌법」은 국민에게 인간다운 생활을 보장하는 방법으로서 제34조 제2항 이하에서 일련의 사회적 기본권을 보장하고 있는바, 곧 제2항의 "국가는 사회보장 · 사회복지의 증진에 노력할 의무를 가진다."와 제3항 "국가는 여자의 복지와 권익의 향상을 위하여 노력하여야 한다." 및 제5항의 "신체장애자 및 질병, 노령, 기타의 사유로 생활능력이 없는 국민은 법률이 정하는 바에 의하여 국가의 보호를 받는다." 등이 그것이다. 이렇게 볼 때 보육관계법은 아동과 여성 및 가족구성원의 복지를 그 관심영역으로 하고 있으므로 이와 같은 헌법정신에 부합되는 법이다.

(2) 사회보장기본법

대한민국 「헌법」 제34조 제1항의 "모든 국민은 인간다운 생활을 할 권리를 지닌다"의 구체화시킨 법률이 「사회보장기본법」이라고 할 수 있다. 이 법에서 "사회보장"이란 출산, 양육, 실업, 노령, 장애, 질병, 빈곤 및 사망 등의 사회적 위험으로부터 모든 국민을 보호하고 국민 삶의 질을 향상시키는 데 필요한 소득 · 서비스를 보장하는 사회보험, 공공부조, 사회서비스를 말한다. 사회보장을 위한 사회보험, 공공부조, 사회서비스 중에서 사회서비스가 아동복지와 관련 된다. 사회서비스는 국가 · 지방자치단체 및 민간부문의 도움이 필요한 모든 국민에게 복지, 보건의료, 교육, 고용, 주거, 문화, 환경 등의 분야에서 인간다운 생활을 보장하고 상담, 재활,

돌봄, 정보의 제공, 관련 시설의 이용, 역량 개발, 사회참여 지원 등을 통하여 국민의 삶의 질이 향상되도록 지원하는 제도를 말한다.

(3) 사회복지사업법

「사회복지사업법」의 기본이념은 "사회복지를 필요로 하는 사람은 누구든지 자신의 의사에 따라 서비스를 신청하고 제공받을 수 있고, 사회복지법인 및 사회복지시설은 공공성을 확보하여야 하며, 사회복지를 필요로 하는 사람의 인권을 보장하여야 한다" 등이다.

이 법에 따른 "사회복지사업"이란 아래에 제시된 법률에 따른 보호·선도 또는 복지에 관한 사업과 사회복지상담, 직업지원, 무료 숙박, 지역사회복지, 의료복지, 재가복지, 사회복지관 운영 등 각종 복지사업과 이와 관련된 자원봉사활동 및 복지시설의 운영 또는 지원을 목적으로 하는 사업을 말한다.

사회복지사업법에서 제시하고 있는 법률 중 영유아보육과 관련된 법률은 「국민기초생활 보장법」, 「아동복지법」, 「장애인복지법」, 「한부모가족지원법」, 「영유아보육법」, 「장애인·노인·임산부 등의 편의증진 보장에 관한 법률」, 「다문화가족지원법」, 「장애아동 복지지원법」 등이다.

(4) 아동복지법

「아동복지법」은 미래의 우리나라를 이끌어 갈 아동이 건전하게 육성될 수 있도록 그 복지의 증진을 도모하고 필요한 사항을 규정하기 위해 제정된 법이다. 이러한 관점에서 아동복지의 모법이라 할 수 있다. 이 법의 전신은 1961년에 「아동복리법」이라는 명칭으로 제정되어 당시 전쟁후의 불안정한 사회적 상황과 관련하여 발생한 요보호아동을 보호하기 위해 출발하였으나, 1981년 「아동복지법」으로 개정되어 모든 아동의 건전 육성을 위한방향으로 전환하면서 법의 제명이 「아동복지법」으로 개칭되었다. 「영유아보육법」과 「아동복지법」과의 관련성은 1961년 아동복리법 때부터 찾아볼 수 있다. 즉 1961년 「아동복리법」에 의하면 아동복리시설 중에 탁아시설을 포함시키고 있으며, 시설의 목적을 요보호아동을 위한 보호시설의 성격으로 규정하고 있다. 이 「아동복리법」이 「아동복지법」으로 전문 개정되면서 다시 탁아시설을 아동복지시설의 하나로 규정하고 「아동복리법」에서와 마찬가지로 동일한 목적으로 설치되는 시설로 규정하고 있다. 그러나 당시의 「아동복지법」에 의한 탁아서비스는 시설 설립 주체의 제한으로 인한 보육사업 확대 곤란, 관장 부처의 다원화로 체계적이고 효율적인 보육사업 추진 등에 문제점이 있었다.

이에 따라 보건사회부에서는 1989년 9월 19일 「아동복지법」 시행령을 개정함으로써 탁아시설에 대한 법적 근거를 부활시키고, 다시 1990년 1월 9일 탁아관련 시행규칙을 개정한 후에 같은 해 1월 15일 보건사회부 훈령으로 탁아시설의 설치·운영규정을 제정하여 이를 근거로 탁아시설 추진계획을 마련하였다. 그렇지만 이러한 「영유아보육법」이 제정되면서 '탁아시설'이라는 용어는 폐지되고, 그 대신 '어린이집'이라는 명칭으로 새롭게 규정되었다.

이 법과 영유아보육과의 관련은 제26조의 아동학대 신고의무자로서 영유아보육법 제10조의 규정에 따른 어린이집의 교직원이 해당되며, 어린이집의 교직원은 아동학대를 알게 된 때에는 아동보호전문기관 또는 수사기관에 신고해야 한다.

한편 「아동복지법」에서 아동이란 18세 미만인 사람을 말하며, 아동복지란 아동이 행복한 삶을 누릴 수 있는 기본적인 여건을 조성하고 조화롭게 성장·발달할 수 있도록 하기 위한 경제적·사회적·정서적 지원을 말한다.

이 법은 총칙, 아동복지정책의 수립 및 시행, 아동에 대한 보호서비스 및 아동학대의 예방 및 방지, 아동에 대한 지원서비스, 아동복지시설, 보칙, 벌칙 등으로 구성되어 있다(국가법령정보센터, 2021). 이 법의 목적은 아동이 건강하게 출생하여 행복하고 안전하게 자랄 수 있도록 아동의 복지를 보장하는 것이며, 기본 이념은

㉮ 아동은 자신 또는 부모의 성별, 연령, 종교, 사회적 신분, 재산, 장애유무, 출생지역, 인종 등에 따른 어떠한 종류의 차별도 받지 아니하고 자라나야 한다. ㉯ 아동은 완전하고 조화로운 인격발달을 위하여 안정된 가정환경에서 행복하게 자라나야 한다.㉰ 아동에 관한 모든 활동에 있어서 아동의 이익이 최우선적으로 고려되어야 한다. ㉱ 아동은 아동의 권리보장과 복지증진을 위하여 이 법에 따른 보호와 지원을 받을 권리를 가진다 등이다.

(5) 장애아동복지지원법

「장애아동복지지원법」은 2011년에 제정되었으며, 제정이유는 다음과 같다. 지금까지 장애아동의 복지를 위한 사업들은 보육 사업을 제외하고는 근본적으로 장애아동에 대한 보편적 복지가 아니라 저소득층 장애아동에 대한 선별적인 복지의 성격이 강하고, 복지정책도 주로 성인기 장애인들을 중심으로 수립되고 있었다. 이에 복지지원 전달체계나 연계협력 체계가 미비하여 분절된 복지서비스가 이루어지고 있어서 장애아동과 그 가족에 대한 종합적인 지원 대책이 필요하므로, 국가와 지방자치단체가 장애아동의 특별한 복지적 욕구에 적합한 지원을 통합적으로 제공함으로써 장애아동이 안정된 가정생활 속에서 건강하게 성장하고 사회에 활발하게 참여할 수 있도록 하며, 장애아동 가족의 부담을 줄이는 데 이바지하려는 것이다.

이 법 제32조에 국가와 지방자치단체는 지역별로 적절한 균형을 이루도록 '장애영유아 어린이집'을 확보하기 위하여 노력하여야 한다고 명시되어 있으며, 현재 한국보육진흥원에서 이 법에 근거하여 보육교사자격과 특수교육 또는 재활 교과목을 이수한 자를 대상으로 장애영유아를 위한 보육교사 자격제도를 운영하고 있다.

(6) 국민기초생활보장법

「국민기초생활보장법」은 생활 유지의 능력이 없거나 생활이 어려운 자에게 필요한 보호를 행하여 이들의 최저생활을 보장하고 조성함으로써 사회복지의 향상을 목적으로 제정·공포된 법이다. 우리나라 공공부조의 핵심적 기능을 담당해 온 생활보호법적 성격을 계승하여 1999년에 새롭게 제정되었다.

이 법은 모든 저소득층에 대한 기초생활보장으로 사회안전망의 사각지대를 해소하고 수급권자의 권리성을 부각하고 빈곤에 대한 사회적 책임을 강조하며, 자립·자활을 촉진하는 종합적 빈곤대책으로 전환함에 그 제정 의의가 있다. 이 법과 영유아보육과의 관련은 「영유아보육법」 제28조에서 보육의 우선제공에 대한 내용 중에서 「국민기초생활 보장법」에 따른 수급권자가 된다는 점이다.

(7) 한부모가족지원법

「한부모가족지원법」은 한부모가족(모자가족 또는 부자가족)이 건강하고 문화적인 생활을 영위할 수 있도록 함으로써 한부모가족의 생활 안정과 복지 증진에 이바지함을 목적으로 제정되었다. 이 법은 1989년에 제정된 「모자복지법」에서 출발하여 2002년 12월 18일에 법명을 「모·부자복지법」으로 변경하고 모자가정에 대해서만 행하던 경제적·사회적 지원을 부자가정에게도 확대 실시하였으며, 2007년 10월 17일 「한부모가족지원법」으로 법명을 변경하고 조손가족을 보호대상에 포함하였다. 이 법의 대상자인 '모'또는 '부'라 함은 아동인 자녀를 양육하는 자로서, 배우자와 사별 또는 이혼하거나 배우자로부터 유기(遺棄)된 자, 정신 또는 신체의 장애로 인하여 장기간 노동능력을 상실한 배우자를 가진 자, 미혼자(사실혼 관계에 있는 자 제외)이다.

이 법과 「영유아보육법」과의 관련은 「한부모가족지원법」 제5조에 따른 보호대상자의 자녀가 보육의 우선제공의 대상자가 된다는 점이다.

(8) 모자보건법

「모자보건법」은 모성(母性) 및 영유아의 생명과 건강을 보호하고, 건전한 자녀의 출산과 양육을 도모함으로써 국민보건 향상에 이바지함을 목적으로 한다(모자보건법, 2021).

이 법의 대상자인 임산부는 임신 중에 있거나 분만 후 6개월 미만의 여성를 말하며, 영유아는 출생 후 6년 미만인 사람을 말한다. 그리고 신생아는 출생 후 28일 이내의 영유아를 말하며 결혼이민자에 대해서도 적용이 된다. 이 법에 의하면 시장·군수는 임산부, 영유아에 대하여 정기적으로 건강진단, 예방접종을 실시하거나, 보건 관리에 관하여 필요한 조치를 취하여야 하며, 모자보건사업 및 가족계획사업에 관한 사항을 담당하게 하기 위하여 보건소 안에 모자보건기구를 설치하도록 하고 있다. 이 법과 「영유아보육법」과의 관련성은 적용 대상자로서 포함된다는 점이다.

(9) 유아교육법

「유아교육법」은 「교육기본법」 제9조의 규정에 따라 유아교육에 관한 사항을 정함을 목적으로 한다. 이 법의 제정은 우리나라 유아교육과 보호에 관한 공교육체제의 기반을 마련한 우리나라 교육체제를 재구성하는 의미가 있다고 볼 수 있다.

이 법에서 '유아'라 함은 만 3세부터 초등학교 취학 전까지의 어린이를 말하며, '유치원'이라 함은 유아의 교육을 위하여 이 법에 따라 설립·운영되는 학교를 지칭한다. 「영유아보육법」과 이 법의 관련은 유아교육의 대상자는 역시 「영유아보육법」의 적용 대상자로서 포함된다는 것, 유아의 건전한 교육에 국가 및 지자체의 책임 임무를 둔 것이며, 그리고 유치원에서 종일반을 개설할 경우, 보호기능을 수행한다는 점이다. 또한 이법의 제4조에 유아교육 및 「영유아보육법」 제2조에 따른 보육에 관한 사항을 심의하기 위하여 국무총리 소속으로 유아교육·보육위원회 설치를 명시하고 있다. 유아교육 · 보육위원회의 심의사항은 1. 유아교육 및 보육에 관한 기본계획, 2. 유치원과 어린이집 간의 연계운영, 3. 유아교육 및 보육에 관한 관계 부처 간 협조사항 등이다.

그리고 국가 또는 지방자치단체는 영유아보육법 제34조에 따른 무상보육 및 「유아교육법」 제24조에 따른 무상교육에 대하여 명시하고 있다.

(10) 남녀고용평등과 일 · 가정양립지원에 관한 법률

1987년 12월에 「남녀고용평등법」이 제정되었으나, 2007년 12월 21일 일 · 가정의 양립을 위한 정책 강화에 따라 법명을 「남녀고용평등과 일 · 가정양립지원에 관한 법률」로 변경하면서 배우자 출산휴가제를 도입하였다. 이 법은 「헌법」의 평등이념에 따라 고용에서 남녀의 평등한 기회와 대우를 보장하고 모성 보호와 여성고용을 촉진하여 남녀고용평등을 실현함과 아울러 근로자의 일과 가정의 양립을 지원함으로써 모든 국민의 삶의 질 향상에 이바지하는 것을 목적으로 한다.

이 법과 영유아보육과의 관련성은 일 · 가정의 양립지원(육아휴직, 직장어린이집 설치)이다. 특히, 이 법 제21조에서 사업주는 근로자의 취업을 지원하기 위하여 수유, 탁아 등 육아에 필요한 어린이집(이하 '직장어린이집'이라 한다)을 설치하며, 직장어린이집의 설치 및 운영에 관한 사항은 「영유아보육법」에 따른다고 규정하고 있다.

(11) 건강가정기본법

「건강가정기본법」은 건강한 가정생활의 영위와 가족의 유지 및 발전을 위한 국민의 권리 · 의무와 국가 및 지방자치단체 등의 책임을 명백히 하고, 가정문제의 적절한 해결방안을 강구하며 가족구성원의 복지 증진에 이바지할 수 있는 지원정책을 강화함으로써 건강가정 구현에 기여하는 것을 목적으로 2004년 2월에 제정되었다.

이 법에서 '가족'이라 함은 혼인 · 혈연 · 입양으로 이루어진 사회의 기본 단위이며, '건강가정'이라 함은 가족구성원의 욕구가 충족되고 인간다운 삶이 보장되는 가정을 말한다. 이 법은 국가 및 지방자치단체는 자녀를 양육하는 가정에 대하여 자녀양육으로 인한 부담을 완화하고 아동의 행복추구권을 보장하기 위한 보육 및 방과후 서비스, 양성평등한 육아휴직제 활용을 적극적으로 확대하여 나아가야 한다는 점에서 영유아보육과 관련이 있다.

(12) 다문화가족지원법

최근 우리나라에서 다문화가족이 증가하면서 다문화가족의 사회통합을 위한 법적 · 제도적 기반을 마련하기 위하여 2008년 3월 21일에 제정되었으며, 다문화가족구성원이 안정적인 가족생활을 영위할 수 있도록 함으로써 이들의 삶의 질 향상과 사회통합에 이바지함을 목적으로 한다.

이 법에서는 보육에 있어서 다문화가족 아동이 차별받아서는 안 되며, 국가와 지방자치단체는 다문화가족 아동의 취학 전 보육 지원을 위하여 노력하고, 그 아동의 언어발달을 위하여 한국어교육을 위한 교재 지원 및 학습 지원 등 언어능력 제고를 위하여 필요한 지원을 해야 하는 점에서 영유아보육과 관련이 있다.

(13) 아동수당법

「아동수당법」은 아동에게 아동수당을 지급하여 아동 양육에 따른 경제적 부담을 경감하고 건강한 성장 환경을 조성함으로써 아동의 기본적 권리와 복지를 증진함을 목적으로 2018년 3월 제정되었다. 이 법에 따라 국가와 지방자치단체는 아동수당이 아동 양육에 따른 경제적 부담을 경감하고 아동의 건강한 성장 환경을 조성하는 데 필요한 수준이 되도록 최대한 노력하여야 한다고 명시하고 있다. 그리고 보호자는 아동의 기본적 권리와 복지 증진을 위하여 아동수당을 사용하여야 한다.

이 법에 따르면 「영유아보육법」 제34조에 따른 비용의 지원을 받고 있는 영유아는 제6조에 따른 아동수당의 지급 신청에 관한 절차의 전부 또는 일부를 생략할 수 있고, 제7조에 따른 조사의 일부를 생략할 수 있도록 하고 있다.

3. 보육행정

1) 보육행정의 개념

일반적으로 보육행정(childcare administration)이란 보육정책을 서비스로 옮기는 총체적 과정으로서, 보육조직의 목적 달성을 위하여 보육교직원들이 수행하는 모든 행정적 업무를 총칭한다. 그리고 이러한 행정적 실천에서 조직과 교직원은 핵심적 요인이 되며, 이러한 두 요인을 연결하는 것이 전달체계이다.

2) 보육행정의 원칙

(1) 적절성의 원칙

궁극적으로 아동복지서비스가 지향하는 바는 아동의 욕구와 요구에 대응하는 것이므로 서비스의 양과 질은 아동의 욕구와 요구를 충족할 수 있을 정도로 적절해야 하는 것이다. 어린이집에서의 예를 들면 영아와 유아의 식사는 이들의 발달적 특성을 고려하여 적절하게 조리하여 제공되어야 한다는 것과 시설·설비는 영유아들의 체격을 고려하여야 한다는 것이다. 또한 보육시간도 보육의 사유에 따라 적절한 시간 동안 제공되어야 하는 것을 들 수 있다.

(2) 전문성의 원칙

보육을 포함한 사회복지서비스는 인간의 욕구와 요구에 대응한 사회적 서비스이다. 더구나 아동은 발달적 특성 및 이와 관련한 사회적 능력의 한계로 의존적인 생활이 불가피하다. 따라서 성인과는 다른 측면에서 전문성이 필요하다. 최근 보육환경이 역동적으로 변화함에 따라 보육아동과 그 가족의 욕구와 문제가 다양해지고 있다. 물론 보육아동과 그 가족이 지니고 있는 문제에 대응하기 위해서는 전문가의 지식과 기술이 더욱 필요한 것이다. 그 예로 행동장애 문제를 지닌 보육아동을 위해서는 소아정신과 의사와 간호사 또는 심리치료사의 전문서비스가 필요하며 어린이집에서 발생하는 성 학대에 대처할 수 있는 교직원의 역량 등이 그것이다.

(3) 통합성 및 포괄성의 원칙

보육아동과 그 가족이 지닌 문제는 다양하고도 복잡하게 서로 얽혀 있다. 따라서 이러한 문제를 적절하게 해결하기 위해서는 유기적이고도 포괄적인 대응책이 필요한 것이다. 그 예로 최저생계비에 못 미치는 수입으로 생활하는 모자가정의 아동을 위해서는 적어도 최저생계를 유지할 수 있을 정도의 공공부조와 이를 지원하는 시설보호서비스가 제공되어야 할 뿐 아니라, 그 자녀를 위한 보육서비스 등이 통합적으로 제공되어야 하는 것을 들 수 있다. 그리고 이러한 통합성의 원칙이 지켜지기 위해서는 해당 서비스를 적절하게 제공할 수 있는 전문가의 유기적인 접근이 필요하다. 그 예로 어린이집에서의 아동학대 사건 등에 관해 통합적인 아동학대 대응체계를 갖추는 것이다.

(4) 지속성의 원칙

특별히 보육아동이 지니고 있는 문제는 아동 개인의 특성만이 아니라, 부모와 가족 및 교사와 친구 등이 처하고 있는 생활상의 문제와 관계들이 뒤얽혀 있는 경우가 많다. 더욱이 아동은 인간 발달의 초기에 있으므로 현재 당면하고 있는 문제가 적절히 해결되지 않으면 심각한 발달장애가 발생할 수 있다. 따라서 이러한 문제의 해결은 서비스의 양과 질에서의 고려뿐만 아니라, 시간적인 차원의 서비스도 고려되어야 한다. 다시 말하면 문제가 해결될 때까지 지속적인서비스가 필요한 것이다.

3) 보육행정의 전달체계

보육행정의 전달체계에 대한 이해는 보육정책이 추구하는 가치나 목표의 성취와 직접적으로 관계되기 때문에 매우 중요하다. 즉, 아무리 보육정책이 체계적으로 계획되고 그 내용의 질적 수준이 높다고 하더라도 전달체계가 적절하지 못하면 그 정책이 추구하는 목표를 이루기가 어렵다. 보육행정의 전달체계는 구조 · 기능상으로 보면, 행정체계, 집행체계 그리고 지원체계로 구분될 수 있다. 보육행정의 전달체계는 [그림 5-1]과 같으며, 중앙정부, 지방정부와 같은 보육서비스 행정체계는 서

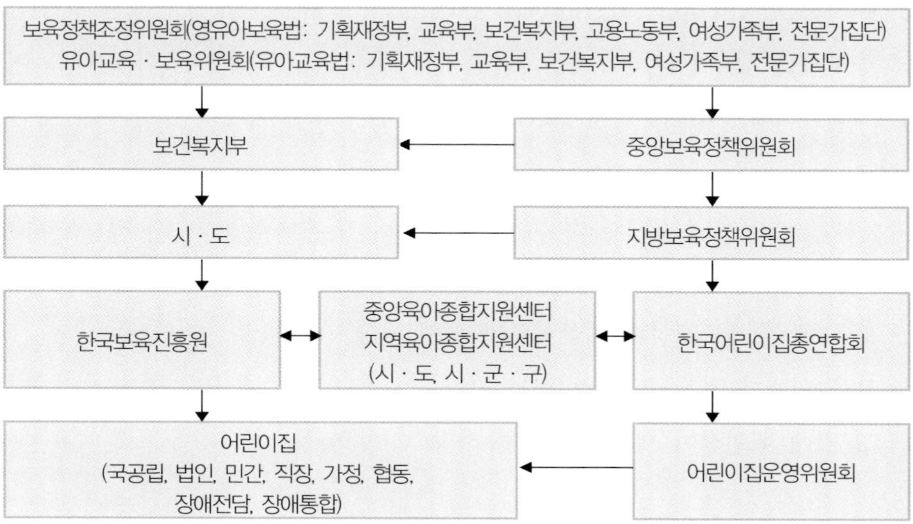

[그림 5-1] 보육행정의 전달체계

비스를 기획, 지시, 지원, 관리하는 것이고, 보육서비스 집행체계는 서비스 수혜자들과 직접적인 대면관계를 통해 서비스를 전달하는 과정으로 여러 보육서비스를 직접적으로 아동에게 전달하는 대부분의 일선 보육교직원들은 서비스 전달체계 중 집행체계에 속한다. 또한 보육서비스 지원체계는 일반적으로 행정체계와 집행체계 사이에서 두 체계를 잘 연결하고, 조정함으로써 효과적이고 효율적인 보육서비스가 이루어지도록 한다.

(1) 보건복지부

중앙의 보육행정은 보건복지부(http://www.mw.go.kr) 인구정책실의 보육정책국에서 실질적 업무를 수행하고 있고, 그 밑에 보육정책과, 보육사업기획과, 보육기반과로 업무를 나누어 수행하고 있다.

(2) 보육정책조정위원회

보육정책조정위원회는 위원장을 포함한 12명 이내의 위원으로 구성하되, 위원장은 국무조정실장이 되고 위원은 재정경제부차관, 교육부차관, 보건복지부차관, 고용노동부차관 및 여성가족부차관, 위원장이 위촉하는 보육계·유아교육계·여성계·사회복지계·시민단체 및 보호자를 대표하는 자 등이다. 주요업무는 다음과 같다.

- 보육정책의 기본 방향에 관한 사항
- 보육 관련 제도개선과 예산지원에 관한 사항
- 보육에 관한 관계 부처 간 협조 사항
- 그 밖에 위원장이 회의에 부치는 사항

(3) 중앙 · 지방보육정책위원회

보육에 관한 각종 정책 · 사업 · 보육지도 및 어린이집 평가인증사항 등을 심의하기 위하여 보건복지부에 중앙보육정책위원회를, 특별시 · 광역시 · 도 · 특별자치도 및 시 · 군 · 구에 지방보육정책위원회를 두고 있다. 위원회의 위원은 보육전문가, 어린이집의 원장 및 보육교사 대표, 보호자 대표 또는 공익을 대표하는 자, 관계 공무원 등으로 구성된다. 위원회 활동에 대해서는 법률로 명시해 책임과 역할을 분명히 하고 있다.

표 5-1 보육정책위원회의 주요 업무

분류	주요 업무
중앙보육정책위원회	• 보육계획 및 연도별 시행계획 수립 • 보육과정의 개발에 관한 사항 • 어린이집 평가인증제도에 관한 사항 • 보육관련 업무의 위탁 등 보육에 관하여 위원장이 회의에 부치는 사항
지방보육정책위원회	• 보육계획 및 연도별 시행계획 수립 • 국공립어린이집의 설치 및 운영 위탁에 관한 사항 • 교육훈련시설의 지정에 관한 사항 • 보수교육의 실시 위탁에 관한 사항 • 어린이집 이용자가 납부할 보육료 등에 관한 사항 • 도서 · 벽지 · 농어촌지역 등의 어린이집 설치기준 및 보육교직원의 배치기준에 관한 사항 • 보육에 관하여 위원장이 회의에 부치는 사항

출처: 법제처(2021).

(4) 한국보육진흥원

2009년에 효과적인 보육관련 사업 수행을 통한 보육의 질 향상과 체계적인 보육정책 지원을 통한 영유아와 부모, 보육교직원 등 수요자의 만족에 기여함을 목적으로 설립되었다. 주요 업무는 어린이집 평가인증, 보육교직원 자격증교부(자격제도 및 자격증 교부절차, 자격기준 및 제출서류), 보육교직원 역량강화, 시간제보육, 국공립

어린이집 확충·품질관리 전담사업, 공공형어린이집 품질관리 등이 있다.

(5) 육아종합지원센터

육아종합지원센터는 「영유아보육법」에 근거하여 보육 및 양육에 관한 정보의 수집·제공 및 보육교직원·부모 상담 등을 제공하기 위하여 보건복지부장관과 지방자치단체의 장이 설치·운영하는 육아지원 기관이다. 사업목적은 지역사회 내 육아지원을 위한 거점기관으로서 어린이집 지원·관리 및 가정양육보호자에 대한 맞춤형 지원, 보육컨설팅, 교직원 상담 및 교육 등 어린이집 지원 기능과 부모에 대한 상담 및 교육, 일시보육 서비스 제공 등 가정양육 지원기능의 지역 내 One-stop 육아지원 서비스 제공 등이다. [그림 5-2]에서는 육아종합센터 전달체계를 제시하였으며, 〈표 5-2〉 전국 육아종합센터의 사업내용을 제시하였다.

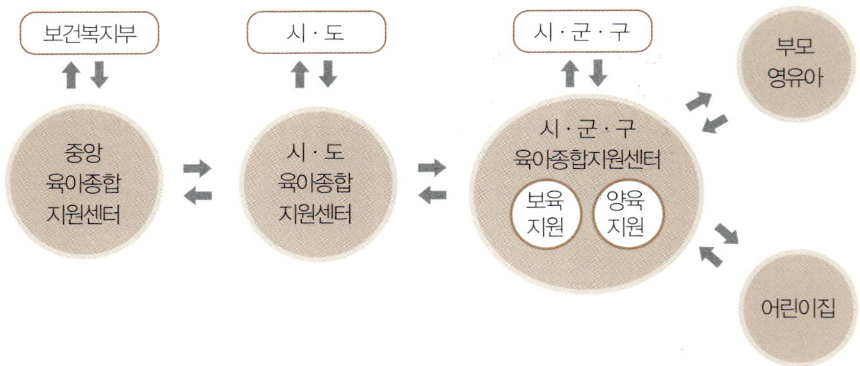

그림 5-2 육아종합지원센터 전달체계

표 5-2 전국 육아종합지원센터 사업 내용

분류	공통사업	자체사업
어린이집 지원	• 표준보육과정 교육 및 교재·교구의 제공 또는 대여 • 어린이집 설치·운영·이용 등에 관한 상담 • 어린이집 보육컨설팅(설치운영, 평가인증, 보육과정, 재무회계) • 대체교사 지원 및 관리 • 보육교직원에 대한 상담 및 교육(보수교육 실시의 위탁) • 보육교직원에 대한 영유아 학대예방 교육 및 상담 등 • 보육교직원에 대한 건강·영양·안전 교육 • 장애아 보육 등 취약·보육에 대한 정보의 제공 및 지원 • 보육교직원 구인구직 정보 제공 • 열린어린이집 운영 지원 • 어린이집 이용부모에 대한 교육 • 어린이집 우수사례 발굴 및 보급	• 어린이집 재원 영유아를 위한 체험 및 놀이공간 제공 • 그밖에 어린이집 운영 및 이용에 관하여 필요한 사항
가정양육 지원	• 부모교육 및 상담 • 양육관련 프로그램·도서·장난감 등의 제공 또는 대여 • 영유아 부모에 대한 영유아 학대예방 교육 및 상담 등 • 영유아 부모에 대한 건강·영양·안전 교육	• 가정양육 영유아를 위한 체험 및 놀이공간 제공 • 시간제 보육 서비스 제공 • 영유아 발달에 관한 검사 제공 • 부모소모임 등 교류 공간 제공 • 그밖에 가정양육 지원 등에 관하여 필요한 사항
정보 기타 사업	• 보육에 관한 정보 수집 및 제공 • 보육프로그램 및 육아 콘텐츠 등 제공 • 보육정보지, 자료집 발간 등 보육관련 홍보 • 보육통합정보시스템 이용관련 상담	• 보육정보지, 자료집 발간 등 보육관련 홍보 • 육아종합지원센터 간 연계사업 • 유관기관과의 연계사업 • 지자체 특수사업 등

한편 전담인력의 자격조건을 살펴보면 센터장은 보육전문요원의 자격을 취득한 이후 보육업무에 2년 이상 근무한 경력이 있는 사람이며, 보육전문요원은 보육교사 1급 자격을 가진 사람 또는 사회복지사업법에 의한 사회복지사 1급자격을 취득한 이후 보육업무에 3년 이상 종사한 경력이 있는 사람이다. 컨설턴트는 보육교사 1급 자격을 소지한 자로서 보육업무 경력 5년 이상인 사람이다.

그리고 상담전문요원은 임상심리사 2급 이상의 자격을 가진 사람이거나 상담·

심리분야의 학사학위 이상을 취득한 사람으로서 상담 업무와 관련하여 3년 이상 실무경력이 있는 사람이다.

2013년에 기존의 '보육정보센터'가 '육아종합지원센터'로 명칭이 변경되었으며, 전국단위의 '중앙육아종합지원센터'와 광역단위의 '시 · 도육아종합지원센터', 그리고 기초단위의 '시 · 군 · 구육아종합지원센터' 세 가지 유형이 있으며 2014년 말 기준 '중앙육아종합지원센터' 1개소를 비롯하여 시 · 도단위의 육아종합지원센터 18개소, 그리고 기초자치단체의 시 · 군 · 구 지방육아종합지원센터 94개소(2021년 기준)가 설치되어 있다.

(6) 한국어린이집총연합회

한국어린이집총연합회는 「영유아보육법」에 설치 근거를 두고 설립된 단체로서 1992년에 설립되었으며 보육사업의 원활한 추진과 어린이집의 균형적인 발전, 어린이집 간의 정보 교류 및 상호 협조 증진을 그 목적으로 한다. 주요 업무는 다음과 같다(한국어린이집총연합회, 2021).

- 영유아의 권익보호
- 보육사업에 관한 홍보, 보육사업에 관한 정책 건의
- 어린이집 보육교직원의 국제교류, 복리증진
- 보육정책 개발 및 제도화 추진활동
- 한국어린이집총연합회 정책연구소 운영

(7) 어린이집 운영위원회

어린이집 운영위원회는 그 어린이집의 원장, 보육교사 대표, 학부모 대표 및 지역사회 인사(직장어린이집의 경우에는 그 직장의 어린이집 업무 담당자로 한다)로 구성하며, 5인 이상 10인 이내로 구성하되, 학부모 대표가 2분의 1 이상이 되어야 한다.

그리고 어린이집운영위원회는 분기별 1회 이상 개최하여야 하며, 심의사항은 다음과 같다(법제처, 2021).

- 어린이집 운영 규정의 제정이나 개정에 관한 사항: 어린이집 예산 및 결산의 보고에 관한 사항
- 영유아의 건강 · 영양 및 안전에 관한 사항
- 아동학대 예방에 관한 사항: 보육 시간, 보육과정의 운영 방법 등 어린이집의 운영에 관한 사항
- 보육교직원의 근무환경 개선에 관한 사항
- 영유아의 보육환경 개선에 관한 사항
- 어린이집과 지역사회의 협력에 관한 사항
- 보육료 외의 필요경비를 받는 경우, 영유아보육법 제38조에 따른 범위에서 그 수납액 결정에 관한 사항
- 그 밖에 부모모니터링단의 모니터링 결과 등 어린이집 운영에 대한 제안 및 건의사항

(8) 임신육아종합포털 아이사랑

임신육아종합포털 사이트인 아이사랑(www.childcare.go.kr)에서 임신, 출산, 육아, 어린이집 이용 등 임산과 육아와 관련된 모든 서비스를 제공하고 있다. 구체적으로, 임신 서비스에서는 계획임신과 난임과 관련된 상담과 지원서비스를 제공하고 있으며, 출산 서비스에서는 출산과 관련된 상담과 지원서비스를 제공하고 있다. 또한 육아서비스에서는 예방접종, 모유수유, 이유식, 소아비만, 성장 발달, 아빠 육아 등 육아상담과 지원서비스를 제공하고 있으며, 어린이집 관련 서비스에서는 입소대기, 아이행복카드, 보육료결제, 시간제 보육사업, 건강관리, 어린이집 이용불편신고센터 등의 서비스를 제공하고 있다.

생각해 볼 문제

1. 우리나라의 보육이념과 그에 따른 보육정책의 방향에 관해 생각해 봅시다.

2. 어린이집과 유치원이 통합될 경우, 어떤 장단점이 있는지 생각해 봅시다.

3. 보육행정에서 보육전달체계가 지니는 의의와 현행 보육서비스 집행체계에 대해 생각해 봅시다.

PART 02

보육의 실제

Chapter 06

보육교직원

본 장에서는 원장, 보육교사, 의사와 간호사, 영양사와 조리원, 특수교사와 치료사 등 보육교직원의 역할과 자질, 자격기준에 대하여 살펴본다. 보육서비스에서 가장 중요한 역할을 담당하고 있는 원장의 자질은 첫째, 아동발달과 보육프로그램, 교수법 등 보육에 대한 지식과 기술, 둘째, 보육교직원과의 원만한 대인관계능력, 셋째, 보육사업의 정책, 행정, 재정, 어린이집 관리능력, 넷째 헌신적인 사명감, 지역사회봉사자로서의 자질 등이다. 보육교사가 갖추어야 할 자질은 먼저 인성적 자질은 영유아에 대한 사랑과 사명감, 인내심과 이해심, 온정적인 성품, 성실하고 열정적인 태도, 원만한 인간관계, 신체적 · 정신적 건강 등이며, 전문가적 자질은 보육프로그램 계획 · 운영 · 수행능력, 교수자 · 학습관리자 · 상담자의 자질, 의사결정자로서의 자질 등이다. 의사와 간호사, 영양사, 특수교사와 치료교사는 관련 분야의 전문지식과 기술이 있어야 하며, 어린이집을 이용하는 영유아와 부모의 특성과 욕구도 잘 파악하여야 하고, 보육교사와 더불어 양질의 보육서비스를 제공하는 데 있어서 사랑과 정성으로 역할을 담당하여야 한다.

1. 보육교직원의 역할과 자격

1) 원장

(1) 어린이집 원장의 자질과 역할

현행 「영유아보육법」에 따른 어린이집 원장의 직무는 '어린이집을 총괄하고보육교사와 그 밖의 직원을 지도 · 감독하여 영유아를 보호한다'이다(법제처, 2015). 어린이집 원장은 영유아에게 양질의 보육서비스를 제공하고, 보육교사를 비롯한 보육교직원을 지도 · 감독할 뿐만 아니라 영유아의 건강관리 및 보호자와의 상담, 어린이집의 관리 · 운영 등의 업무를 책임져야 할 막중한 역할을 담당하고 있다. 이와 같이 보육서비스의 질에 중요한 영향을 미치는 원장이 갖추어야 할 전문가적 자질에 대한 여러 학자들의 견해를 〈표 6-1〉에 정리하여 제시하였다. 여러 학자들이 제시한 원장의 자질을 정리해 보면 첫째 아동발달, 보육프로그램, 교수법 등 보육에 대한 지식과 기술, 둘째 보육교직원과의 원만한 대인관계능력, 셋째 보육사업의 정책, 행정, 재정, 어린이집 관리능력, 넷째 헌신적인 사명감, 지역사회봉사자로서의 자질 등이다. 한편, 어린이집 원장의 직무만족과 소진과 관련하여서는 먼저 보육환경이 원장들의 직무만족에 미치는 영향은 재정변인이 가장 많은 영향을 미치고 있으며, 그 다음으로 리더십, 어린이집 환경, 교사전문성 순으로 직무만족에 영향을 미치는 것으로 나타났다. 두 번째로 보육환경이 원장의 소진에 미치는 영향은 교사전문성, 재정, 원장의 전문성, 교사자질 순으로 소진에 영향을 미치는 것으로 나타났다(정유란, 2008).

표 6-1 어린이집 원장의 자질

학자	원장의 자질
Spodek 등 (1987)	① 유아발달과 효과적인 교수법에 관한 지식 ② 예산을 수립하고 집행하는 능력 ③ 제반법규나 명령을 집행하는 능력 ④ 임금 지급 및 교원복지 ⑤ 영유아의 영양, 건강, 안전관리능력
Hayden (1996)	① 기술적 능력(technical competency) ② 보육교직원과 관계(staff relations competency) ③ 보육프로그램 운영지식과 기술(educational programming knowledge and skill competency) ④ 공적 관계(public relations competency) ⑤ 상징적 능력(symbolic competency)
Skidmore (1998)	① 지식구비 ② 실천기술과 경험 구비 ③ 개방적 접근의 허용 ④ 헌신적인 사명감 ⑤ 솔직한 태도 ⑥ 감사와 칭찬의 태도
한국보육진흥원 (2014)	① 보육교직원 특성에 대한 지식 ② 인사조직이론에 관한 지식 ③ 영유아발달에 관한 지식 ④ 영유아교수방법에 대한 지식 ⑤ 가족해체에 관한 지식 및 운영기술에 대한 전반적인 전문성

한편 어린이집 원장은 영유아 및 그 가족에게 통합적 서비스를 제공하는 소규모 공동체를 운영하는 역할을 수행한다. 소규모 조직의 장으로서 조직 운영에 따르는 제반업무를 담당하고, 보육철학 제시, 예산 계획 및 집행, 보육운영계획 수립 및 평가, 영유아 보호와 교육, 보육교직원 임용, 보육교직원 전문성증진을 위한 교육, 부모교육, 가정과 지역사회 간의 연계 및 교류, 보육교직원 및 기타 인사와의 의사교환 및 회의 참여 등의 영역과 관련된 역할을 수행한다(한국보육진흥원, 2010). 미국보육협회(National Child Care Association)에서도 어린이집 원장의 역할을 ① 어린이집조직의 발전 및 유지, ② 어린이집의 목표 수행, ③ 보육프로그램 구성, ④ 보육

교직원의 전문성 발달 도모, ⑤ 어린이집 및 설비 유지, ⑥ 보육사업과 연관된 보육법 등 기타 법률에 관한 지식의 인식, ⑦ 지역사회와의 관계 증진, ⑧ 재정관리, ⑨ 자신의 전문성 함양으로 제시하고 있다(Morgan, 1993). Decker와 Decker(2001)는 어린이집을 총체적으로 관리감독하는 원장이 수행해야 할 직무를 제시하였는데, 전반적인 운영계획의 수립과 운영관리, 보육목표 설정 및 보육과정의 계획과 관리, 교직원 채용 및 인사관리, 원아의 모집 및 관리, 어린이집 · 설비의 관리, 비품 및 교재 · 교구의 구입과 관리, 재정관리, 행정적 업무 처리 및 기록의 보관 유지, 부모교육 및 부모와의 관계 유지, 행정 당국, 지역사회 관련 기관 및 단체들과의 관계 유지 등이다.

(2) 어린이집 원장의 자격

어린이집의 원장은 2005년에 개정된 영유아보육법에 의하여 2006년 12월 30일부터 국가자격증 제도가 도입되었다. 〈표 6-2〉에 영유아보육법에 따른 원장의 자격기준을 일반기준, 가정어린이집, 영아전담어린이집, 장애아전문어린이집, 대학 및 교육훈련시설 부설 어린이집으로 분류하여 제시하였다(법제처, 2021).

표 6-2 어린이집 원장의 자격기준

구분	자격기준
일반기준	① 보육교사 1급 자격을 취득한 후 3년 이상의 보육 등 아동복지업무 경력이 있는 자 ② '유아교육법'에 의한 유치원 정교사 1급 자격을 취득한 후 3년 이상의 보육 등 아동복지업무 경력이 있는 사람 ③ 유치원 원장의 자격을 가진 사람 ④ '초 · 중등교육법'에 의한 초등학교 정교사 자격을 취득한 후 5년 이상의 보육 등 아동복지업무 경력이 있는 사람 ⑤ '사회복지사업법'에 의한 사회복지사 1급 자격을 취득한 후 5년 이상의 보육 등 아동복지업무 경력이 있는 사람 ⑥ '의료법'에 의한 간호사 자격을 취득한 후 7년 이상의 보육 등 아동복지업무 경력이 있는 사람

	⑦ 국가 또는 지방자치단체에서 7급 이상의 공무원으로 보육 등 아동복지업무에 5년 이상 근무한 경력이 있는 사람
가정 어린이집	① 일반기준에서 정한 자격을 갖춘 자 ② 보육교사 1급 이상의 자격을 취득한 후 1년 이상의 보육업무 경력이 있는 자
영아전담 어린이집	만 3세 미만의 영아만을 20명 이상 보육하는 어린이집 ① 일반기준에서 정한 자격을 갖춘 자 ② 간호사 면허를 취득한 후 5년 이상의 아동간호업무 경력이 있는 자
장애아 전문 어린이집	「장애아동복지지원법」 제32조에 따른 장애영유아 어린이집 중 12명 이상의 장애영유아를 보육할 수 있는 어린이집 ① 일반 기준에서 정한 자격을 갖춘 사람으로서 대학(전문대학 포함)에서 장애인 복지 및 재활 관련 학과를 전공한 사람 ② 일반 기준에서 정한 자격을 갖춘 사람으로서 장애영유아어린이집에서 2년 이상의 보육 업무 경력이 있는 사람
대학 또는 교육훈련 시설 운영 어린이집	「고등교육법」 따른 대학(전문대학을 포함한다) 또는 법 제21조 제2항 제2호에 따른 교육훈련시설이 운영(위탁 또는 부설 운영을 말한다)하는 어린이집 ① 일반기준에서 정한 자격을 갖춘 사람 ② 어린이집을 운영하는 대학의 조교수 또는 교육훈련시설의 전임교수 이상으로서 보육 관련 교과목에 대하여 3년 이상의 교육 경력이 있는 사람

출처: 법제처(2021). 영유아보육법 시행령.

2) 보육교사

(1) 보육교사의 자질

영유아를 보육하는 보육교사의 자질은 인성적 자질과 전문가적 자질로 나누어 볼 수 있다. 먼저 인성적 자질은 유아에 대한 사랑과 사명감, 인내심과 이해심, 온정적인 성품, 성실하고 열정적인 태도, 원만한 인간관계, 신체적·정신적 건강(이은화 외, 1995; 임미혜, 2007; 조성자 외, 2008, 한국보육진흥원, 2014) 등이다. 그리고 전문가적 자질은 보육프로그램 계획·운영·수행능력, 교수자·학습관리자, 상담자의 자질, 의사결정자로서의 자질(지성애, 2001, 한국보육진흥원, 2014; Saracho, 1988; Schickedanz 외, 1990) 등이다. 〈표 6-3〉에 보육교사의 자질에 대한 각 학자들의 견해를 제시하였다.

표 6-3 보육교사의 자질

구분	학자	내용
보육교사의 개인적 자질	이은화 외 (1995)	• 인성영역: 유아에 대한 사랑, 인간에 대한 사랑, 성실성, 봉사성, 사려성, 자발성, 도덕성, 원만한 인간관계 • 건강영역: 신체적 건강, 정신적 건강, 긍정적 자아관, 타인에 대한 긍정적 사고, 건전한 인생관, 정서적 안정
	임미혜 (2007)	• 온정적인 성품 • 신체 및 정신적 건강 • 인간과 생명에 대한 존엄성 • 성실하고 열성적인 태도
	조성자 외 (2008)	• 영유아에 대한 사랑과 사명감 • 인내심과 이해심 • 원만한 인간관계 • 신체적 · 정신적 건강
	한국보육진흥원 (2014)	• 자애로움 • 영유아와의 공감력 • 희망적이고 긍정적인 사고 • 원만하고 조화로운 대인관계능력 • 심신의 건강
보육교사의 전문적 자질	Saracho (1988)	• 진단자로서의 전문가적 자질 • 교수조직자로서의 전문적 자질 • 학습관리자로서의 전문적 자질 • 상담자 및 충고자로서의 전문적 자질 • 의사결정자로서의 전문적 자질 • 보육프로그램 구성자로서의 전문가적 자질
	Schickedanz 외(1990)	• 지식전달자의 기능 • 계획 · 조직 · 평가자로서의 기능 • 훈육자로서의 기능 • 의사결정자로서의 기능
	지성애(2001)	• 보호적 능력 • 환경조성능력 • 평가능력 • 행동지도 및 치료적 능력 • 보육프로그램 운영기술, 지식, 수행능력
	한국보육진흥원 (2010)	• 전문지식 • 교육기술 • 보육에 대한 자부심

보육교사의 자질과 관련하여, 고려해야 할 부분은 직무만족도, 소진, 직무스트레스 등이 있는데, 그 이유는 보육교사가 직무만족도가 높고, 직무스트레스가 낮을수록, 보육의 질은 높아지기 때문이다. 보육교사의 직무만족도를 높이기 위한 방안은 우선적으로 보육교사의 휴식장소, 소화기, 비상등, 개인 사물함, 급·간식을 위한 설비 등의 환경이 우선적으로 개선되어야 한다.

그리고 직무스트레스와 소진을 예방하기 위해서는 보육교사가 정서적 고갈, 성취감 결여, 비인간화 등을 경험하지 않도록 하는 것이 필요하며(손아랑, 2009), 이를 위해서는 보육교사에게 원장, 동료교사, 학부모 등의 정서적 지지와 직무에 대한 지속적인 사례회의 및 슈퍼비전 등이 필요할 것이다.

보육인 윤리 선언

나는 영유아의 건강한 성장과 발달을 지원하는 보육교사(어린이집 원장)로서, 직무상의 윤리적 책임을 다하여 다음 사항들을 지킬 것을 다짐합니다.

1. 나는 내가 영유아에게 지대한 영향을 미치는 존재임을 잊지 않으며, 항상 스스로의 말과 행동에 신중을 기한다.
1. 나는 영유아의 인격과 권리를 존중하며, 어떠한 경우에도 영유아에게 해가 되는 일을 하지 않는다.
1. 나는 영유아 가정의 다양성을 이해하고 존중하며, 상호 신뢰하는 동반자적 관계를 유지한다.
1. 나는 동료를 존중하고 지지하며, 서로 협력하여 최상의 보육서비스를 제공하기 위해 노력한다.
1. 나는 보육의 사회적 책임과 역할을 인식하고, 영유아의 권익과 복지를 위한 활동에 앞장선다.
1. 나는 「어린이집 원장·교사 윤리강령」을 직무수행의 도덕적 규준으로 삼아 진심을 다하여 충실히 이행한다.

어린이집 원장 및 보육교사 윤리강령

보육은 영유아를 건강하게 양육하고, 안전하게 보호하며, 발달특성에 적합한 교육을 제공하는 복지서비스이며, 보육인은 사랑과 존중과 전문지식을 바탕으로 영유아의 전인적 성장에 영향을 미치는 전문직업인이다. 그러므로 보육인은 윤리적 의식과 태도를 가지고 사회적 본분에 임해야 한다. 이에 어린이집 원장과 보육교사는 스스로 책무성을 발현하여 윤리강령을 제정함을 밝힌다. 본 강령을 직무수행의 규준으로 삼아, 보육현장에서 발생하는 윤리적 갈등을 해결하고, 생존권, 보호권, 발달권, 참여권 등 영유아의 권리를 보장함으로써, 직무상의 윤리적 책임을 다하여 전문직업인으로서의 위상을 공고히 하고자 한다.

더불어 영유아와 그 가정, 동료와 사회의 존엄성을 존중하는 보육의 실천으로 다각적인 신뢰를 구축하고, 영유아의 잠재력을 최대한 발휘시킴으로써 영유아가 긍정적인 자아개념을 형성하고 유능한 사회인으로 성장할 수 있도록 도와, 궁극적으로는 영유아와 그 가정, 동료와 사회의 통합적·이상적 복지 실현에 기여하고자 한다.

제Ⅰ장 영유아에 대한 윤리

1. 영유아에게 고른 영양과 충분한 휴식을 제공하여, 몸과 마음이 건강한 사람으로 자라도록 돕는다.
2. 성별, 지역, 종교, 인종, 장애 등 어떤 이유에서도 영유아를 차별하지 않고, 공평한 기회를 제공한다.
3. 영유아는 다치기 쉬운 존재임을 인식하여 항상 안전하게 보호한다.
4. 영유아에 대한 정서적, 언어적, 신체적 학대를 행하지 않는다.
5. 어린이집 내외에서의 영유아 학대나 방임을 민감하게 관찰하며, 필요한 경우 관련 기관("아동보호전문기관" 등)에 보고하고 조치를 취한다.
6. 영유아의 인격을 존중하고, 개인의 잠재력과 개성을 인정한다.
7. 개별적 상호작용 속에서 영유아의 요구를 수용하기 위해 노력한다.
8. 영유아의 사회·정서·인지·신체 발달을 통합적으로 지원하는 보육프로그램을 실시한다.
9. 특별한 도움을 필요로 하는 경우, 전문가와 협력하여 영유아의 입장에서 최선의 대안을 찾는다.
10. 보육활동을 계획, 실행, 평가하는 모든 과정에 영유아의 흥미와 의사를 반영한다.
11. 영유아의 개인적 기록과 정보에 대해 비밀을 보장한다.

제Ⅱ장 가정에 대한 윤리

1. 상호 신뢰를 바탕으로 영유아의 가정과 동반자적인 관계를 유지한다.
2. 각 가정의 양육가치와 의사결정을 존중한다.
3. 경제적 수준, 가족형태, 지역, 문화, 관습, 종교, 언어 등 어떤 것에 의해서도 영유아의 가정을 차별 대우하지 않는다.
4. 보육활동 및 발달 상황에 관한 정보를 정확하게 제공하여 영유아에 대한 가정의 이해를 돕는다. 다문화, 심신장애 등으로 의사소통에 도움이 필요한 경우 문제를 해결할 최선의 방법을 도모한다.
5. 어린이집 운영 전반에 관한 정보를 공개하여 영유아 가정의 알 권리에 응한다.
6. 보육프로그램과 주요 의사결정에 영유아의 가정이 참여하도록 안내한다.
7. 필요한 사회적 지원, 전문서비스 등 관련 정보를 제공하여 영유아 가정의 복리 증진을 돕는다.
8. 영유아 가정의 사생활을 보호하고 익명성을 보장한다.

제Ⅲ장 동료에 대한 윤리

[어린이집 원장]

1. 최상의 보육서비스 제공에 필요한 인적, 물적 환경의 조성 및 유지를 위해 노력한다.
2. 보육교사를 신뢰하고 존중하며 전문성과 자율성을 인정한다.
3. 성별, 학연, 지연, 인종, 종교 등에 따라 보육교사를 차별하지 않는다.

4. 업무 관련 의사결정이 필요한 경우, 보육교사의 의견 개진 기회를 보장한다.
5. 보육교사에게 지속적 재교육 등 전문적 역량 제고의 기회를 부여한다.
6. 보육교사에게 적정 수준의 보상(보험, 급여 등)을 안정적으로 제공하며, 복지증진에 힘쓴다.
7. 보육교사 개인의 기록과 정보에 대한 비밀을 보장한다.

[보육교사]
1. 존중과 신뢰를 바탕으로 협력하며, 서로의 전문성과 자율성을 인정한다.
2. 상호간 역량계발과 복지증진에 부합하는 근무환경이 되도록 힘쓴다.
3. 어린이집 원장 및 동료와 영유아 보육에 대한 신념을 공유한다.
4. 보육교사로서의 전문성 향상을 위해 스스로 노력한다.
5. 어린이집 내에서 영유아 및 보육교사의 인권과 복지를 위협하는 비윤리적 사태가 발생한 경우, 법률규정이나 윤리기준("한국어린이집연합회 윤리강령위원회" 참조)에 따라 조치를 취한다.

제IV장 사회에 대한 윤리
1. 공보육에 대한 책임을 인식하고, 항상 질 좋은 보육서비스를 제공한다.
2. 영유아의 안전을 위협하는 환경이나 정책이 발견될 시, 관계기관과 협의하여 개선한다.
3. 공적 책임이 있는 어린이집으로서 재정의 투명성을 유지하고, 부정한 방법으로 사적 이익을 취하지 않는다.
4. 영유아의 권익보호를 위해 관련 정책 결정 및 법률 제정에 적극 참여하며, 사회적으로 이를 널리 알리는 데 앞장선다.
5. 지역사회 실정에 맞는 어린이집의 책임과 역할을 인지하고, 실천하고자 노력한다.

(2) 보육교사의 역할

한편 보육교사의 역할은 〈표 6-4〉에 제시한 것과 같이 학자에 따라 다양한 견해를 제시하고 있다. 1980년 이전에는 모성의 역할을, 1980년대에서 1990년대에는 교수모형을, 2000년대 이후에는 모성과 교수를 통합한 통합모형을 강조하고 있다.

한국보육진흥원(2015)에서는 보육교사의 역할을 다음과 같이 정의하고 있다. 영유아의 성장·발달의 자연스러운 과정에 있어 보호와 교육적 측면의 전문가로서 신체적, 사회적, 정서적, 지적 발달을 균형 있게 격려할 수 있도록 교육방법을 연구하고 적용하며, 교실환경을 구성하고, 영유아를 가르치는 교육자로서 영유아의 연령과 발달수준을 의식하여 적절한 자극을 제공해야 한다. 나아가 부모들이 자녀 걱정 없이 안심하고 사회경제 활동을 할 수 있도록 부모와의 정보교환 교류자로서 원활한 의사소통을 통해 교사나 어린이집에 대한 신뢰감을 형성하도록 하는 역할을 담당하게 된다. 보육교사의 역할 중에서 공통적으로 제시하고 있는 보호·양육자의 역할, 교수자의 역할, 상담자의 역할, 행정관리 및 의사결정자의 역할을 구체적으로 살펴본다.

표 6-4 보육교사의 역할

학자	보육교사의 역할
Katz(1970)	• 모친모형, 치료모형, 교수모형
Ellis 외(1982)	• 교수계획자, 학습조력자 및 방향제시자 • 안내자 및 상담자, 문화설명자 및 중재자, 지역사회연결자 교직원의 일원으로서의 역할 학교사회의 일원으로서의 역할
Saracho & Spodek(1993)	• 의사결정자(Decision-maker) • 학습과정의 설계자(Curriculum designer) • 교수조직자(Organizer of instruction), 진단자(Diagnostician) • 학습운영자(Manager of learning), 상담가·조언가(Counselor/Advisor)
Bennett(1997)	• 환경조성자, 관찰자, 참여자의 역할
김경애(2000)	• 양육대행자, 학습촉진자, 생활지도자, 상호작용자, 지역사회와의 관계 형성 및 유지자
이기숙 외(2002)	• 양육자로서의 역할, 관찰자로서의 역할, 교육프로그램 개발자로서의 역할, 교육프로그램 개발자로서의 역할, 교수조직자로서의 역할
조방제(2003)	• 보호역할, 교수역할, 의사결정 역할

① 보호·양육자

보육교사는 부모를 대신하여 영유아의 기본적인 욕구를 만족시켜 주고, 안전하게 보호하는 보호·양육자로서 전문화된 어머니(professional mother) 역할을 감당해야 한다. 구체적으로 수유, 기저귀 갈기와 같은 기본적인 생리적 욕구뿐만 아니라 신체적 건강, 정서적 안정, 긍정적인 자아개념의 형성 등 영유아가 신체·인지·언어·사회·정서발달 등 모든 발달영역에서 건강하게 성장·발달할 수 있도록 보호·양육자의 역할을 해야 한다.

② 교수자

보육교사는 영유아의 특성과 요구를 잘 관찰하고, 진단하여, 영유아가 흥미를 느끼고, 학습참여 동기를 유발할 수 있도록 연간, 월간, 주간, 일일 보육프로그램을 계획하고, 실행하며, 평가하는 교수자로의 역할을 감당해야 한다. 이때 보육교사는 단순히 지식을 전달하거나 기술을 훈련시키기보다는 영유아의 사고를 자극하고, 나아가 창의성을 개발할 수 있도록 도와주어야 한다. 교수자의 역할을 보다 세부적으로 분류하면, 관찰자, 조직자, 운영자, 촉진자, 평가자로 분류할 수 있다.

가. 관찰자 및 기록자

교사는 아동의 특별한 요구와 특성을 평가하고 계획하기 위해 아동의 행동을 지속적으로 관찰해야 한다. 특히 언어적 표현 능력이 부족한 영아 개개인의 특별한 요구를 잘 관찰하여 이에 즉각적으로 반응해 주어야 한다. 또한 교사는 부모와 정보교환, 보육과정 계획 및 프로그램 운영, 보육활동 평가를 위하여 매우 상세하고 포괄적인 기록을 해야 한다.

나. 조직자

보육교사는 영유아의 발달단계를 기초로 프로그램의 내용을 계획하고 개별영유아의 특성을 반영하여 일과를 계획한다. 또한 영유아의 발달적 요구에 맞게 적절한 변화를 주면서 교재 교구 및 교실이나 놀이터 환경을 조직해야 한다.

다. 운영자

보육교사는 매일의 일과계획안에서 시간을 융통성 있게 조정운영하고 각 아동이 긍정적인 경험을 할 수 있도록 보육환경 공간을 조정해야 한다.

라. 촉진자

보육교사는 각 아동의 수준과 발달단계에 맞게 개입함으로써 학습을 돕고 발달을 촉진시키는 역할을 수행해야 한다.

마. 평가자

평가자는 모든 프로그램에서 기초적이며 필수적인 과정이다. 교사는 교육의 질적 개선과 아동의 발달을 촉진하기 위해 평가자로서의 역할을 수행해야 한다. 평가는 크게 아동에 대한 평가와 프로그램에 대한 평가로 구분되며, 어린 아동일수록 보육교사의 역할이 더욱 중요하므로 보육교사 자신의 행동에 대한 평가도 아울러 병행되어야 한다.

③ 상담자

보육교사는 영유아의 발달 지체, 문제 행동 등을 진단하고, 상담하는 역할과 부모 및 가족과 영유아의 양육과 관련된 상담자로서의 역할을 감당해야 한다. 보육교사는 아동발달에 관한 지식이 있는 전문가로 매일매일 장시간을 영유아와 보내게 되므로, 개별 영유아의 신체적 · 인지적 발달 상황, 정서적 불안, 공격성, 또래관계 등을 관찰하여, 만일 발달지체가 의심되거나 문제행동의 정도가 심하다고 판단되는 경우 부모와 상담하여, 아동상담 전문가에게 의뢰해야 한다.

④ 행정관리 및 의사결정자

보육교사는 영유아를 보육하는 과정에서 보육프로그램, 물리적 환경, 부모 및 지역사회와의 교류 등 일련의 보육활동 과정에서 미리 계획된 것이 영유아의 특성, 상황, 환경 등의 변화를 민감하게 고려하여, 보육프로그램을 변경 · 조정하는 의사결정자로서의 역할을 감당해야 한다. 그리고 어린이집의 행정, 재정, 평가인증 등과 관련된 행정관리자로서의 역할도 있다.

(3) 보육교사의 자격

영유아들과 매일매일 직접 상호작용하는 보육교사의 전문성은 영유아의 발달 및 능력에 중요한 영향을 미치게 되므로, 보육교사의 자격기준도 점차 강화되어야 한다. 〈표 6-5〉에 보육교사의 자격기준을 제시하였고, 〈표 6-6〉에 보육교사 자격취득을 위한 교과목 및 학점을 제시하였다. 보육교사 자격취득을 위해서는 6개 영역에서 총 17과목 51학점 이상을 이수하여야 하며, 특히 보육실습은 실습지도교사의 자격, 실습지도교사 1인당 실습생 수, 실습시간 등을 구체적으로 제시하여, 보육실습이 엄격하게 이루어지도록 하고 있다. 그러나 이러한 과목들은 2017년 1월 입학자부터 변경되어 적용된다. 즉, 보육교사의 인성과 자질 향상을 위하여 보육교사 자격 취득에 필요한 대학 등에서 이수하여야 하는 보육 관련 교과목 및 학점의 영역을 보육필수 등 6개에서 교사 인성 등 3개로 바뀐다. 그리고 보육 관련 교과목 중 보육교사(인성)론 등을 대면 교과목으로 정하고 보육 실무 영역에 포함된 보육실습 교과목의 실습기간도 6주 이상, 240시간 이상으로 강화한다(보건복지부, 2015).

매년 1회 이상 실시하여야 한다. 다만, 「국민건강보험법」 제52조, 「동법 시행령」 제25조 및 「의료급여법」 제14조의 규정에 의한 영유아건강검진이나 보호자가 별도로 건강검진을 실시한 경우에는 검사결과 통보서로 갈음할 수 있다.

표 6-5 보육교사의 자격기준

등급	자격기준
보육교사 1급	1. 보육교사 2급 자격을 취득한 후 3년 이상의 보육업무 경력이 있는 사람으로서 보건복지부장관이 정하는 승급교육을 받은 사람
	2. 보육교사 2급 자격을 취득한 후 보육 관련 대학원에서 석사학위 이상을 취득하고 1년 이상의 보육업무 경력이 있는 사람으로서 보건복지부장관이 정하는 승급교육을 받은 사람
보육교사 2급	1. 전문대학 또는 이와 같은 수준 이상의 학교에서 보건복지부령으로 정 하는 보육관련 교과목 및 학점을 이수하고 졸업한 사람
	2. 보육교사 3급 자격을 취득한 후 2년 이상의 보육업무 경력이 있는 사람으로서 보건복지부장관이 정하는 승급교육을 받은 사람

보육교사 3급	고등학교 또는 이와 같은 수준 이상의 학교를 졸업한 사람으로서 보건복지부령으로 정하는 교육훈련시설에서 정해진 교육과정을 수료한 사람

출처: 보건복지부(2021).

표 6-6 보육관련 교과목 및 학점(2017년 1월 1일 이전 입학자 적용기준)

1. 대학 등에서 이수하여야 할 교과목 및 학점 일반

영역	교과목	이수과목(학점)
보육필수	아동복지(론), 보육학개론, 영아발달, 유아발달, 보육과정, 보육교사론	6과목(18학점) 필수
발달 및 지도	인간행동과 사회환경, 아동관찰 및 행동연구, 아동생활지도, 아동상담(론), 특수아동이해, 장애아지도	1과목(3학점) 이상 선택
영유아교육	놀이지도, 언어지도, 아동문학, 아동음악, 아동동작, 아동미술, 아동수학지도, 아동과학지도, 영유아프로그램 개발과 평가, 영유아교수방법(론)	6과목(18학점) 이상 선택
건강·영양 및 안전	아동건강교육, 아동간호학, 아동안전관리, 아동영양학, 정신건강(론)	2과목(6학점) 이상 선택
가족 및 지역사회 협력 등	부모교육(론), 가족복지(론), 가족관계(론), 지역사회복지(론), 보육정책(론), 어린이집 운영과 관리	1과목(3학점) 이상 선택
보육실습	보육실습	1과목(3학점) 필수
전체	17과목(51학점) 이상	

※ 비고

1) 교과목명이 서로 다르더라도 교과목의 내용이 유사하면 동일한 교과목으로 인정하고, 보육실습의 경우 명칭과 관계없이 실습기관과 실습기간의 조건을 만족하는 경우에는 보육실습으로 인정한다.
2) 각 과목은 3학점을 기준으로 하며 최소 2학점 이상이어야 한다.

2. 보육실습에 관한 기준

가. 실습기관: 실습은 법적으로 인가받은 정원 15명 이상의 어린이집 또는 교육과정과 방과후 과정을 운영하는 유치원에서 보육 교사 1급 또는 유치원정교사 1급 자격을 가진 사람이 실습을 지도하여야 한다. 이 경우 실습 지도교사 1명당 보육실습생은 3명 이내로 한다.
나. 실습기간: 실습기간은 4주, 160시간을 원칙으로 하되, 야간대학 등의 경우에는 실습을 2회에 나누어 실시할 수 있다.
다. 실습 인정시간: 실습은 평일 오전 9시부터 오후 7시 사이에 한 경우에만 인정하며 그 외의 시간에 한 실습은 인정하지 아니한다.
라. 실습의 평가: 실습의 평가는 보건복지부장관이 정하는 보육실습일지와 실습평가서에 근거하여 하되, 평가점수가 80점 이상인 경우에만 실습을 이수한 것으로 인정한다.

표 6-7 보육 관련 교과목 및 학점[7](2017년 1월 1일 이후 입학자 적용)

1. 대학 등에서 이수하여야 할 교과목 및 학점 일반

<table>
<tr><th>영역</th><th colspan="2">교과목</th><th>이수과목(학점)</th></tr>
<tr><td>가. 교사 인성</td><td colspan="2">보육교사(인성)론, 아동권리와 복지</td><td>2과목 (6학점)</td></tr>
<tr><td rowspan="2">나. 보육 지식과 기술</td><td>필수</td><td>보육학개론, 보육 과정, 영유아 발달, 영유아 교수방법론, 놀이지도, 언어지도, 아동음악(또는 아동동작, 아동미술), 아동수학지도(또는 아동과학지도), 아동안전관리(또는 아동생활 지도)</td><td>9과목 (27학점)</td></tr>
<tr><td>선택</td><td>아동건강교육, 영유아 사회정서지도, 아동문학교육, 아동상담론, 장애아 지도, 특수아동 이해, 어린이집 운영관리, 영유아 보육프로그램 개발과 평가, 보육정책론, 정신건강론, 인간행동과 사회환경, 아동간호학, 아동영양학, 부모교육론, 가족복지론, 가족관계론, 지 역사회복지론</td><td>4과목 (12학점) 이상</td></tr>
<tr><td>다. 보육 실무</td><td colspan="2">아동관찰 및 행동연구, 보육실습</td><td>2과목 (6학점)</td></tr>
</table>

※ 비고

1. 교과목의 명칭이 서로 다르더라도 교과목의 내용이 비슷하면 같은 교과목으로 인정하고, 다목의 교과목 중 보육실습은 교과목 명칭과 관계없이 보육실습기관과 보육실습기간의 조건을 충족하면 보육실습으로 인정한다.
2. 각 교과목은 3학점을 기준으로 하되, 최소 2학점이어야 한다.
3. 17과목 이상, 51학점 이상 이수하여야 한다.

2. 대면 교과목

영역	교과목
가. 교사 인성	보육교사(인성)론, 아동권리와 복지
나. 보육 지식과 기술	놀이지도, 언어지도, 아동음악(또는 아동동작, 아동미술), 아동수학지도(또는 아동과학지도), 아동안전관리(또는 아동생활지도)
다. 보육 실무	아동관찰 및 행동연구, 보육실습

※ 비고

1. 대면 교과목은 8시간 이상 출석 수업과 1회 이상 출석 시험을 실시한다.
2. 다목의 교과목 중 보육실습에 관한 기준은 다음 각목에 따른다.
   가. 보육실습은 이론수업과 보육현장실습으로 운영한다.
   나. 보육현장실습은 6주 이상 240시간 이상을 원칙으로 하되, 2회에 나누어 실시할 수 있다.
   다. 보육교사의 자격을 취득하려는 사람이 보육실습을 신청하는 때에 법적으로 인가받은 정원 15명 이상으로 평가인증을 유지하는 어린이집 또는 교육 과정과 방과후 과정을 운영하는 유치원에서 보육교사 1급 또는

---

7) 「영유아보육법」 시행령 제12조 제1항 관련 별표 4 [시행일: 2016. 8. 1] 부칙 제3조 제3항(보육 관련 교과목 및 학점에 관한 경과조치) ① 2017년 1월 1일 전에 대학 등에 입학한 사람이 이수하여야 하는 보육 관련 교과목 및 학점은 별표 4의 개정규정에도 불구하고 종전의 규정에 따른다.

유치원 정교사 1급 자격을 가진 사람이 보육실습을 지도하여야 한다. 이 경우 실습 지도교사 1명당 보육실습생은 3명 이하로 한다.
라. 보육실습은 평일 오전 9시부터 오후 7시 사이에 한 경우에만 인정하며, 보육실습시간은 하루 8시간을 초과할 수 없다.
마. 보육실습의 평가는 보건복지부장관이 정하는 보육실습일지와 보육실습 평가서에 근거하여 하되, 평가점수가 80점 이상인 경우에만 보육실습을 이수한 것으로 인정한다.

---

3) 의사와 간호사

어린이집에서는 보호자의 의견을 수렴하고, 접근성 등을 고려하여 의료기관(주치의) 선정 및 상호협약 체결하고, 의료기관(주치의)에서는 질병예방을 위한 영유아 · 교직원 교육을 실시하고 의료법 등 관련 법령 규정 범위 내에서 영유아에 대한 건강검진 등 서비스 제공한다. 영유아건강검진은 매년 1회 정기적으로 건강검진을 실시하고, 영유아의 지속적인 건강관리를 하여야 하며, 질병 · 사고 또는 재해 등으로 인하여 위급상태가 발생한 경우 즉시 응급의료기관에 이송해야 한다. 영유아 건강검진의 경우 「국민건강보험법」 제52조, 「동법 시행령」 제25조 및 「의료급여법」 제14조의 규정에 의한 영유아 건강검진이나 보호자가 별도로 건강검진을 실시한 경우에는 검사결과 통보서로 갈음할 수 있다. 그리고 보육교직원도 연 1회 건강검진을 실시하여야 한다. 영유아의 건강관리를 위해 100인 이상의 영유아를 보육하는 어린이집에서는 간호사 또는 간호조무사 1인을 두도록 하고 있다.

4) 영양사와 조리원

어린이집에서 영유아들이 아침부터 저녁까지 장시간 생활하므로 영유아의 발달단계, 영양을 고려하여 균형 있으면서도 영유아들이 올바른 식습관을 형성할 수 있도록 식사와 간식이 제공되어야 한다. 「영유아보육법」 제33조에서도 어린이집의 원장은 영유아에게 균형 있고 위생적이며 안전한 급식을 하도록 하고 있다. 급식은 정상적인 발달에 필요한 영양을 섭취할 수 있도록 영양사가 작성한 식단에 의하여, 어린이집에서 직접 조리하여 공급하도록 하고 있다. 영유아 100인 이상을 보육하는 어린이집의 경우에는 영양사 1인을 두어야 하며, 단독으로 영양사를 두는 것이 곤란한 때에는 동일 시·군·구의 5개 어린이집이 공동으로 영양사를 둘 수 있다. 영양사를 두고 있지 않은 100인 미만 어린이집은 전국적으로 220개소 설치되어 있는 어린이 급식관리지원센터의 지도를 받아 식단을 작성하여야 한다. 취사부는 영양사가 작성한 식단에 따라 위생적이고, 안전하게 조리하여 단체급식으로 인한 영유아의 질병이 발생하지 않도록 유의하여야 한다. 특히 조리실을 정기적으로 소독하고, 음용수, 부패되기 쉬운 음식물은 관리를 철저하게 해야 한다.

5) 특수교사와 치료사

어린이집에서 장애아를 보육할 경우 장애아 9인당 1인의 특수교사를 배치하여야 하고 추가로 치료사를 배치할 수 있다. 특수교사는 특수교육에 대한 전문지식을 바탕으로, 장애아동의 장애유형과 수준을 고려하여 특수교육 방법, 특수교육 교구와 자료를 선택하여 개별화된 보육프로그램을 개발하고 제공하여야 한다. 치료사는 보육교사, 특수교사와 협력하여 장애아동의 신체적·언어적·정서적 어려움을 치료할 수 있도록 치료계획을 세우고 치료프로그램을 제공하여야 한다(〈표 6-8〉 참조). 치료사 자격이 인정되는 자로서 어린이집에 채용된 자는 채용 후 6개월 이내에 일반직무 또는 특별직무 보수교육을 이수하여야 한다.

표 6-8 특수교사 및 치료사의 자격인정 범위

분류	자격인정 범위
특수교사	• 장애아동복지지원법 시행령 제5조 제1항 – 자격기준: 초·중등교육법 제21조 제2항에 따른 특수학교 정교사 2급 이상의 자격증(유치원 과정만 해당한다)을 소지한 사람 • 장애영유아를 위한 보육교사 자격 – 근거: 장애아동복지지원법 시행령 제5조 제2항 – 자격기준: 다음 각 호의 자격을 모두 갖춘 사람 1. 영유아보육법 제21조 제3항에 따른 보육교사 2급 이상의 자격증을 소지한 사람 2. 보건복지부령으로 정하는 특수교육 또는 재활관련 교과목 및 학점을 「고등교육법」 제2조에 따른 학교에서 이수하거나 「학점인정 등에 관한 법률」 제7조에 따라 인정받은 사람
치료사	• 국가에서 발급한 치료사 자격증 소지자(물리치료사, 언어재활사, 작업치료사, 임상심리사 등) • 자격기본법에서 정한 절차에 따라 주무장관이 공인한 치료 관련 민간자격을 소지한 자 • 한국연구재단 등재(후보)학술지를 발간하는 학회가 소정의 절차를 거쳐 발급하는 치료관련 민간자격 소지자 ※ 특수교사의 경우 치료사로 채용할 수 있음

출처: 보건복지부(2021). 2021 보육사업안내.

표 6-9 특수교육 및 재활 관련 기본 교과목 및 학점

	(2012년 8월 5일 이후에 편입하거나 입학한 사람)
기본 교과목	특수교육학개론, (특수아)통합교육, 개별화 교육계획, 언어치료학개론, 장애영유아교수방법론, 특수아(장애아)부모교육론, 특수아 행동지도, 정신지체아교육, 청각장애아교육, 정서장애아교육, 학습장애아교육, 지체부자유아교육, 언어발달장애, 자폐장애교육, 특수아 상담 및 가족지원, 특수교육 측정 및 평가, 시각장애아교육, 장애아동보육론, 감각장애아교육, 특수교구교재제작, 장애아보육실습, 장애아보육교사론, 발달지체영유아 조기 개입
학점	8과목 24학점

출처: 장애아동복지지원법 시행규칙(2021).

2. 보육교직원의 배치기준

보육교직원은 일반적으로 원장, 보육교사, 간호사, 영양사, 취사부 등이며, 어린이집의 규모와 특성에 따라 의사(또는 촉탁의사), 사회복지사, 사무원, 관리인, 위생원, 운전기사, 특수교사(치료사) 등을 둘 수 있다. 〈표 6-10〉에 「영유아보육법」 제17조 및 시행규칙 제10조에 의한 보육교직원 배치기준을 제시하였다.

표 6-10 보육교직원 배치기준

구분	배치기준	비고
원장[1]	전 어린이집별 1인 ※ 다만, 영유아 20인 이하를 보육하는 어린이집의 원장이 보육교사를 겸임할 수 있음	정원 기준
보육교사[2]	• 만 1세 미만 → 영아 3인당 1인 • 만 1세 이상 만 2세 미만 → 영아 5인당 1인 • 만 2세 이상 만 3세 미만 → 영아 7인당 1인 • 만 3세 이상 만 4세 미만 → 유아 15인당 1인 • 만 4세 이상 미취학 유아 → 유아 20인당 1인 ※ 유아 40인당 1인은 보육교사 1급 자격자이어야 함 • 취학아동 → 20인당 1인 • 장애아 3인당 1인 ※ 장애아 9인당 보육교사 1인은 특수교사 자격소지자이어야 함 • 연장반 만 3세 미만 → 영아 5인당 1인 • 연장반 만 3세 이상 → 유아 15인당 1인 ※ 연장반의 만 1세 미만 및 장애아 → 3인당 1인	현원 기준
간호사[3]	영유아 100인 이상을 보육하는 어린이집	현원 기준
영양사[4]	영유아 100인 이상을 보육하는 어린이집	현원 기준
조리원[5]	영유아 40인 이상을 보육하는 어린이집	현원 기준 (방과후 제외)

1) 원장은 어린이집의 규모와 특성에 따라 의사(또는 촉탁의사), 사회복지사, 사무원, 관리인, 위생원, 운전기사, 특수교사(치료사) 등의 교직원을 둘 수 있으며, 원장이 간호사 또는 영양사 자격이 있는 경우에는 겸직이 가능하고, 원장은 정원을 기준으로 함.
2) 원장이 보육교사 겸직 시 원장 자격증과 보육교사 자격증을 모두 소지하여야 함.
3) 간호조무사도 가능함.

4) 어린이집 단독으로 영양사를 두는 것이 곤란한 때에는 동일 시·군·구의 5개 이내 어린이집이 공동으로 영양사를 둘 수 있으며, 영양사 채용 시 현원을 기준으로 함.
5) 영유아 40인 이상 80인 이하를 보육하는 어린이집의 경우 취사부 1인을 두며, 영유아 매 80인을 초과할 때마다 1인씩 증원한다.

조리원 채용기준(예시)

취사부 수	1인	2인	3인	4인	5인	비고
영유아 수	40~80명	81~160명	161~240명	241~320명	320인 이상	—

출처: 보건복지부(2021). 2021 보육사업안내.

3. 보육교직원 보수교육

보육교직원은 일반직무교육과 특별직무교육을 포함한 직무교육과 보육교사 2급과 1급 승급교육과 원장사전직무교육을 받아야 하며, 〈표 6-11〉에 보육교직원 대상별, 보수 교육을 구체적으로 제시하였다.

표 6-11 보육교직원 보수교육

교육구분			교육대상	교육시간	비고
직무교육	일반직무교육	보육교사	현직에 종사하고 있는 보육교사로서 보육업무 경력이 만 2년을 경과한 자와 보육교사 직무교육(승급교육 포함)을 받은 해부터 만 2년이 경과한 자	40시간	매 3년마다
		원장	어린이집 원장의 직무를 담당한 때부터 만 2년이 지난 경우	40시간	매 3년마다
	특별직무교육	영아보육	영아보육을 담당하고 있는 일반직무교육 대상자와 영아보육을 담당하고자 하는 보육교사 및 어린이집 원장	40시간	이수하고자 하는 자
		장애아보육	장애아보육을 담당하고 있는 일반직무교육 대상자와 장애아보육을 담당하고자 하는 보육교사 및 어린이집 원장	40시간	이수하고자 하는 자
		방과후보육	방과후보육을 담당하고 있는 일반직무교육 대상자와 방과후 보육을 담당하고자 하는 보육교사 및 어린이집 원장	40시간	이수하고자 하는 자

<table>
<tr><td rowspan="2">승급교육</td><td>2급 승급 교육</td><td>보육교사 3급의 자격을 취득한 후 보육업무 경력이 만 1년이 경과한 자</td><td>80시간</td><td>이수하고자 하는 자</td></tr>
<tr><td>1급 승급 교육</td><td>보육교사 2급의 자격을 취득한 후 보육업무 경력이 만 2년이 경과한 자 및 보육교사 2급의 자격을 취득한 후 보육 관련 대학원에서 석사 학위를 취득한 경우 보육업무 경력이 만 6개월이 경과한 자</td><td>80시간</td><td>이수하고자 하는 자</td></tr>
<tr><td>원장사전 직무교육</td><td>–</td><td>「영유아보육법」 시행령 [별표1] 제1호의 가목부터 라목(일반, 가정, 영아전담, 장애아전담어린이집 원장)까지 어느 하나의 자격을 취득하고자 하는 자</td><td>80시간</td><td>이수하고자 하는 자</td></tr>
</table>

※ 어린이집에서 특수교사나 치료사로 근무하는 자도 일반·특별직무교육 대상으로서 보수교육을 이수하여야 한다(일반직무교육이나 특별직무교육 중 선택적으로 이수할 수 있음).

※ 보수교육을 연속하여 3회 이상 받지 아니하는 경우 어린이집 원장 또는 보육교사 자격이 정지될 수 있으므로 보수교육 대상자는 필히 보수교육을 이수하여야 함

예) 2017년에 직무교육을 이수한 어린이집 원장 및 보육교사의 경우 만 2년이 경과한 2019년에 직무교육을 이수하여야 하며 그해에 교육을 받지 못한 경우, 다음 해인 2020년 12월까지 받아야 함. 2020년에도 받지 않았다면 1회 위반, 2021년에도 받지 않았다면 2회 위반, 2022년도에도 받지 않았다면 3회 위반에 해당함.

출처: 보건복지부(2021). 2021 보육사업안내.

생각해 볼 문제

1. 보육서비스의 질적 수준을 높이기 위해 원장과 보육교사가 갖추어야 할 전문가적 · 인성적 자질은 무엇인지 생각해 봅시다.

2. 보육교사의 질적 수준을 제고하기 위해 필요한 표준보육과정을 어떻게 적용할지 생각해 봅시다.

3. 어린이집 원장의 질적 수준을 제고하기 위해 필요한 역량강화방법은 어떤 것이 있는지 생각해 봅시다.

Chapter 07

개정 표준보육과정과 놀이중심 누리과정

우리나라 보육사업의 양적 발전과 질적 수준의 향상을 위한 요구로 2004년 영유아보육법이 개정되고 어린이집 평가제가 2019년 6월부터 시행되면서 국가 차원의 주기적인 평가를 통해 모든 어린이집에서는 상시적으로 보육서비스의 질을 확보하였다. 또한 국가수준의 보편적인 보육내용인 표준보육과정의 제시는 보육과정에서 전체적인 틀을 제공한 데 의의가 있었으며, 2019 개정 누리과정에서 누리과정의 성격을 '국가수준에서 고시한 3~5세 유아를 위한 공통의 교육과정'으로 명시함으로써 어린이집과 유치원에 다니는 3~5세 유아들에게 양질의 교육과정을 제공하는 데 의의가 있다. 한편 2020년 7월 5일 제4차 어린이집 표준보육과정은 영유아의 보육목적과 목표를 달성하기 위한 국가수준의 보육과정이며, 어린이집의 지침으로 사용할 보육내용을 제시한 것이다. 이 장에서는 표준보육과정의 이해, 0~1세, 2세 보육과정의 목표와 내용, 3~5세 보육과정(누리과정)의 목표와 내용, 표준보육과정의 운영을 중심으로 소개하겠다.

1. 표준보육과정의 이해

1) 보육사업의 확대와 보육과정

우리나라 「영유아보육법」(제1조)에서는 보육사업의 목적을 영유아의 심신을 보호하고 건전하게 교육하여 건강한 사회구성원으로 육성함과 아울러 보호자의 경제적·사회적 활동이 원활하게 이루어지도록 함으로써 영유아 및 가정의 복지 증진에 이바지하는 것으로 규정되어 있으며, 보육과정(제29조)은 영유아의 신체, 정서, 언어, 사회성 및 인지적 발달을 도모할 수 있는 내용을 포함하여야 한다.

우리나라는 2004년 「영유아보육법」 전면 개정을 통해 표준보육과정의 개발, 보급을 위한 근거(제29조)를 마련했으며 2006년 11월의 「영유아보육법」 시행규칙 개정(제30조 및 별표 8의 2)과 2007년 1월의 여성가족부 고시 제2007-1호(표준보육과정의 구체적 보육내용 및 교사지침)를 통해 표준보육과정을 구체화하였다.

그 이전에는 보육과정이 교육, 영양, 건강, 안전 등 영유아의 발달단계에 따른 보육내용을 포함하였으나, 2006년 11월에 「영유아보육법」 시행규칙 개정으로 표준보육과정을 마련하여 보육과정이 구체화되었는데, 기본생활, 신체운동, 사회관계, 의사소통, 자연탐구, 예술경험 등 6개 영역별 보육내용을 정하였으며, 표준보육과정의 운영방법을 정하였다. 그리고 2012년 2월 제2차 표준보육과정 고시(보건복지부 고시 제2012-28호), 2013년 1월 제3차 어린이집 표준보육과정(보건복지부 고시 제2013-8호) 고시를 통해 표준보육과정이 개정되었다.

표준보육과정은 영유아의 연령 및 발달수준에 적합한 보육서비스를 제공하여 어린이집 영유아의 보육 목적과 목표를 달성하기 위한 국가수준의 보육과정이며, 어린이집에서 운영해야 할 보편적 보육내용을 제시한 것이다. 표준보육과정은 어린이집 영유아의 전인적인 성장과 발달을 위하여 만 6세 미만의 영유아가 갖추어야 할 바람직하고 적합한 태도와 가치, 지식과 기술을 포함하며, 어린이집에서 영유아를 어떻게 돌보고 어떤 경험과 학습활동을 제공할 것인가에 대한 구체적 기준과 교사지침을 제시하고 있다.

표준보육과정은 우리나라의 사회문화적 환경 속에서 개별 영유아의 특성과 교사의 자율성을 존중하고 영유아의 성장과 경험에 적합한 내용으로 영유아를 보호하고 교육하기 위한 기본적인 내용으로 구성되어 있으며, 영유아와 보호자의 성 · 연령 · 종교 · 사회적 신분 · 재산 · 장애 · 출생지역 · 민족 배경 등에 따라 차별하지 않고 운영되어야 한다.

모든 어린이집은 2007년도부터 영유아보육의 기본 자료로 활용하고 이를 기초로 연령별 보육계획을 수립하여 융통성 있게 운영되고 있다. 표준보육과정의 운영을 통해 우리나라 보육서비스의 질적 수준이 높아지고, 보육교사의 역할이 강화되며, 부모 · 가족 · 지역사회와의 협력이 보다 공고해질 것이다.

지금까지 다르게 적용되었던 어린이집 표준보육과정과 유치원 교육과정이 2011년 9월에 어린이집과 유치원의 공통의 교육 · 보육과정으로 개발된 3~5세 보육과정(누리과정)으로 일원화되었다(「영유아보육법」 시행규칙 제30조 의거). 자유로운 사고력, 창의적인 표현력, 바른 인성(기초예절 등)을 가르치는 데 초점을 두고 이에 필요한 교육활동자료를 개발해 2012년도 3월부터 시행되었다. 이는 만 0~5세아의 보육 · 교육에 대한 국가책임을 강화된 것으로, 보육료를 만 0~5세아 전체로 확대하여 부모의 경제적 부담을 경감시키고, 소득수준에 관계없이 유아기에 필요한 기본 소양과 능력을 기르도록 유아교육 · 보육서비스 수준을 동일하게 맞추고자 실시한 것이다.

2019년 7월 24일에는 "3~5세 연령별 누리과정 고시" 전부를 "3~5세 누리과정 고시"로 개정 · 발령하고(보건복지부 고시, 제2019-152호), 2020년 3월 1일부터 시행하는 2019 개정 누리과정을 발표하였다. 누리과정의 성격을 '국가수준에서 고시한 3~5

세 유아를 위한 공통의 교육과정'으로 명시함으로써 그동안 유치원의 교육과정, 어린이집의 보육과정이라는 차원에서 가져온 현장의 혼란을 최소화하며, 어린이집과 유치원에 다니는 3~5세 유아들에게 양질의 교육과정을 제공하고, 경험의 격차를 해소하고자 노력이 명시적으로 이루어질 것이다.

최근 2019년 4월 9일에는 0~1세 보육과정과 2세 보육과정의 영역별 내용을 개정하였고, 0~1세 보육과정과 3~5세 보육과정(누리과정으로 이미 개정됨)을 포괄하는 총론의 일부를 개정하여, 4차 어린이집 표준보육과정을 고시하였고(보건복지부 고시, 제2020-75호), 이 고시는 2020년 9월 1일부터 시행하였다.

2) 보육과정의 특성과 성격

보육과정의 특성 세 가지를 살펴보면 다음과 같다.

첫째, 영유아의 발달에 적합한 보육과정이다. 모든 단계의 교육이 대상자의 발달을 고려해야 한다는 것은 당연한 일이지만 영유아를 위한 보육과정은 좀 더 영유아 개인의 발달단계를 고려해야 한다. 영유아의 발달에 적합한 활동이란 영유아들에게 성취감을 줄 수 있도록 현재 발달수준에 적합하되 도전적인 요소가 포함되어 발달을 촉진할 수 있는 활동을 의미한다. 격려와 칭찬, 비계설정이나 동기유발도 중요하며 각 개인의 개인차, 기질 특성도 반드시 고려되어야 한다.

둘째, 통합적 보육과정이다. 영유아는 분리된 교과별 학습보다 통합된 경험을 통해서 더 잘 배워나갈 수 있다. 즉 교과별로 분리되지 않고 주제를 중심으로 통합되어 운영될 때, 영유아들은 각 교과 혹은 학문 영역 간의 사실을 서로 잘 연관 지을 수 있고, 추상적인 개념을 이해할 수 있게 된다. 다양한 활동을 균형 있게 운영하고 일상생활 · 가정생활에 연계된 활동들을 포함하여 운영하도록 한다. 넓은 의미로는 영유아와 주변의 인적 및 물적 환경과의 통합, 영유아의 과거의 경험과 현재의 흥미나 요구의 통합, 다양한 문화적 경험의 통합, 다양한 연령에서의 경험의 통합, 가정과 어린이집에서의 생활통합, 어린이집과 지역사회와의 통합 등을 의미한다.

셋째, 영유아의 흥미를 중심으로 한 보육과정이다. 보육과정은 영유아의 흥미를 최대한 존중하면서 영유아가 흥미를 가지고 있는 것을 교육적으로 연결해서 운영한다. 영유아들에게는 흥미 중심의 주제 선정보다는 일상적인 양육활동을 중심으로 하면서 흥미 있는 활동을 반복적으로 진행하는 것이 바람직하다. 주제를 선정할 때, 교사는 영유아들의 흥미와 경험에 기초하되 주제는 영유아들에게 다양한 활동으로 전개될 수 있고 교육적 경험으로 확장될 수 있는지를 고려하여 조직한다.

제4차 어린이집 표준보육과정의 성격은 2015 개정 초·중등교육과정 성격의 구성 체계와 연계하고, 영유아기의 고유한 특징을 반영하여 영유아 중심 및 놀이 중심을 강조하고 있다.

① 국가 수준의 공통성과 지역, 기관 및 개인 수준의 다양성을 동시에 추구한다.
② 영유아의 전인적 발달과 행복을 추구한다.
③ 영유아 중심과 놀이 중심을 추구한다.
④ 영유아의 자율성과 창의성 신장을 추구한다.
⑤ 영유아, 교사, 원장, 부모 및 지역사회가 함께 실현해 가는 것을 추구한다.

3) 추구하는 인간상과 목적 및 목표

(1) 추구하는 인간상

표준보육과정이 추구하는 인간상은 초·중등학교 교육과정과의 인간상과 연계되어 있고, 영유아가 일상에서 놀이하며 배우는 현재의 모습에서 발견할 수 있으며 동시에 영유아가 앞으로 배우며 성장해 가야할 모습이기도 하다.

표준보육과정이 추구하는 인간상은 다음과 같다.

① 건강한 사람
② 자주적인 사람
③ 창의적인 사람
④ 감성이 풍부한 사람
⑤ 더불어 사는 사람

(2) 표준보육과정의 목적과 목표

표준보육과정의 목적은 영유아가 놀이를 통해 심신의 건강과 조화로운 발달을 이루고 바른 인성과 민주시민의 기초를 형성하는 데에 있다. 이를 실현하기 위한 목표는 〈표 7-1〉과 같다.

표 7-1 0~2세, 3~5세의 보육과정 목표

0~2세 보육과정 목표	3~5세 보육과정 목표
자신의 소중함을 알고, 건강하고 안전한 환경에서 즐겁게 생활한다.	자신의 소중함을 알고, 건강하고 안전한 생활 습관을 기른다.
자신의 일을 스스로 하고자 한다.	자신의 일을 스스로 해결하는 기초능력을 기른다.
호기심을 가지고 탐색하며 상상력을 기른다.	호기심과 탐구심을 가지고 상상력과 창의력을 기른다.
일상에서 아름다움에 관심을 가지고 감성을 기른다.	일상에서 아름다움을 느끼고 문화적 감수성을 기른다.
사람과 자연을 존중하고 소통하는 데 관심을 가진다.	사람과 자연을 존중하고 배려하며 소통하는 태도를 기른다.

4) 표준보육과정 구성의 중점

구성의 중점은 표준보육과정을 구성할 때, 주요하게 고려한 점을 말한다. 구성의 중점은 다음과 같다.

(1) 영유아는 개별적인 특성을 지닌 고유한 존재임을 전제로 구성한다.

(2) 0~5세 모든 영유아에게 적용할 수 있도록 구성한다.

(3) 추구하는 인간상 구현을 위한 지식, 기능, 태도 및 가치를 반영하여 구성한다.

(4) 표준보육과정은 다음의 영역을 중심으로 구성한다.

① 0~1세 보육과정과 2세 보육과정은 기본생활, 신체운동, 사회관계, 의사소통, 자연탐구, 예술경험의 6개 영역을 중심으로 구성한다.

② 3~5세 보육과정(누리과정)은 신체운동·건강, 의사소통, 사회관계, 예술경험, 자연탐구의 5개 영역을 중심으로 구성한다.

(5) 0~5세 영유아가 경험해야 할 내용으로 구성한다.

(6) 초등학교 교육과정과의 연계성을 고려하여 구성한다.

표 7-2 0~1세, 2세, 3~5세 누리과정의 영역 및 내용범주

• 0~1세, 2세 보육과정의 영역 및 내용범주

영역(6개)	내용범주(14개)
기본생활	건강하게 생활하기, 안전하게 생활하기
신체운동	감각과 신체 인식하기, 신체활동 즐기기
의사소통	듣기와 말하기, 읽기와 쓰기에 관심 가지기, 책과 이야기 즐기기
사회관계	나를 알고 존중하기, 더불어 생활하기
예술경험	아름다움 찾아보기, 창의적으로 표현하기
자연탐구	탐구과정 즐기기, 생활 속에서 탐구하기, 자연과 더불어 살기

• 3~5세 누리과정의 영역 및 내용범주

영역(5개)	내용범주(15개)
신체운동·건강	신체 활동 즐기기, 건강하게 생활하기, 안전하게 생활하기
의사소통	듣기와 말하기, 읽기와 쓰기에 관심 가지기, 책과 이야기 즐기기
사회관계	나를 알고 존중하기, 더불어 생활하기, 사회에 관심 가지기
예술경험	아름다움 찾아보기, 창의적으로 표현하기, 예술 감상하기
자연탐구	탐구과정 즐기기, 생활 속에서 탐구하기, 자연과 더불어 살기

2. 0~1세, 2세 보육과정의 목표와 내용

「영유아보육법」은 영유아(令幼兒)의 심신을 보호하고 건전하게 교육하여 건전한 사회구성원으로 육성함과 아울러 보호자의 경제적·사회적 활동이 원활하게 이루어지도록 함으로써 영유아 및 가정의 복지 증진에 이바지함을 목적으로 명시하고 있다. 또한 보육내용으로는 영유아의 신체, 정서, 언어, 사회성 및 인지적 발달을 도모할 수 있는 내용을 포함하여야 한다고 제시하고 있다. 이에 기초하여 개발된 0~1세, 2세 보육과정의 목표는 〈표 7-3〉과 같다.

표 7-3 0~1세, 2세 보육과정 목표

0~1세 보육과정	관련영역	2세 보육과정
건강하고 안전한 일상생활을 경험한다.	기본생활	건강하고 안전한 생활습관의 기초를 형성한다.
감각으로 탐색하고 신체활동을 즐긴다.	신체운동	감각을 활용하고 신체활동을 즐긴다.
의사소통 능력의 기초를 형성한다.	의사소통	의사소통 능력과 상상력의 기초를 형성한 다.
나를 인식하고 친숙한 사람과 관계를 맺는다.	사회관계	나를 알고, 다른 사람과 더불어 생활하는 경험을 한다.
아름다움을 느끼고 경험한다.	예술경험	아름다움을 느끼고 즐긴다.
주변 환경과 자연에 관심을 가진다.	자연탐구	주변 환경과 자연을 탐색하는 과정을 즐긴다.

「영유아보육법」제 29조 제2항,「영유아보육법」 시행규칙 제30조 및 별표8의 4에 의거하여 만 0~1세, 만 2세 보육과정의 영역 및 구체적 내용(보건복지부 고시 제2020-75호)에 제시된 영역별 목표와 보육내용을 살펴보면 다음과 같다.

1) 기본생활

기본생활 영역은 일생의 기초이며 일상생활의 기본이 되는 건강, 영양, 안전에 관한 지식과 기술을 습득하고 건강하고 안전하게 생활하는 태도를 기르기 위한 영역이다. 이를 위해 기본생활 영역은 '건강하게 생활하기', '안전하게 생활하기'의 두 가지 내용범주로 구성되어 있다.

(1) 영역 목표

0~1세, 2세 보육과정에서 연령별 기본생활 영역 목표는 〈표 7-4〉와 같다.

표 7-4 연령별 기본생활 영역 목표

0~1세 보육과정	2세 보육과정
건강하고 안전한 일상생활을 경험한다.	건강하고 안전한 생활습관의 기초를 마련한다.
1. 건강한 일상생활을 경험한다.	1. 건강한 생활습관의 기초를 형성한다.
2. 안전한 일상생활을 경험한다.	2. 안전한 생활습관의 기초를 형성한다.

(2) 내용체계

0~1세, 2세 보육과정에서 연령별 기본생활 영역 내용체계는 〈표 7-5〉와 같다.

표 7-5 연령별 기본생활 영역 내용체계

내용범주	0~1세 보육과정	2세 보육과정
건강하게 생활하기	도움을 받아 몸을 깨끗이 한다.	자신의 몸을 깨끗이 해 본다.
	음식을 즐겁게 먹는다.	음식에 관심을 가지고 즐겁게 먹는다.
	하루 일과를 편안하게 경험한다.	하루 일과를 즐겁게 경험한다.
	배변 의사를 표현한다.	건강한 배변 습관을 갖는다.
안전하게 생활하기	안전한 상황에서 놀이하고 생활한다.	일상에서 안전하게 놀이하고 생활한다.
	안전한 상황에서 교통수단을 이용해 본다.	교통수단을 안전하게 이용해 본다.
	위험하다는 말에 주의한다.	위험한 상황에 대처하는 방법을 경험한다.

2) 신체운동

신체운동 영역은 다양한 신체활동을 통하여 자신의 신체에 대해 긍정적으로 인식하고, 일상생활에 필요한 기본 운동능력을 기르며, 신체활동에 즐겁게 참여하도록 하기 위한 영역이다. 이를 위해 신체운동 영역은 '감각과 신체 인식하기', '신체활동 즐기기'의 두 가지 내용범주로 되어 있다.

(1) 영역 목표

0~1세, 2세 보육과정에서 연령별 신체운동 영역 목표는 〈표 7-6〉과 같다.

표 7-6 연령별 신체운동 영역 목표

0~1세 보육과정	2세 보육과정
감각으로 탐색하고 신체활동을 즐긴다.	감각을 활용하고, 신체활동을 즐긴다.
1. 감각 탐색을 즐긴다.	1. 감각을 활용하고, 신체를 인식한다.
2. 신체활동을 즐겁게 경험한다.	2. 신체활동을 즐긴다.

(2) 내용체계

0~1세, 2세 보육과정에서 연령별 신체운동 영역 내용체계는 〈표 7-7〉과 같다.

표 7-7 연령별 신체운동 영역 내용체계

내용범주	0~1세 보육과정	2세 보육과정
감각과 신체 인식하기	감각적 자극에 반응한다.	감각 능력을 활용한다.
	감각으로 주변을 탐색한다.	신체를 인식하고 움직인다.
	신체를 탐색한다.	
신체활동 즐기기	대소근육을 조절한다.	대소근육을 조절한다.
	기본 운동을 시도한다.	기본 운동을 즐긴다.
	실내외 신체활동을 즐긴다.	실내외 신체활동을 즐긴다.

3) 의사소통

의사소통 영역은 듣고 말하는 것을 즐기며 상황에 맞는 언어를 익혀 바른 언어생활을 하도록 하고 일상생활에 필요한 의사소통 능력과 기초적인 문해능력을 기르기 위한 영역이다. 이를 위해 의사소통 영역은 '듣기와 말하기', '읽기와 쓰기에 관심 가지기', '책과 이야기 즐기기'의 세 가지 내용범주로 구성되어 있다.

(1) 영역 목표

0~1세, 2세 보육과정에서 연령별 의사소통 영역 목표는 〈표 7-8〉과 같다.

표 7-8 연령별 의사소통 영역 목표

0~1세 보육과정	2세 보육과정
의사소통 능력의 기초를 형성한다.	의사소통 능력과 상상력의 기초를 형성한다.
1. 일상생활에서 듣고 말하기를 즐긴다.	1. 일상생활에서 듣기와 말하기를 즐긴다.
2. 읽기와 쓰기에 관련된 관심을 가진다.	2. 읽기와 쓰기에 관심을 가진다.
3. 책과 이야기에 관심을 가진다.	3. 책과 이야기에 재미를 느낀다.

(2) 내용체계

0~1세, 2세 보육과정에서 연령별 의사소통 영역 내용체계는 〈표 7-9〉와 같다.

표 7-9 연령별 의사소통 영역 내용체계

내용범주	0~1세 보육과정	2세 보육과정
듣기와 말하기	표정, 몸짓, 말과 주변의 소리에 관심을 갖고 듣는다.	표정, 몸짓, 말에 관심을 갖고 듣는다.
	상대방의 이야기를 들으면서 말소리를 낸다.	상대방의 이야기를 듣고 말한다.
	표정, 몸짓, 말소리로 의사를 표현한다.	표정, 몸짓, 단어로 의사를 표현한다.
		자신의 요구와 느낌을 말한다.
읽기와 쓰기에 관심 가지기	주변의 그림과 상징에 관심을 가진다.	주변의 그림과 상징, 글자에 관심을 가진다.
	끼적이기에 관심을 가진다.	끼적이며 표현하기를 즐긴다.
책과 이야기 즐기기	책에 관심을 가진다.	책에 관심을 가지고 상상한다.
	이야기에 관심을 가진다.	말놀이와 이야기에 재미를 느낀다.

4) 사회관계

사회관계 영역은 우리나라 영아들이 올바른 판단과 합리적인 의사결정을 할 수 있는 책임 있는 민주시민으로 성장하도록 돕기 위한 영역이다. 이를 위해 사회관계 영역은 '나를 알고 존중하기', '더불어 생활하기'의 두 가지 내용범주로 구성되어 있다.

(1) 영역 목표

0~1세, 2세 보육과정에서 연령별 사회관계 영역 목표는 〈표 7-10〉과 같다.

표 7-10 연령별 사회관계 영역 목표

0~1세 보육과정	2세 보육과정
나를 인식하고, 친숙한 사람과 관계를 맺는다.	**나를 알고, 다른 사람과 더불어 생활하는 경험을 한다.**
1. 나를 고유한 존재로 안다.	1. 나를 알고 긍정적으로 여긴다.
2. 안정적인 애착을 형성하고, 또래, 교사와 함께 지낸다.	2. 다른 사람과 즐겁게 지내기 위한 태도를 기른다.

(2) 내용체계

0~1세, 2세 보육과정에서 연령별 사회관계 영역 내용체계는 〈표 7-11〉과 같다.

표 7-11 연령별 사회관계 영역 내용체계

내용범주	0~1세 보육과정	2세 보육과정
나를 알고 존중하기	나를 인식한다.	나와 다른 사람을 구별한다.
	나의 욕구와 감정을 나타낸다.	나의 감정을 표현한다.
	나와 친숙한 것을 안다.	내가 좋아하는 것을 한다.
더불어 생활하기	안정적인 애착을 형성한다.	가족에게 관심을 가진다.
	또래에게 관심을 가진다.	또래와 함께 놀이한다.
	다른 사람의 감정과 행동에 관심을 가진다.	다른 사람의 감정과 행동에 반응한다.
	반에서 편안하게 지낸다.	반에서의 규칙과 약속을 알고 지킨다.

5) 예술경험

예술경험 영역은 출생 후부터 영아가 주변 환경 및 생활 속에서 다양한 예술적 요소들을 흥미롭게 경험하고 즐기도록 돕기 위한 영역이다. 이를 위해 예술경험 영역은 '아름다움 찾아보기', '창의적으로 표현하기'의 두 가지 내용범주로 구성되어 있다.

(1) 영역 목표

0~1세, 2세 보육과정에서 연령별 예술경험 영역 목표는 〈표 7-12〉와 같다.

표 7-12 연령별 예술경험 영역 목표

0~1세 보육과정	2세 보육과정
아름다움을 느끼고 경험한다.	**아름다움을 느끼고 즐긴다.**
1. 자연과 생활에서 아름다움에 관심을 가진다.	1. 자연과 생활에서 아름다움을 느끼고 관심을 가진다.
2. 예술적 경험을 표현한다.	2. 예술을 통해 자유롭게 표현한다.

(2) 내용체계

0~1세, 2세 보육과정에서 연령별 예술경험 영역 내용체계는 〈표 7-13〉과 같다.

표 7-13 연령별 예술경험 영역 내용체계

내용범주	0~1세 보육과정	2세 보육과정
아름다움 찾아보기	자연과 생활에서 아름다움을 느낀다.	자연과 생활에서 아름다움을 느끼고 즐긴다.
	아름다움에 관심을 가진다.	아름다움에 관심을 갖고 찾아본다.
창의적으로 표현하기	소리와 리듬, 노래로 표현한다.	익숙한 노래와 리듬을 표현한다.
	감각을 통해 미술을 경험한다.	움직임과 춤으로 자유롭게 표현한다.
	모방 행동을 즐긴다.	미술 재료와 도구로 표현해 본다.
		일상생활 경험을 상상놀이로 표현한다.

6) 자연탐구

자연탐구 영역은 영아들이 다양한 감각과 호기심으로 주변 사물과 자연환경의 특징을 지각하고, 탐색하는데 필요한 기초능력과 태도를 기르기 위한 영역이다. 이를 위해 자연탐구 영역은 '탐구과정 즐기기', '생활 속에서 탐구하기', '자연과 더불어 살기'의 세 가지 내용범주로 구성되어 있다.

(1) 영역 목표

0~1세, 2세 보육과정에서 연령별 자연탐구 영역 목표는 〈표 7-14〉와 같다.

표 7-14 자연탐구 영역 목표

0~1세 보육과정	2세 보육과정
주변 환경과 자연에 관심을 가진다.	**주변 환경과 자연을 탐색하는 과정을 즐긴다.**
1. 일상에서 탐색을 즐긴다.	1. 일상에서 탐색하는 과정을 즐긴다.
2. 주변 환경을 탐색한다.	2. 주변 환경에 관심을 가지고 탐색한다.
3. 생명과 자연에 관심을 가진다.	3. 생명과 자연에 관심을 가진다.

(2) 내용체계

0~1세, 2세 보육과정에서 연령별 자연탐구 영역 내용체계는 〈표 7-15〉와 같다.

표 7-15 연령별 자연탐구 영역 내용체계

내용범주	0~1세 보육과정	2세 보육과정
탐구과정 즐기기	주변 세계와 자연에 대해 호기심을 가진다.	주변 세계와 자연에 대해 호기심을 가진다.
	사물과 자연 탐색하기를 즐긴다.	사물과 자연을 반복하여 탐색하기를 즐긴다.
생활 속에서 탐구하기	친숙한 물체를 감각으로 탐색한다.	친숙한 물체의 특성과 변화를 감각으로 탐색한다.
	물체의 수량에 관심을 가진다.	물체의 수량에 관심을 가진다.
	주변 공간과 모양을 탐색한다.	주변 공간과 모양을 탐색한다.
	규칙성을 경험한다.	규칙성에 관심을 가진다.
		주변 사물을 같고 다름에 따라 구분한다.

		생활 도구에 관심을 가진다.
자연과 더불어 살기	주변의 동식물에 관심을 가진다.	주변의 동식물에 관심을 가진다.
	날씨의 변화를 감각으로 느낀다.	날씨와 계절의 변화를 감각으로 느낀다.

3. 3~5세 보육과정(누리과정)의 목표와 내용

1) 신체운동 · 건강

신체운동 · 건강 영역은 '신체 활동 즐기기', '건강하게 생활하기', '안전하게 생활하기'의 세 가지 내용범주로 구성되어 있다.

(1) 영역 목표

실내외에서 신체활동을 즐기고, 건강하고 안전한 생활을 한다.

① 신체활동에 즐겁게 참여한다.

② 건강한 생활습관을 기른다.

③ 안전한 생활습관을 기른다.

(2) 내용체계

신체운동 · 건강 영역 내용체계는 〈표 7-16〉과 같다.

표 7-16 신체운동 · 건강 영역 내용체계

내용범주	내용
신체활동 즐기기	신체를 인식하고 움직인다.
	신체 움직임을 조절한다.
	기초적인 이동운동, 제자리 운동, 도구를 이용한 운동을 한다.
	실내외 신체활동에 자발적으로 참여한다.

건강하게 생활하기	자신의 몸과 주변을 깨끗이 한다.
	몸에 좋은 음식에 관심을 가지고 바른 태도로 즐겁게 먹는다.
	하루 일과에서 적당한 휴식을 취한다.
	질병을 예방하는 방법을 알고 실천한다.
안전하게 생활하기	일상에서 안전하게 놀이하고 생활한다.
	TV, 컴퓨터, 스마트폰 등을 바르게 사용한다.
	교통안전 규칙을 지킨다.
	안전사고, 화재, 재난, 학대, 유괴 등에 대처하는 방법을 경험한다.

2) 의사소통

의사소통 영역은 '듣기와 말하기', '읽기와 쓰기에 관심 가지기', '책과 이야기 즐기기'의 세 가지 내용범주로 구성되어 있다.

(1) 영역 목표

일상생활에 필요한 의사소통 능력과 상상력을 기른다.

① 일상생활에서 듣고 말하기를 즐긴다.

② 읽기와 쓰기에 관심을 가진다.

③ 책이나 이야기를 통해 상상하기를 즐긴다.

(2) 내용체계

의사소통 영역 내용체계는 〈표 7-17〉과 같다.

표 7-17 의사소통 영역 내용체계

내용범주	내용
듣기와 말하기	말이나 이야기를 관심 있게 듣는다.
	자신의 경험, 느낌, 생각을 말한다.
	상황에 적절한 단어를 사용하여 말한다.
	상대방이 하는 이야기를 듣고 관련해서 말한다.
	바른 태도로 듣고 말한다.
	고운 말을 사용한다.
읽기와 쓰기에 관심 가지기	말과 글의 관계에 관심을 가진다.
	주변의 상징, 글자 등의 읽기에 관심을 가진다.
	자신의 생각을 글자와 비슷한 형태로 표현한다.
책과 이야기 즐기기	책에 관심을 가지고 상상하기를 즐긴다.
	동화, 동시에서 말의 재미를 느낀다.
	말놀이와 이야기 짓기를 즐긴다.

3) 사회관계

사회관계 영역은 '나를 알고 존중하기', '더불어 생활하기', '사회에 관심 가지기'의 세 가지 내용범주로 구성되어 있다.

(1) 영역 목표

자신을 존중하고 더불어 생활하는 태도를 가진다.

① 자신을 이해하고 존중한다.

② 다른 사람과 사이좋게 지낸다.

③ 우리가 사는 사회와 다양한 문화에 관심을 가진다.

(2) 내용체계

사회관계 영역 내용체계는 〈표 7-18〉과 같다.

표 7-18 사회관계 영역 내용체계

내용범주	내용
나를 알고 존중하기	나를 알고 소중히 여긴다.
	나의 감정을 알고 상황에 맞게 표현한다.
	내가 할 수 있는 것을 스스로 한다.
더불어 생활하기	가족의 의미를 알고 화목하게 지낸다.
	친구와 서로 도우며 사이좋게 지낸다.
	친구와의 갈등을 긍정적인 방법으로 해결한다.
	서로 다른 감정, 생각, 행동을 존중한다.
	친구와 어른께 예의바르게 행동한다.
	약속과 규칙의 필요성을 알고 지킨다.
사회에 관심가지기	내가 살고 있는 곳에 대해 궁금한 것을 알아본다.
	우리나라에 대해 자부심을 가진다.
	다양한 문화에 관심을 가진다.

4) 예술경험

예술경험 영역은 '아름다움 찾아보기', '창의적으로 표현하기', '예술 감상하기'의 세 가지 내용범주로 구성되어 있다.

(1) 영역 목표

아름다움과 예술에 관심을 가지고 창의적 표현을 즐긴다.

① 자연과 생활 및 예술에서 아름다움을 느낀다.

② 예술을 통해 창의적으로 표현하는 과정을 즐긴다.

③ 다양한 예술표현을 존중한다.

(2) 내용체계

예술경험 영역 내용체계는 〈표 7-19〉와 같다.

표 7-19 예술경험 영역 내용체계

내용범주	내용
아름다움 찾아보기	자연과 생활에서 아름다움을 느끼고 즐긴다.
	예술적 요소에 관심을 갖고 찾아본다.
창의적으로 표현하기	노래를 즐겨 부른다.
	신체, 사물, 악기로 간단한 소리와 리듬을 만들어 본다.
	신체나 도구를 활용하여 움직임과 춤으로 자유롭게 표현한다.
	다양한 미술 재료와 도구로 자신의 생각과 느낌을 표현한다.
	극놀이로 경험이나 이야기를 표현한다.
예술 감상하기	다양한 예술을 감상하며 상상하기를 즐긴다.
	서로 다른 예술 표현을 존중한다.
	우리나라 전통 예술에 관심을 갖고 친숙해진다.

5) 자연탐구

자연탐구 영역은 '탐구과정 즐기기', '생활 속에서 탐구하기', '자연과 더불어 살기'의 세 가지 내용범주로 구성되어 있다.

(1) 영역 목표

탐구하는 과정을 즐기고, 자연과 더불어 생활하는 태도를 가진다.

① 일상에서 호기심을 가지고 탐구하는 과정을 즐긴다.

② 생활 속의 문제를 수학적, 과학적으로 탐구한다.

③ 생명과 자연을 존중한다.

(2) 내용체계

자연탐구 영역 내용체계는 〈표 7-20〉과 같다.

표 7-20 자연탐구 영역 내용체계

내용범주	내용
탐구과정 즐기기	주변세계와 자연에 대해 지속적으로 호기심을 가진다.
	궁금한 것을 탐구하는 과정에 즐겁게 참여한다.
	탐구과정에서 서로 다른 생각에 관심을 가진다.
생활 속에서 탐구하기	물체의 특성과 변화를 여러 가지 방법으로 탐색한다.
	물체를 세어 수량을 알아본다.
	물체의 위치와 방향, 모양을 알고 구별한다.
	일상에서 길이, 무게 등의 속성을 비교한다.
	주변에서 반복되는 규칙을 찾는다.
	일상에서 모은 자료를 기준에 따라 분류한다.
	도구와 기계에 대해 관심을 가진다.
자연과 더불어 살기	주변의 동식물에 관심을 가진다.
	생명과 자연환경을 소중히 여긴다.
	날씨와 계절의 변화를 생활과 관련짓는다.

4. 표준보육과정의 운영

1) 편성 · 운영

다음의 사항에 따라 표준보육과정을 편성 · 운영한다.

① 어린이집의 운영 시간에 맞추어 편성한다.

② 표준보육과정을 바탕으로 각 기관의 실정에 적합한 계획을 수립하여 운영한다.

③ 하루 일과에서 바깥 놀이를 포함하여 영유아의 놀이가 충분히 이루어지도록 편성하여 운영한다.

④ 성, 신체적 특성, 장애, 종교, 가족 및 문화적 배경 등으로 인한 차별이 없도록 편성하여 운영한다.

⑤ 영유아의 발달과 장애 정도에 따라 조정하여 운영한다.

⑥ 가정과 지역사회와의 협력과 참여에 기반하여 운영한다.

⑦ 교사 연수를 통해 표준보육과정의 운영을 개선할 수 있도록 한다.

2) 교수 · 학습

교사는 다음 사항에 따라 영유아를 지원한다.

① 영유아의 의사 표현을 존중하고 민감하게 반응한다.

② 영유아가 흥미와 관심에 따라 놀이에 자유롭게 참여하고 즐기도록 한다.

③ 영유아가 놀이를 통해 배우도록 한다.

④ 영유아가 다양한 놀이와 활동을 경험할 수 있도록 실내외 환경을 구성한다.

⑤ 영유아와 영유아, 영유아와 교사, 영유아와 환경 사이에 능동적인 상호작용이 이루어지도록 한다.

⑥ 각 영역의 내용이 통합적으로 영유아의 경험과 연계되도록 한다.

⑦ 개별 영유아의 요구에 따라 휴식과 일상생활이 원활히 이루어지도록 한다.

⑧ 영유아의 연령, 발달, 장애, 배경 등을 고려하여 개별 특성에 적합한 방식으로 배우도록 한다.

3) 평가

평가는 다음 사항에 중점을 두고 실시한다.

① 표준보육과정 운영의 질을 진단하고 개선하기 위해 평가를 계획하고 실시한다.

② 영유아의 특성 및 변화 정도와 표준보육과정의 운영을 평가한다.

③ 평가의 목적에 따라 적합한 방법을 사용하여 평가한다.

④ 평가의 결과는 영유아에 대한 이해와 표준보육과정 운영 개선을 위한 자료로 활용할 수 있다.

생각해 볼 문제

1. 영유아와 보육교사는 어떤 사람으로 성장하기를 바라는지 생각해 봅시다.

2. 표준보육과정의 목적과 2019 개정 누리과정의 목적에서 가장 중요하다고 생각하는 단어는 무엇이고 공통적으로 중요하게 생각하는 단어는 무엇인지 등에 대해 이야기 나누어 봅시다.

3. 어린이집에서 표준보육과정과 2019개정 누리과정을 잘 활용하고 보육교사가 원활히 적용하기 위해 고려할 점에 대해 생각해 봅시다.

Chapter 08

보육프로그램

보육의 질적 수준은 보육환경, 교사, 보육프로그램을 기초로 하여 영유아들과 어떻게 하루 일과를 전개해 나가는가에 따라 결정된다. 즉, 어린이집에서 어떤 프로그램을 실시하느냐가 보육의 질적 수준과 관계가 높기 때문에 보육프로그램은 매우 중요한 요소라고 할 수 있다.

보육프로그램이란 어린이집에서 영유아를 건강하고 안전하게 보호·양육하고 발달특성에 적합한 보육서비스를 제공하기 위해서 보육이론과 보육철학에 따라 보육경험을 선정하고 조직하여 보육경험의 질을 구체적으로 실행·관리·평가하는 과정이라고 정의할 수 있다.

보육프로그램은 보육과정의 한 형태로서 발달이론, 보육사상가의 견해에 따라 다르게 설명될 수 있다. 영유아 보육프로그램에 영향을 미친 이론으로 가장 핵심적이고 기초가 되는 성숙주의 이론, 행동주의 이론, 구성주의 이론에 관해 살펴보고자 한다.

1. 보육프로그램의 의의

일상적으로 보육과정과 프로그램은 동일한 개념으로 인식하는 경향이 있으나, 프로그램은 보육과정의 한 형태로서 보육이론에 따라 보육활동이 구성된 것이어서 그 프로그램을 개발한 사람, 기관의 교육관이나 철학이 반영되게 마련이다. 예를 들면, 이영(1995)은 발달적 종일제 영유아 교육프로그램을 개발하는 과정에서 그 이론적 배경으로 Bank Street Program의 '발달적 상호작용(developmental-interaction)'의 철학적 입장을 취하였으며, 지도상의 원리로는 개방주의 교육에서 운영하는 학습방법을 기초로 하였다.

따라서 보육프로그램이란 어린이집에서 영유아를 건강하고 안전하게 보호·양육하고 발달특성에 적합한 보육서비스를 제공하기 위해서 보육이론과 보육철학에 따라 보육경험을 선정하고 조직하여 보육경험의 질을 구체적으로 실행·관리·평가하는 과정이라고 정의할 수 있다(조복희 외, 2007).

보육프로그램은 단순히 영유아를 보호하는 차원을 넘어 질 높은 교육과 보호를 제공해야 한다. 프로그램의 목표는 영유아를 둘러싼 전반적인 환경의 질적 수준을 향상시키는 과정을 통하여 영유아보육의 목적을 달성시키게 된다. 미국아동발달협회(Child Developmental Associate)에서는 영유아 교육프로그램의 목표를 여덟 가지로 제시하고 있다. 즉 안전하고 건강한 환경, 신체적 건강, 정서적 안전, 사회성발달과 의사소통, 감각운동 및 언어발달과 창의성, 가족과의 긍정적 유대, 교직원 간의 협조체계, 영유아를 위한 부모, 교사의 전문화가 그것이다.

또한 보육이 기존의 단순 탁아에서 벗어나 영유아들을 대상으로 보호와 교육서비스를 제공하는 전문 분야로서 지위를 매김할 수 있도록 보건복지가족부는 표준보육과정을 개발, 고시하여(2006.11.) 보육 현장의 질적 수준 향상의 기초를 마련하였으며, 어린이집 운영을 지원할 수 있는 보육프로그램을 개발하였다(육아정책개발센터, 2007).

2. 보육프로그램의 이론

프로그램이란 특정한 이론이나 철학적 입장에 근거하고 있거나 특정 아동 혹은 기관 및 지역사회의 특성이나 요구를 반영하고 있거나 프로그램의 실시방법이 상당히 구조화되어 있는 것을 말하며, 교육프로그램의 경우는 개발한 사람이나 기관의 교육관이나 철학이 반영되게 마련이다. 따라서 보육프로그램은 보육과정의 한 형태로서 발달이론, 보육사상가의 견해에 따라 설명될 수 있다.

영유아 보육프로그램은 영유아를 단순히 보호하는 차원을 넘어 질 높은 교육과 보육을 제공함을 의미한다. 이를 위해서는 우선 영유아를 어떠한 존재로 인식하느냐, 우리가 맡고 있는 영유아를 어떠한 인간상으로 키울 것인가를, 이들이 어떻게 학습하며, 어떤 발달을 이루어 나가는 것이 바람직한가에 대한 이론적 근거가 분명해야 한다(삼성복지재단, 2007).

영유아 보육프로그램에 영향을 미친 이론으로 가장 핵심적이고 기초가 되는 성숙주의 이론, 행동주의 이론, 구성주의 이론에 관해 살펴보고자 한다.

1) 성숙주의 이론

성숙주의는 영유아의 발달이 주로 생물학적인 요인, 유전적 요인, 내재적 요인에 의해 이루어진다고 보는 관점이다. 성숙주의 이론은 영유아발달이 이미 정해져 있는 내용과 순서를 통해 일어나는 과정이라고 본다. 성숙주의 이론의대표적인 학자로는 Amold Gesell을 들 수 있다. Gesell은 영유아발달에 있어 영유아의 내적인 성숙을 강조하면서 인간발달에 영향을 미치는 환경적 요소를 최소화하는 것을 강조하였다.

성숙주의 이론의 주요 개념은 학습준비도(readiness for learning)와 연령규준(age

norms)이다. 학습준비도란 학습이나 경험을 가르치는 것에는 가장 적절한시기가 있다는 것으로 성숙되기 이전에 학습을 강요하면 학습효과가 떨어지기 때문에 성숙할 때까지 기다려야 한다는 관점이다. 발달 스케줄인 연령규준은 영유아가 연령에 따라 성취해야 하는 발달과업과 앞으로 성취해야 할 발달단계를 예측하는 도표로서 해당 연령집단과 비교하여 개인의 발달을 평가하는 중요한 지침이 된다. 인간에게 내재된 성장의 가능성은 유전적인 요인에 의해 영유아의 신체적 · 정신적 구조가 형성되기 때문에 영유아의 성숙수준을 넘어선 성취를 강요하지 말아야 한다. 따라서 외부적인 환경요인은 수정 · 유지가 가능하고 유기체 내부의 유전자가 성숙하였을 때 발달이 가능한 것이다.

성숙주의 프로그램에서 교사는 영유아의 발달수준과 흥미에 따라 보육활동을 경험할 수 있는 허용적이고 편안한 보육환경을 조성하고 계획하는 안내자 역할을 해야 한다. 성숙주의자들이 동의하는 교육활동에 대한 일반적인 원리와 심리 철학적 요소는 다음과 같다(이기숙, 2003).

- 특정한 활동유형은 매일 일정한 시간에 이루어져야 한다. 동적 · 정적인 활동, 집단 개별적인 활동, 지시적 · 비지시적 활동의 균형은 대상 영유아의 연령, 집단규모, 활동 특징에 따라 적절히 안배되어야 한다.
- 영유아는 자신의 발달적 수준에 적합하지 않은 과제를 수행하도록 강요받거나 압력을 받아서는 안 된다. 영유아에게 압력이 주어지지 않고 허용적인 분위기가 제공된다면, 그들은 모든 영역에서 자신의 가능성을 점진적으로 발전시켜 나갈 것이다.
- 영유아를 위한 가장 효과적인 집단구성 방법은 발달수준이 같은 또래끼리 집단을 이루게 하는 것이다. 따라서 발달적으로 지체된 영유아나 장애를 겪고 있는 영유아는 그들과 비슷한 영유아와 그룹 지어져야 한다.

- 영유아의 작업이나 놀이의 결과에 대한 성인들의 수정은 최소한으로 해야 한다. 교사는 영유아를 수용하고 친절히 안내하며 그들의 요구와 흥미를 자극하는 것은 바람직하지만, 교사의 일방적인 지시나 수정, 적극적인 행동수정 등은 바람직하지 않다.
- 영유아의 발달은 주로 자신의 내적 성장의 힘에 따라 이루어진다. 교사의역할은 영유아가 자신을 수용하고 이해하도록 돕는 것이다. 양육적이고 수용적인 환경이 제공된다면 영유아는 결국 바람직한 방향으로 성장할 것이다.
- 바람직하고 적절한 경험은 영유아에게 아무 조건 없이 제공되어야 한다. 체계적으로 외적 강화를 제공함으로써 영유아의 본질적인 성향을 전환시키려는 시도는 발달에 대한 근시안적이고 역효과를 초래할 수 있다.

앞에 제시한 교육원리를 바탕으로 보육프로그램을 구성할 때에는 영유아가 직접 참여할 수 있는 구체적인 보육활동을 계획해야 한다. 또한 영유아가 보육활동을 경험할 수 있는 보육환경을 조성해 주는 보육교사의 교육적 지지가 필요하다.

2) 행동주의 이론

행동주의는 인간의 성장발달에서 자극에 의한 반응의 연합에 따라 눈에 보이는 관찰가능한 행동변화에 초점을 두는 환경적 측면을 강조하는 관점이다. 행동주의 이론의 대표적인 학자로는 Locke, Watson, Thorndike, Skinner 등을 들 수 있다. 행동주의 이론에서는 영유아의 발달에서 최적 요인의 중요성을 강조하고, 외적 경험을 적절하고 단계적으로 배열함으로써 영유아의 발달은 바람직한 방향으로 변화시킬 수 있다는 것이다.

행동주의적 관점에 의한 보육프로그램은 학습해야 할 보육내용을 단순한 것에서 복잡한 것으로 단계를 설정하여 순차적으로 조직한다. 첫 번째 단계는 관찰하기, 교사의 명확한 설명 경청하기, 보상의 경험이나 활동 몰두 등을 통해 학습이 일어난다고 전제한다. 두 번째 단계는 전체적이고 포괄적인 개념을 길러주기 위해 필요한 지식의 양을 정한다(Bloom, 1956; Gagne, 1965; 조부경 외, 2001에서 재인용).

행동주의자들의 목적은 외적 환경들을 적절히 조직하고 변화시킴으로써 영유아의 바람직한 행동을 촉진하고, 바람직하지 않은 행동을 감소 또는 소거시키는 것이다. 행동적인 이론은 교사 중심적이고 교사의 직접적인 교수에 의해 영유아가 사실이나 정보를 습득해 감으로써 후기 학교나 사회에서의 성공과 적응을 지향하는 특징을 지니고 있다.

행동주의 보육교사는 영유아의 학습기회를 최대화하기 위해 환경을 구조화하고 영유아의 발달적 진보를 위해 계획을 세우고, 영유아의 현재 수준보다 높은 단계의 기술을 습득하게 해주는 관찰자, 계획자, 강화자, 평가자, 모델역할제공자 등 다양한 역할을 수행한다.

3) 구성주의 이론

구성주의는 영유아의 발달이 유전적 요인과 환경적 요인 간의 상호작용의 결과로 이루어진다는 관점이다. 영유아는 독특한 인지구조를 지닌 전인적인 존재이며 내적 능력을 가지고 있으므로 구성주의 관점에서의 영유아는 예측가능성과 예측불가능성을 동시에 지니고 발달해 나간다고 본다.

구성주의 이론의 대표적인 학자로는 인지구조가 동화와 조절을 통해 적응해 간다는 Piaget와 영유아발달이 사회적 상호작용과 문화적 활동에 대한 적극적 참여의 결과라고 주장한 Vygotsky 등을 들 수 있다.구성주의에서 영유아의 지적인 능력이 유전적으로 결정되는 것이 아니라 태어난 후의 환경적 자극에 의해 상당한 영향을 받는다고 보았으며 환경적 자극은 영유아의 인지구조에 맞춰 적절한 지적인 갈등을 일으킬 수 있도록 그 영유아에게 의미 있는 질적인 경험이 될 수 있다고 본다(김연진 외, 2004).

구성주의 보육프로그램의 특징은 인지적 구성주의와 사회문화적 구성주의라는 틀 안에서 영유아를 둘러싸고 있는 문화적 실재의 참여와 영유아 자신의 능동적인 자기조절로 이루어지는 상호작용적 측면을 강조한다(채순희 · 이기현, 2002). 또한 구성주의 프로그램의 시사점은 다음과 같다.

- 놀이를 중요한 학습방법으로 활용하고 있다.
- 놀이과정에서 영유아가 보다 놀이에 적극적이고 능동적으로 참여하도록 지원한다.
- 학습경험을 대집단보다 개별 혹은 소집단으로 영유아의 흥미에 따라 선택하여 참여하도록 배려한다.
- 영유아 간의 상호작용과 교사와의 상호작용을 극대화하고자 노력한다.
- 다양하고 풍부한 물리적 환경을 구성한다.

구성주의 보육교사는 영유아의 최적의 인지발달을 도모할 수 있도록 하는 경험을 제공하고 교구나 교재, 학습자료 면에서 풍부한 환경을 제공하며 영유아의 놀이활동을 지도할 뿐만 아니라 개별 영유아가 긍정적인 자아개념을 발달시키도록 도움을 주는 안내자, 촉진자, 환경제공자 등 다양한 역할을 수행한다.

3. 보육프로그램의 실제

1) 프로젝트 접근법

(1) 보육목적

프로젝트 접근법이란 영유아가 주도적으로 프로젝트를 수행할 수 있도록 안내하는 일련의 교수 · 학습방법이다. 프로젝트 접근법의 궁극적 목적은 '영유아의 정신(mind) 계발'에 있다. '정신'이란 지식, 기능뿐 아니라 정서적, 도덕적, 심미적인 감수성까지를 포함하는 개념이다.

프로젝트 활동은 영유아가 선택한 주제에 대한 심도 있는 연구로써, 그러한 과정에서 어린이집에서 습득한 내용과 밖의 생활 간에 관련성을 인식하게 된다. 프로젝트는 체계적인 교수에서 학습한 기본적인 학문적 기술들과 지식을 적용해 보기 위한 방법으로 극놀이, 구성하기, 색칠하기, 그리기와 같은 다양한 표현방법을 활용하게 하는 기회를 제공한다. 주제 중심의 심도 있는 프로젝트 접근법은 Katz와 Chard에 의해 제안되었으며, 기존의 유아교육과정이나 보육과정 속에서 통합적으로 운영되는 것이 바람직하다고 하였다.

(2) 보육특성

프로젝트 접근법의 특성을 정리하면 다음과 같다.

- 프로젝트 접근법은 학습내용 선정방법과 교수 · 학습방법을 함께 제시하고 있는 방법론적 이론이다.
- 프로젝트 접근법에서는 학습의 전 영역이라고 할 수 있는 지식, 기능, 성향, 느낌의 상호 보완적이고 유기적인 관계를 통한 인격적 통합을 강조한다.

- 프로젝트 접근법에서는 학습내용이 영유아 개개인에게 유의미하여야 한다는 점을 강조한다.
- 프로젝트 접근법은 교수 · 학습과정 면에서 시작, 전개, 마무리의 3단계 과정으로 구분되는데, 각 단계마다 중심 사건과 과정, 그리고 영유아 활동 내용이 다르며 이와 유기적인 관계 속에서 교사의 관심 및 역할이 달라진다.
- 프로젝트 접근법은 바람직한 교육을 위해 부모나 주변 사람들, 더 나아가 지역사회 구성원들과의 협력적 관계를 강조한다.
- 프로젝트 접근법에서는 프로젝트 전 과정을 통하여 교사와 영유아, 영유아와 영유아 간의 적극적인 사고의 교류와 상호작용 및 협동적 학습이 될 것을 강조한다.
- 프로젝트 접근법의 구조적 특성은 프로젝트 각 단계를 프로젝트 활동의전형적 요소들인 토의, 현장 활동, 표현, 조사, 전시로 구조화하여 보는 것이다. 이와 같은 구조적인 특성으로 인해 교사는 프로젝트 각 단계에 맞게 영유아의 활동을 촉진시키는 역할을 수행할 수 있다.

(3) 보육방법

① 주제 선정의 기준

다음은 주제 선정 시 참고해야 할 일련의 기준들인데 교사는 여기에 자기 나름대로 기준을 더 추가할 수 있다(Chard, 1995).

- 영유아가 흥미를 보이는가?
- 영유아의 이전 활동과 관련이 있는가?
- 영유아에게 인지적 갈등을 주는가?
- 영유아가 이미 알고 있는 것에 기초하고 있는가?

- 영유아가 자기가 살고 있는 세계에 대해 보다 잘 이해할 수 있도록 도울 수 있는가?
- 영유아가 서로 더 잘 이해하도록 도울 수 있는가?
- 영유아가 실생활에서 문자나 수의 가치를 인식하도록 도와줄 수 있겠는가?
- 영유아에게 구성, 조사, 극화놀이, 발표들을 위한 아이디어를 제공할 수 있는가?
- 영유아가 학교 밖에서 정보원을 찾도록 고무시킬 수 있는가?
- 부모나 지역사회와의 의사소통을 촉진할 수 있는가?
- 어린이집에 있는 자료 중 활용할 것이 있는가?
- 교사에게도 관심이 있는 주제인가?

주제 선정 과정은 영유아는 어떤 교육적인 경험을 하게 되고, 이는 영유아의 발달을 어떻게 도울 수 있고, 어떤 사회적인 가치를 습득할 수 있는가에 대한아이디어를 바탕으로 프로젝트 전 과정을 마쳤을 때 영유아가 얻게 되는 교육적인 성과를 예상해 보는 것이다.

② 주제망 구성

주제가 선정되면 교사는 우선 자신의 상상망(mind-map)을 가지는 것이 중요하다. 교사는 주제에 대한 자신의 생각과 아이디어를 정리하면서 주제와 관련된 주요 개념을 떠올리게 되고, 다루어야 할 학습내용이나 앞으로 전개되어 갈 활동 등을 예상하게 된다. 그런데 이 과정은 각 학급을 맡은 교사가 혼자서 하는 것보다 교사 회의를 통해 교사들이 함께 협의하는 것이 도움이 된다. 이 작업을 통해 교사는 하나의 주제에 대한 전체적인 통찰력을 가지게 되고 이는 실제로 영유아와 함께 프로젝트 활동을 진행시켜 나가는 과정에서 중요한 의미를 갖는다.

브레인스토밍이나 주제망 구성에서 나누어진 여러 가지의 하위제목은 프로젝트의 전개과정에서 모두 학습해 가는 것은 아니다. 한 번의 프로젝트에서 흥미로운 하위주제 두세 가지 정도를 집중적으로 탐구할 수 있다(도미향 외, 2010).

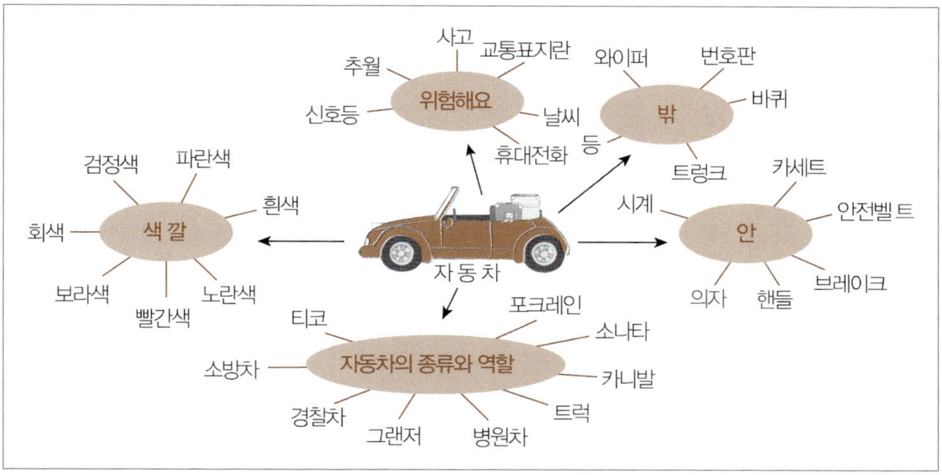

그림 8-1 주제망의 예시

(4) 환경구성

프로젝트 접근법 중 영유아와의 상호작용에서 새로운 주제가 선정이 되면 교사는 교실 안팎의 환경을 재점검할 필요가 있다. 즉 새로운 주제와 관련 있게 영역별 환경을 구성하고 벽면 등에는 관련 사진이나 그림자료 등을 게시하거나 실물을 전시하는 공간을 확보한다. 또 실외놀이 역시 주제와 관련된 배치나 설치 등으로 통합적인 교육과정을 꾀한다.

① 실내 환경구성

프로젝트 시작 전 교사는 프로젝트가 실시되는 교실뿐만 아니라 현관, 복도, 화장실 등 어린이집 내의 모든 장소를 프로젝트 주제와 관련되게 환경을 구성하여 프로젝트에 대한 영유아의 흥미를 유도한다. 현관이나 교실 입구에는 현재 진행 중인 프로젝트의 제목을 써 붙이거나 관련 그림을 사용하여 프로젝트활동을 소개하는 역할을 하고, 예비 주제망, 실물 자료 등을 전시함으로써 영유아와 부모에게 새로 시작하는 프로젝트에 대해 호기심을 자극할 수 있다. 또한 프로젝트가 진행되면 진행과정이나 활동 결과물을 첨가하여 방문객이나 부모에게 진행 중인 프로젝트를 소개할 수도 있다. 교실은 프로젝트를 한다고 해서 영역별 배치에서 특별한 변화를 줄 필요는 없다. 다만 프로젝트 시작 전 주제와 연관된 교구나 놀이자료를 영역별로 나누어 배치하는 준비와 프로젝트 활동의 성격에 따라서 어느 한 영역이 확대되거나 축소되는 융통성을 갖는 정도이다. 교실 벽면은 프로젝트를 시작하기 전부터 주제와 관련되는 사진, 그림 등을 게시하여 아이들의 관심을 모아주고 진행하면서 생기는 결과물들도 함께 전시하는 것이 좋다. 예를 들어 세계 여행 프로젝트에서는 교사가 민속의상이나 각 나라의 전경이 담긴 화보, 세계 전도, 그림자료 등을 붙여주고 미리 영유아 중에서 세계 여행을 다녀온 사진을 수집하여 게시한다. 물론 프로젝트가 실제로 진행되면 더 많은 게시물이 생기게 된다. 이외에도 프로젝트를 위하여 실물을 전시할 수 있는 특별한 공간이 필요한데 주제의 성격에 따라서 규모가 결정되며 위치도 정해진다.

② 실외 환경

구성프로젝트를 보다 효과적으로 시작하기 위해서는 실내의 환경뿐만 아니라 실외도 주제와 연계된 환경으로 구성하는 것이 좋다. 프로젝트의 주제와 진행 성격에 따라 실외 환경은 더 강조되기도 하고 축소되기도 하는데 경우에 따라서는 실외 환경 자체가 프로젝트의 자원이 되어 실외에서만 할 수 있는 프로젝트가 있을 수도 있다. 예를 들면 소주제로 선정된 '비가 와도 놀 수 있는 놀이터 만들기'의 프로젝트는 배경이 실외 놀이터이며, 놀이터를 직접 디자인하고 천막을 치기 위해 길이를 재는 등 아이들의 활동 대부분이 실외에서 이루어지게 된다.

2) 발도르프 프로그램

(1) 보육목적

최초의 발도르프 학교는 Rudolf Steiner가 1919년 4월 독일 슈투트가르트(Stuttgart) 발도르프 아스토리아(Waldorf-Astoria) 담배공장에서 행한 강연에서 비롯되었다. 초등학교와 상급학교를 포괄하고 사회계층에 관계없는 12년간의 통합학교를 주장했던 그의 강연에 감명을 받은 노동자들이 그러한 학교 설립을 희망했고, 사장인 에밀 몰트(Emil Molt)의 지원으로 공장 내 노동자와 기타 일반인의 자녀를 위한 자유-발도르프 학교(Freie Waldorfschule)가 세워지게 되었다. 학교 및 교육을 발도르프라고 칭하게 된 것은 그 공장의 이름에서 유래된 것이다. 발도르프 학교의 교육이념 및 교육론은 Steiner의 영향을 받고 있지만 각 학교의 국가 및 지역적 특성을 살려 독자적으로 운영되고 있다. 발도르프의 교육원리에 있어 Steiner는 하나의 예술로 간주하였다. 즉 영유아에게 있어 교육이란 잠재되어 있는 잠재성을 발견하며 생활 속에서 리듬을 찾도록 하는 것이 주된 노력이다. 그 노력이란 공간의 질서, 시간의 질서, 영혼의 질서라고 명명될 수 있으며 그 속에서 영유아는 본보기와 모방의 원리를 체득하고 예술적 교육을 인지하게 되는 것이다.

그림 8-2 발도르프 환경

(2) 보육방법

발도르프 학교 운영은 자유로운 사학으로서 체계가 독특하다. 교장이 없고, 학교 행정은 동료 교사들이 공동 운영 형식으로 이루어지고 있다. 발도르프 학교는 자유로운 조직의 자치 기관으로, 수업과 교육은 일반 인간 교육이라는 의미에서만 전개될 수 있다. 학교 운영은 삼자의 조화이다. 부모와 교사와 재단으로 이루어진다. 국가의 영향에서 벗어나기 위한 방식이며 좀 더 자유로운 발도르프 교육의 실현을 위한 기반인 것이다.

(3) 보육내용

발도르프 프로그램의 일일 보육계획은 〈표 8-1〉과 같다.

표 8-1 일일 보육계획

시 간	보육내용
07:00	등원, 교사와의 만남(인사와 간단한 일상 대화)
07:30~09:15	자유놀이, 간식 준비, 작업, 기념일이나 축제 때 연관된 활동
09:15~09:45	정리정돈, 손 씻기
09:45~10:00	리듬있는 놀이
10:00~10:20	아침 모임, 실외 옷 입기, 신발 갈아 신기
10:30~11:30	정원에서 자유놀이, 모래밭, 공놀이, 줄넘기 등 화단 가꾸기, 풀베기, 잔디밭 가꾸기, 춥거나 가벼운 비가 오는 날씨에는 공원 산책하기
11:30~11:45	실내화로 갈아 신기, 손 씻기, 인형을 준비, 동화 모임 코너로 모인다.
11:45~12:00	동화모임, 1~2주일 내내 같은 이야기를 들려준다.
12:00	귀가, 부모가 와서 데려간다.

① 자유놀이

자유놀이(Freispiel)는 단순히 어떤 사물과 함께 하는 놀이적인 행위가 아니고, 이것은 하나의 내면 자세이다.

가. 자유놀이에서 자유

영유아에게 중요한 것은 결과가 아니라 활동 그 자체이다. 영유아의 자연스러운 본성을 거스르지 않고 타고난 개성에 따라 순응적으로 교육해 나가야 한다.

나. 자유놀이에서 놀잇감

마로니에(밤 같은 모양), 조개껍질, 통나무, 나뭇조각, 헝겊, 천 등 자연적인 물질과 함께 노는 것은 세계에 대하여 가장 최선의 현실적인 관계를 형성해 준다.

영유아는 여러 가지 놀이를 위하여 많은 물건들이 필요하지 않다. 그렇지만 놀이를 위한 물건들은 그들이 신뢰할 수 있는 것이어야 한다.

다. 역할놀이

역할놀이의 대상은 다양하다. 대부분 일상생활에서 일어나며, 아주 신뢰하는 자신의 환경 속에서의 일들에서 역할을 맡아 놀이를 하게 된다.

② 아침 모임

아침 모임(morgenkreis) 시간은 일정하게 지킨다. 영유아의 의지는 순간적인 흥미나 기분에 따른 욕구에 의하여 발전하는 것이 아니고 신뢰하게 되는 습관에 의하여 발전하기 때문이다. 삶의 행위 안에서의 지속성 그리고 믿을 만한 리듬은 세계와의 관계에서 영유아에게 안정감을 준다. 자유놀이 정리 정돈 후에 손을 씻은 영유아들은 서로 손을 잡고 노래를 부르면서 교실 안으로 들어오면서 원을 구성한다.

③ 정원에서 자유놀이

아침식사를 마친 후에는 날씨가 좋은 경우 대부분 실외 공간에서 모래놀이, 줄넘기, 목발로 걷기 등의 활동이나 산책을 한다. 또는 그 시간에 수작업 행위로 이어질 수 있다. 수작업에서 영유아는 실제적인 행위에 능동적인 참여를 함으로써 배우게 된다. 세계에 대한 이해의 폭을 넓힐 수 있다.

④ 동화 모임

이 모임은 아주 조용한 노래를 통하여 유도된다. 동화는 우리에게 눈으로 보이는 세계에 대하여 말하고자 하는 것이 아니라, 내면 안에서 귀 기울여 들을 수 있는 것에 대하여 말한다. 그것은 삶의 깊은 문제에 대한 형상화로, 그리고 단순한 줄거리로 이야기된다. 동화 속의 도덕 법칙이 영유아의 긍정적 발전을 위해서 중요하며, 동화는 이야기하는 사람과 듣는 사람 사이의 역동성에 기반을 두어야 한다.

⑤ 주간 예술 및 특별활동

발도르프 유치원에서는 다양한 일반 활동들이 제공되면서도 동시에 서로를 리듬감 있게 연결시키기 위해, 〈표 8-2〉와 같이 요일별로 예술 및 특별활동이 배열되어 있다.

표 8-2 주간 예술 및 특별활동

요일	주간 예술 및 특별활동
화	수채화 그리기, 자유 놀이 중에서 선택
수	오이리트미(eurythmie), 율동 및 신체 표현 시간에 함
목	점토(밀랍)로 만들기, 마치기 전 시간에 하며 더운 여름에는 생략
토	대청소, 놀잇감, 책상, 선반 등을 닦고 정리하기, 상점놀이, 마차에 있는 물건 분류하고 정리하기, 그릇 닦기

가. 수채화 그리기

발도르프 유치원에서 영유아는 수채화 그리기를 통해 색을 탐구한다. 영유아에게 소, 말, 집, 사람 같은 특정한 대상을 그리도록 하는 것이 아니다. 색 자체와 첫 대면을 해주려고 하는 것이다. 수채화 그리기를 시작하기 전에, 두 가지 면에서 영유아에게 필요한 준비단계가 있다. 재료준비 그리고 이 재료를 사용하기 위한 영유아 스스로의 기대감 형성이다. 만약 우리가 이러한 영유아에게 수채화의 주제를 정해준다면 우리는 영유아의 발달단계를 건너뛰고 있는 것과 같다. 즉, 영유아의 지성에 호소하여 직접적인 색 경험을 개념적으로 알려 주려고 하는 것이다.

나. 점토로 만들기

점토 작업에서도 수채화 그리기와 마찬가지로, 그 결과가 토론이나 비교 분석의 대상이 되지는 않는다. 만들어 놓은 작품들은 선반 위에 놓아둔다. 말, 소, 오리 등 동물을 만들면 영유아는 즉시 그것들을 가지고 놀고 싶어할 것이다. 물론 가지고 노는 것은 영유아의 자유다.

다. 오이리트미

오이리트미(Eurythmie)는 Steiner가 만든 동작예술이다. 강약의 신체적 힘이 작용하는 체조에 비해서 오이리트미는 말과 음악의 법칙성을 영적인 체험으로 표현하려고 한 것이다. 오이리트미는 몸을 통하여 소리를 보여 주는 움직임의 예술이다. 오이리트미에는 말의 톤에 따라 움직이는 '언어 오이리트미'와 음악의 톤에 따라 움직이는 '톤 오이리트미'가 있는가 하면, 장애를 가진 사람에게 치료를 목적으로 '치료 오이리트미'가 있다.

(4) 환경구성

자연에 각이 없고 다양한 곡선에서 이 교육이 비롯된다. 모든 대상 물체는 지적 사고에 의하여 만들어진 것이 아니라 실물을 모방한 것이어야 한다. 이렇게 놀잇감 또한 모두 자연적인 것들이고 영유아의 상상력을 자극하고 촉진할 정도로 매우 단순하다. 이런 것으로 영유아는 무한히 많은 일들을 할 수 있다. 영유아의 놀이에서는 어떤 강제력도 행사되지 않는다. 소집단 또는 전체의 자유로운 놀이에서 나타나는 '외견상'으로 상상적인 것들이 가장 중요시된다. 발도르프에 있어서 환경은 영유아의 상상력을 자극한다는 것은 앞서 설명하였다. 환경구성에는 건물, 주변환경,

놀이터, 놀잇감, 심지어 나무의 위치까지 모든 발도르프에서는 중요하다. 발도르프에 있어 건물 자체는 다른 건물과 다르게 곡선을 이용한 모양이 주를 이루고 있으며 내부의 시설도 그와 유사하다. 내부에 있어 배치되는 모든 물품은 영유아의 상상을 자극할 수 있는 것이 주를 이루고 있음을 알 수 있다.

3) 생태 프로그램

(1) 보육목적

인간은 자연 속에서 자연과 더불어 살아가는 것이 바람직하며, 이러한 의미에서 생태교육은 인간이 지닌 자연적 본성을 자연적인 주변 환경과의 관계 속에서 재발견하고 이를 증진시킴으로써 조화롭고 생명력 있는 본래적 자아를 형성하도록 하는 것이어서 영유아가 직접 체험하는 '자연 체험교육'의 의의를 가질 수 있다. 따라서 영유아가 자연체험을 통한 자연의 소중함, 자연 속의 인간과 그 인간의 존엄성, 생명의 소중함, 나와 우리라는 공동체적인 삶의 필요성, 자연에 대한 민감성 등을 느낄 수 있도록 진행되어야 한다.

임재택(2008)은 산업문명으로 병들어가는 아이들에게 잃어버린 자연과 놀이와 아이다움을 되찾아 주는 새로운 패러다임의 유아교육으로 생태유아교육의 의미를 말하며, 그 목적을 몸과 마음과 영혼이 건강한 신명나는 아이로 키우며, 생명공동체 세상, 사람공동체 세상, 아이가 건강하고 행복한 신명나는 세상을 만드는 것이라고 하였다.

생태유아교육의 의미에 대하여 구체적으로 살펴보면 다음과 같다(임재택, 2008).

첫째, 생태유아교육은 생명사상 내지 생태론적 세계관에 바탕을 둔 생명론적 접근의 유아교육으로서 아동중심 유아교육을 포괄하고 있다.

둘째, 생태유아교육은 새로운 패러다임의 유아교육으로서 최근 산업문명의 최대

피해자인 우리아이들의 병든 몸과 마음과 영혼을 살리고, 나아가 성장과 개발, 자본과 경쟁의 논리가 지배하는 지금의 유아교육의 현실을 개선하는 것을 의미한다.

셋째, 생태유아교육은 자연의 순리를 따르는 자연친화적 유아교육으로 자연의 본성을 지닌 아이들을 자연의 순리대로 스스로 잘 자라도록 돌보고 기르는 일을 하는 것이다.

넷째, 생태유아교육은 유아는 자연의 모든 생명체들이 지니고 있는 자연의 본성을 지닌 생명을 지니고 있다.

다섯째, 생태유아교육은 유아라는 생명체 속에서 본래부터 한 사람이 스스로 자라날 수 있는 생명의 씨앗이 유전인자 형태로 내재되어 있다고 본다.

여섯째, 생태유아교육은 우리 조상들이 유아를 기른 지혜에 바탕을 둔 오래된 민족유아교육이며 우리 민족의 삶이고 생활 그 자체이다.

(2) 보육내용

우리의 삶이 자연스러운 과정으로 진행되는 것처럼 생태교육은 매일매일의 일과 속에서 행사가 아닌 삶 자체를 소중히 느껴보고 경험해 볼 수 있어야 한다. 영유아가 자연 속에서 직접적인 체험을 통해 자연을 느끼고 실천가로서 행동할 수 있도록 하기 위해서는 탐구하고 실험해볼 수 있는 시간과 환경을 제공해 주어야 한다.

다음은 부산대 부설어린이집에서 실시하고 있는 생태 프로그램의 내용을 정리한 것이다(허정연, 2004; 부산대학교 부설어린이집 홈페이지).

① 바깥놀이

바깥놀이란 아이들 자신이 가지고 있던 지식, 개념, 경험을 자유롭게 펼치는 시간이다. 바깥놀이를 통하여 지적인 호기심과 상상력을 키우고 계절의 변화와 친구들과 더불어 살아가는 능력을 갖게 되며, 바깥의 자연을 통해 생명의 소중함을 깨

달아 가게 된다. 바깥놀이는 특별한 날만 하는 활동이 아닌 일상생활로 접근한다. 또 맑은 날만 아니라 흐린 날, 비 오는 날, 추운 날도 아랑곳없이 논다. '뭔가 가르쳐야 한다' 혹은 '교육 주제와 맞는 활동을 해야 한다'는 생각보다는 아이들의 흥미를 위주로 자연스럽게 실천하려고 하고 있다.

② 산책

산책은 아이들이 온갖 자연물을 직접 보고, 만지고, 듣고, 느끼고, 냄새 맡을 수 있는 체험적 교육활동이다. 산책을 통하여 아이들은 사람, 사물, 현상과의 관계성을 알게 된다. 산책은 특별한 행사나 치밀하게 준비한 의도된 프로그램이 아니라 일상생활의 일부로 본다. 산책 초기에는 오감으로 자연을 체험하고 관찰하는 기회를 많이 주고, 산책에 익숙해지면 놀이활동(자연물을 이용한 놀이, 전통놀이)을 하거나 산책지에서의 경험을 바탕으로 어린이집으로 돌아와 추후활동을 하기도 한다.

③ 텃밭 가꾸기

텃밭 가꾸기는 아이들이 흙냄새를 맡고 소박하나마 제 손으로 텃밭을 일구고 채소를 길러 봄으로써 계절과 날씨의 변화, 식물의 성장, 수확에 대한 기쁨, 자연과 함께 하는 삶을 이해하고 노동의 신성함과 보람을 몸과 가슴으로 느끼게 하는데 목적을 둔다. 어린이집에서 아이들이 1년 농사를 직접 짓는데, 어린 반은 기르기 쉬운 작물을 재배하고 연령이 높아질수록 재배 난이도가 있는 작물을 선정해서 재배한다. 텃밭에서 수확한 작물은 요리활동, 작업, 관찰 등 다양한 추후활동 소재로 활용된다.

④ 노인-아동 상호작용

노인-아동 상호작용 프로그램은 현대사회에서 단절되어 있는 노인과 아동과의 교류를 어린이집을 통하여 의도적으로 연결하고자 하려는 것이 목적이다. 학습활동, 노작활동, 간식 및 식사준비 지도, 건강 및 보건 위행, 각종 행사 등 다양한 분야에서 도움을 받을 수 있다.

⑤ 세시풍속

세시풍속을 통하여 우리 겨레의 얼을 느껴보며 아이들에게 계절의 변화에 따른 생활의 주기성을 알게 하고, 우리의 건강한 먹거리를 먹으며 더불어 즐길 수 있는 놀이와 조상들의 삶의 지혜를 알 수 있다. 어린이집에서 실시하고 있는 세시풍속으로는 정월대보름, 삼월삼짇날, 한식, 단오, 유두, 칠월칠석, 추석, 동지, 설 등으로 해당하는 명절과 절기의 먹을거리, 놀거리, 풍습 등을 재현해 본다.

⑥ 동식물 기르기

아이들은 동물을 기르며 생명의 세계를 경험한다. 닭이나 토끼와 같이 생활하면서 토끼가 좋아하는 풀이 어떤 것이며, 닭은 알을 낳고 토끼는 새끼를 낳음을 알게 된다. 나아가서 새끼가 어미가 되고 언젠가는 죽음에 이르는 것을 보면서 생명이 성장과 순환을 경험하게 된다.

⑦ 명상

명상을 통하여 아이들은 감각이 예민해지고 몸이 건강해지며, 창의성, 관용, 용기, 적응력, 협력, 분별, 판단력과 함께 자기 자신을 객관적으로 볼 수 있는 힘이 생긴다. 침묵해 보기, 생각해 보기, 기도해 보기, 자신의 모습 관찰해 보기, 바라보기, 귀 기울여 보기, 일터의 엄마 아빠 생각해 보기, 자연세계의 사물들을 바라보면서 느껴보기, 동화를 들려준 뒤 조용히 눈을 감고 동화 내용을 생각해 보기, 산책시간 자연의 소리에 귀 기울여 보기, 비 내리는 날 빗방울 따라 명상여행하기, 차 마시기 등 일상생활 속에서 명상을 시도한다.

⑧ 절제 · 절약

아이들에게 생태의 기본 핵심인 순환과 돌림의 경제를 인식시키고, 실천하도록 도와주는데 목적이 있다. 동시에 낡은 옷 하나도 그 존재 가치를 인정하고 섬기려는 옛 어른들의 '섬김의 문화'가 갖는 의미를 아이들에게 전하기 위함이다. 어린이집에서는 '아나바다 운동', 각종 폐품 재활용하기, 1회 용품 안 쓰기, 쓰레기 분리 수거하기, 음식 쓰레기 퇴비 만들기 등을 실천한다.

⑨ 먹을거리

아이들의 몸, 마음, 영혼을 맑게 하기 위하여 급식 및 간식을 모두 유기농 먹을거리로 제공하고, 올바른 식습관을 기르고 우리의 전통음식을 되살리며 나누는 삶을 가르치고, 한 방울의 물과 한 톨의 쌀에도 감사하는 마음을 갖도록 가르친다. 또한 유기농산물 농장을 견학하거나 농촌의 유치원 혹은 어린이집과 정기적으로 교류함으로써 자연의 먹거리를 경험시키는 것도 좋은 방법이다.

⑩ 손끝놀이

손끝놀이란 말 그대로 아이들이 손끝을 사용해서 할 수 있는 놀이를 말한다. 손 손놀림은 단순한 육체적인 과정이 아니라 정신적인 과정이어서 손의 사용을 통하여 머리, 마음, 손이 조화롭게 발달하는 전인적인 존재가 될 수 있다. 손끝놀이는 공간적인 제약을 별로 받지 않는 활동이어서, 교실 안이나 바깥놀이터에서 혹은 산책 가서 하기도 한다.

아이들이 손으로 가지고 놀 수 있는 것이라면 어떤 것이든 소재가 될 수 있다. 작은 곡물이나 과일 같은 '먹거리', 젓가락 · 숟가락 같은 '생활도구', 다양한 재질과 느낌의 '종이', 여러 가지로 활용 가능한 '천', 단추 잠그기, 지퍼 올리기 등 정교한 손놀림을 요하는 '옷', 끈 꿰기, 리본 만들기 등에 사용할 수 있는 각종 '끈' 이나 '실', 시침질, 홈질, 자수 등 아름다운 결과물을 만들어 내는 '실과 바늘', 목도리,

옷, 장갑 등 못 만드는 것이 없는 '대바늘'과 '코바늘' 등을 손끝놀이 도구로 사용할 수 있다.

⑪ 몸짓놀이

몸짓놀이란 몸을 이용해서 할 수 있는 놀이를 말한다. 몸짓놀이를 통해 몸을 건강하고 유연하게 하고, 아이 자신의 몸과 내면의 감성이 조화를 이루게 하며, 우리의 전통과 정신을 이어가고, 자연과 교감하는 영성적 자각을 하기 위함이다. 몸짓놀이는 하루일과 중 언제라도 할 수 있지만, 아이들의 흥미와 운영시간을 고려하며, 자유놀이 시간, 오전 활동을 하기 전, 낮잠 자기 전후 등 아이들의 요구에 따라 소집단이나 대집단으로 자유롭게 할 수 있다.

⑫ 생태미술

아이들은 그림을 그림으로써 다만 눈에 보이는 세계를 화폭에 옮겨 놓는 것이 아니라 그림에 자기가 느끼는 즐거움, 슬픔, 무서움, 꿈, 흥미, 욕구 같은 것을 담고 생각을 불어 넣는다. 아이들의 그림에는 어른의 눈에는 이미 보이지 않게 된 세계의 내적인 질서가 다양한 형태로 드러난다. 따라서 아이들이 본성적으로 지니고 있는 예술적 감성이 자연을 체험하고 놀면서 자유롭게 표현되도록 해주어야 한다.

생각해 볼 문제

1. 어린이집에서 보육프로그램을 선정하여 실시하는 경우, 프로그램을 선정하는 기준은 어떻게 정하는 것이 좋은지 생각해 봅시다.

2. 발달적 관점에 따라 영아와 유아를 위한 프로그램의 주된 차이는 무엇인지 생각해 봅시다.

3. 보육프로그램이 효율적으로 운영되기 위해서 가정과의 연계 방안에는 어떤 것이 있는지 생각해 봅시다.

Chapter 09

특별 보육

여성의 사회 진출과 양성 평등의 사회를 구현하고자 하는 시대적 변화에 따라 자녀양육의 책임은 이제 여성 또는 가족에게만 있는 것이 아니라 국가와 사회가 함께 대처하기 위하여 필요한 다양한 형태의 보육서비스를 다루고자 한다. 사회문화적 변화로 맞벌이가정이 증가함에 따라 영유아를 대상으로 일반어린이집에서 영아보육에 적합한 보육환경을 재정비하여 특수어린이집으로 거듭난 영아전담어린이집에 대하여 살펴보고자 한다. 또한 우리나라에서는 상당기간 동안 보육 대상에서 장애아를 제외하여 왔으나, 정부가 장애아의 보육 활성화 방안을 마련하여 지원을 확대하고 있는 장애아 보육에 대하여 살펴보고자 한다. 또한 최근에 한국사회가 다문화사회로 다양화되면서 다문화가족의 경제적인 문제와 함께 다문화가족 자녀의 발달에 대한 사회적 요구가 증가하고 있다. 이에 어린이집에서의 영유아를 위한 다문화보육의 내용에 대하여 살펴보고자 한다.

1. 영아 보육

1) 영아 보육의 개념과 의의

영아 보육은 「영유아보육법」에 의하면 만 3세 미만의 영아를 대상으로 보육서비스를 제공하는 것이다. 영아기는 인간 성장 시기에서 가장 중요한 발달시기로 부각됨에 따라 영아기 교육에 대한 중요성이 증가되고 있으며, 또한 맞벌이 가정이 증가함에 따라 영아보육에 대한 요구도 증가하고 있다.

현재 영아 보육은 가정어린이집, 어린이집에서의 영아반, 영아전담어린이집을 통해 이뤄지고 있으며, 영아전담어린이집의 경우는 만3세 미만의 영아만을 20인 이상 보육하는 기관으로, 2020년도 말 기준으로 영아전담어린이집은 366개소이며, 만 3세 미만의 영아 11,276명이 이용하고 있다(통계청, 2020).

2) 영아 보육과정과 프로그램

영아기는 인간의 일생에서 신체적 성장이 가장 빠른 속도로 이루어지는 시기이며(정옥분, 2002), 성장 급등기라 부르는 영아기 보육프로그램은 일상 활동을 중심으로 계획되어야 한다. 즉, 생후부터 36개월 미만의 영아기는 유아기와는 모든 발달 정도가 다르기 때문에, 이런 성장기의 특성을 감안한 적합한 보육프로그램과 보육환경을 필요로 하고 있다.

보건복지부(2020)에서 제공한 제4차 표준보육과정에 따른 연령별 보육프로그램에는 영아 보육프로그램의 내용들도 제시되고 있다. 표준보육과정은 영아의 기본생활, 신체운동, 의사소통, 사회관계, 예술경험. 자연탐구의 6개 영역을 중심으로 구성되어 있다. 각 영역은 영아가 보육과정을 통하여 자연스럽게 경험하거나 경험해야 하는 내용이며, 영아의 경험은 대부분 일상생활과 놀이를 통해서 이루어지고 이러한 일상생활과 놀이는 6개 영역을 통합적으로 포함하고 있다.

표준보육과정은 영아가 주체가 되는 보육과정으로 영아의 경험은 일상생활 속에서 직접 체험한다는 점에서 추상적 지식이 아닌 보육과정의 실제를 의미하기도 한다. 대부분 일상생활과 놀이를 통하여 직접적으로 경험하기 때문에, 교사는 영아가 일상생활과 놀이를 통해 배우는 실제 내용을 존중하고 지원해 가면서 자연스럽게 영아 · 놀이 중심 보육과정을 실천할 수 있다.

어린이집에서 영아들은 식사, 수면, 배변 등의 생리적인 측면에서 편안하고 안전한 보육환경이 제공되어야 하며, 영아의 발달 및 사회적인 요구에 적합한 보육과정이 계획되고 실행되어야 하며, 무엇보다 가정과 같이 편안한 마음으로 어린이집에 머무를 수 있도록 교사와 영아는 친밀한 관계를 유지해야 한다.

3) 영아 보육 정책

여성들의 경제활동 참가율을 높이고 일과 직장을 양립할 수 있도록 하는 영아보육지원책 마련은 출산으로 인한 여성들의 취업활동 중단의 어려움을 극복하도록 해준다는 점에서 출산율 제고를 위해 고려해야 할 정책이다. 이러한 측면에서 정부는 영아보육에 대한 관심을 두면서 1996년도 영아전담 시범어린이집을 시작하여 만 3세 미만의 영아반을 20인 이상 보육하는 시설로 영아전담어린이집을 지원하였다.

영아전담어린이집의 운영기준을 살펴보면, 보육 정원을 기준으로 가능한 만 2세 미만 반이 만 2세 반보다 많이 편성되어야 하며, 만 2세 이상 반만으로 보육 정원을 책정해서는 안 된다(연령은 당해 연도 1월 1일 기준으로 만 2세 미만 반은 24개월 미만 영아, 만 2세반은 24개월 이상 36개월 이하의 영아로 함). 영아전담어린이집은 영아를 전담하여 보육하여야 하나 예외적으로 시설 정원 범위 내 40%까지 유아를 보육할 수 있다. 또한 영아전담어린이집에 근무하는 원장 및 보육교사는 영아 현원이 18명 이상인 경우 국가에서 월 지급액의 80% 인건비를 지원하며, 조리원 1명에 대해서는 월 지급액의 100% 인건비를 지원한다(보건복지부, 2020).

2. 장애아 보육

1) 장애아 보육의 개념과 의의

장애아 보육은 장애나 장애 위험을 지닌 영유아에게 적절한 보호와 교육 및 치료를 제공하여 장애가 미칠 수 있는 부정적인 영향을 최소화하며 장애 영유아의 가정을 지원하고 나아가 사회 · 경제적인 혜택으로 연결시키는 것이다. 즉, 장애아 보육은 장애아가 지니고 있는 불리한 조건들을 약화시키고, 문제들을 극복하도록 도와주며, 성장과 발달에 긍정적인 영향을 미침으로써 잠재력을 최대한으로 이끌어 낸다는 것을 전제로 한다(조주현, 2004).

우리나라 장애아 보육은 장애아전문 어린이집과 장애아통합 어린이집에서 제공되고 있으며, 장애아전문 어린이집은 12명 이상의 장애영유아를 보육할 수 있는 시설을 갖춘 어린이집을 말하며, 장애아통합 어린이집은 3명 이상의 장애영유아를 비장애영유아와 통합 보육하는 어린이집을 말한다. 장애아전문 어린이집과 장애아통합 어린이집이 해마다 증가함에 따라, 2020년 말 기준으로 장애아전문 어린이집은 177개소로 현원이 총 6,206명이고, 장애아통합 어린이집은 1,211개소로 현원이 총 4,959명의 원아가 이용하고 있다(통계청, 2020).

2) 장애아 보육과정과 프로그램

장애아는 일반 영유아와는 달리 별도의 교육과정이 필요할 것이라고 생각하기 쉽다. 영유아가 현재 처해 있는 상황이나 지니고 있는 장애의 특성 등을 고려할 때 실제로 별도의 교육과정에 따른 접근이 필요할 수도 있다. 그러나 장애아를 보육할 때 가장 우선적으로 적용해야 하는 원칙은 영유아가 일반적으로 경험하는 모든 경험을 가능한 동일하게 할 수 있도록 도와주면서 특별한 지원을 필요로 하는 부분에 대한 추가적인 지원을 해주어야 한다는 것이다.

장애로 인하여 그 이상의 개별적인 지원이 필요한 부분에 대해서는 추가적인 개별화 교육계획(IEP)을 적용함으로써 적절하게 지원해야 한다. 여기서 말하는 개별화 교육계획이란 특수 교육적 지원을 통하여 개별 장애아의 요구에 따른 개별적인 필요를 충족시키는 과정을 의미한다. 그러나 고정된 개별화 교육계획의 목표에 초점을 맞추어 특정 활동을 하도록 하기보다, 장애 영유아가 현재 가지고 있는 흥미와 요구에 따라 자유롭고 주도적으로 놀이하도록 지원하여 장애아도 놀이를 통해서 배움으로 가는 즐거운 경험이 되도록 한다.

4차 어린이집 표준보육과정에서는 영유아 중심과 놀이 중심의 보육과정 운영을 강조하고 있으며, 영유아의 개별 특성, 발달 수준 등 개인차를 교육과정에 반영하여 운영한다. 교사는 성장과 발달에 특별한 요구를 가진 장애 영유아의 개별성을 인정하고 차별 없이 또래와 함께 생활하고 놀이하도록 지원하여야 한다. 또한 제4차 표준보육과정에서는 영유아가 자신의 흥미와 관심에 따라 자유롭게 참여하고 주도하는 놀이를 강조하며 영유아는 즐겁게 놀이하는 과정에서 자연스럽게 배울 수 있음을 안내하고 있는데, 이러한 특성들은 장애아에게도 똑같이 적용되어, 매일의 일상에서 풍부한 놀이를 경험해야 하며, 장애로 인하여 놀이 기회가 제한되어서는 안 된다(서울특별시육아종합지원센터, 2021).

3) 장애아 보육 정책

장애아 보육은 어린이집에서는 장애 영유아를 대상으로 인근 장애아전문 어린이집, 장애아통합 어린이집 또는 장애인복지관과 연계하여 특수교육 진단평가, 개별화 교육프로그램(IEP) 등을 시행함으로써 장애아가 제대로 된 보호서비스를 받을 수 있다.

또한 장애아 보육은 일반 영유아보다 보육교직원의 역량이 중요하며, 장애와 관련한 특수한 전문지식 및 경험을 바탕으로 장애아를 보육해야 한다. 2010년 들어서 장애아 보육의 질 제고에 대한 요구가 증가하고 「장애아동복지지원법」이 제정됨에 따라서 장애아를 담당하는 어린이집에 특수교사와 보육교사의 단계적인 의무배치가 시행되었다.

장애아전문 어린이집은 교사 대 아동비율이 1:3이며, 상시 12명 이상의 장애아(단, 미취학장애아 9명 이상 포함)를 보육해야 하며, 장애아의 연령, 장애의 종류 및 정도를 함께 고려하여 반을 편성 · 운영하고, 12세까지 입소 가능하다. 통합보육을 위하여 정원 범위 내에서 40%까지 비장애아를 보육할 수 있으며, 장애아 통합보육교사에게 월 지급액의 80%를 지원한다(보건복지부, 2020).

장애아통합 어린이집은 3명 이상의 장애영유아를 보육하는 어린이집으로 장애아의 연령, 장애의 종류 및 정도를 함께 고려하여 반을 편성 · 운영하고, 장애아와 비장애아를 통합하여 장애전담교사, 일반 보육교사 각각 1인씩 배치한다. 교사 대 아동비율이 1:3이며, 장애아종일반을 편성 · 운영하거나 미취학장애아 3명을 통합보육하는 경우 장애아보육 전담 교사에게 인건비를 월 지급액의 80%를 지원한다(보건복지부, 2020).

3. 다문화아동 보육

1) 다문화아동 보육의 의의

「영유아보육법」 제26조에서는 '국가나 지방자치단체, 사회복지법인, 그 밖의 비영리법인이 설치한 어린이집과 대통령령으로 정하는 어린이집의 원장은 영아·장애아·「다문화가족지원법」 제2조 제1호에 따른 다문화가족의 아동 등에 대한 보육(이하 "취약보육"이라 한다)을 우선적으로 실시하여야 한다'고 명시하고 있다. 이에 따라 영유아의 성장발달에 상대적으로 취약할 가능성이 있는 다문화아동과 가족의 특성을 이해하고 그 요구에 맞는 보육을 제공해야 한다.

다문화가정을 위해 정부에서도 복지 정책과 서비스의 필요성을 인식하고, 2008년 「다문화가족지원법」을 제정하였다. 이에 국가와 지방자치단체는 다문화가족 구성원인 아동의 초등학교 취학 전 보육 및 교육 지원을 위하여 노력해야 하고, 그 아동의 언어발달 및 학습지원 등의 지원을 하게 되었다. 「다문화가족지원법」 제2조 제1호에는 다문화아동 보육은 다문화가족의 영유아 등에게 보육서비스를 제공하는 것이라고 정의하고 있으며, 제10조에서는 다문화아동에 대한 지원에 대하여 다음과 같이 명시하고 있다.

첫째, 국가와 지방자치단체는 아동·청소년 보육·교육을 실시함에 있어서 다문화가족 구성원인 아동·청소년을 차별하여서는 아니 된다.

둘째, 국가와 지방자치단체는 다문화가족 구성원인 아동·청소년이 학교생활에 신속히 적응할 수 있도록 교육지원대책을 마련하여야 하고, 특별시·광역시·특별자치시·도·특별자치도의 교육감은 다문화가족 구성원인 아동·청소년에 대하여 학과 외 또는 방과후 교육 프로그램 등을 지원할 수 있다.

셋째, 국가와 지방자치단체는 다문화가족 구성원인 18세 미만인 사람의 초등학교 취학 전 보육 및 교육 지원을 위하여 노력하고, 그 구성원의 언어발달을 위하여 한국어 및 결혼이민자등인 부 또는 모의 모국어 교육을 위한 교재지원 및 학습지원 등 언어능력 제고를 위하여 필요한 지원을 할 수 있다.

마지막으로 「영유아보육법」 제10조에 따른 어린이집의 원장, 「유아교육법」 제7조에 따른 유치원의 장, 「초·중등교육법」 제2조에 따른 각급 학교의 장, 그 밖에 대통령령으로 정하는 기관의 장은 아동·청소년 보육·교육을 실시함에 있어 다문화가족 구성원인 아동·청소년이 차별을 받지 아니하도록 필요한 조치를 하여야 한다.

영유아기는 다문화 가정 자녀가 초·중등교육 단계에서 겪게 될 어려움을 조기에 예방할 수 있는 중요한 단계이다. 다문화가정 자녀에게 언어·문화적 경험 및 전인발달을 적기에 제공할 수 있도록 어린이집에서 영유아들을 위한 다문화교육과 함께 잠재적 인적 자원 역량을 개발해 줄 수 있도록 국가와 사회 차원에서의 다문화아동 보육에 대한 지원이 지속되어야 한다.

2) 다문화 보육과정과 프로그램

「영유아보육법」 제3조에는 '영유아는 자신이나 보호자의 성, 연령, 종교, 사회적 신분, 재산, 장애, 인종 및 출생지역 등에 따른 어떠한 종류의 차별도 받지 아니하고 보육되어야 한다.'고 규정하고 있다. 차별 없는 최선의 보육을 실현하기 위해서는 제도나 정책 면에서 차별이 없도록 해야 할 뿐 아니라, 보육교사가 영유아와 그 부모의 배경에 따른 편견 없이 다문화 영유아의 특별한 요구를 반영한 보육과정을 운영해야 한다.

보육과정에서도 다문화보육을 반영하여, 표준보육과정에 추구하는 인간상으로 "다양성을 인정하는 민주적인 사람"을 제시하고 있다(한국보육진흥원, 2013). 다양한 문화와 가족 유형 등 국제화와 다원화된 사회 속에서 성장발달하고 있는 영유아기 편견 없이 나와 다른 사람과의 차이를 존중하고 협력하고 조화를 이루며 살아가는 능력과 태도를 키우는 것은 민주 시민의 기초를 형성하는 데 필요한 요소이다.

다문화보육 프로그램은 특별활동으로 실시하는 것이 아니라 보육과정에 포함되어 제공되어야 하며, 반편견 교육을 통해 사회적인 정의를 실현하는 것을 강조해야 한다. 따라서 다문화가정 영유아뿐만 아니라 모든 영유아가 글로벌 사회에서 잘 적응하는 것을 목적으로 하며, 다문화보육 프로그램의 구체적인 목표는 다음과 같다(한국보육진흥원, 2013).

- 자신과 집단의 정체감을 형성한다.
- 자신의 문화 뿐 아니라 다양한 문화를 이해하고 존중한다.
- 다른 문화, 인종, 민족에 대해 편견을 가지지 않는다.
- 모든 사람은 인종이나 민족과 상관없이 평등하다는 신념을 지닌다.
- 다양한 사람들과 협력을 통해 조화롭게 지낸다.

보건복지부에서 2014년 개발한 '다문화 보육프로그램'은 기존의 다문화 보육프로그램이 다문화가정 영유아들의 문제행동 및 지도방안에 초점을 맞추어 개발되어 현장 적용도가 낮은 점 등을 보완하여 다문화가정 및 비다문화 가정 영유아들을 통합, 자연스러운 일상생활에서 수행할 수 있는 상황주제, 생활주제 중심의 '현장밀착형' 보육프로그램으로 개발하였다.

다문화 보육의 내용은 여섯 가지 영역으로 구성하되, 문화, 협력, 편견, 정체성, 평등성, 다양성 등의 내용들이 주제 활동 내에 적절히 포함될 수 있게 고려였다(보건복지부, 2014).

표 9-1 다문화 보육의 내용(예시)

목표	내용
문화	문화 간의 유사성과 차이점의 특징을 알고, 각 문화에 대한 이해 및 존중심을 기르며, 문화 간 긍정적인 태도를 발달시킨다.
협력	다양한 사람들과의 상호작용 능력과 협동 능력을 증대시킨다.
편견	선입견, 편견, 고정관념 및 차별대우에 대한 비판적인 사고를 형성하고, 이러한 문제에 직면했을 때 대처할 수 있는 능력을 키워준다.
정체성	긍정적인 자아개념과 자아정체감 및 집단 정체성을 형성할 수 있도록 한다.
평등성	국가, 민족, 인종, 성, 신체적 능력, 사회계층은 모두 다르지만 인간은 모두 평등하다는 긍정적인 태도와 가치를 형성하도록 한다.
다양성	유사점과 차이점을 가지고 있는 다양한 개인과 집단이 존재하는 것을 알고 이러한 다양성에 존중하는 마음을 갖도록 한다.

출처: 보건복지부(2014).

생활주제	내용
서로 다른 놀이	놀이의 소개와 공유, 그리고 새로운 놀이의 창출 내용으로 구성
축제는 재미있어요	여러 나라의 문화에 대한 호기심과 존중, 그리고 경험과 협력으로 구성
서로 다른 표시, 서로 같은 표시	세계 여러 나라의 다양한 시각적 자료 경험을 통해 세계 여러 나라의 공통점과 차이점을 인식하고 이 과정을 통해 문화를 존중하는 내용으로 구성
우리랑 옷이 달라요	흥미로워 할 수 있는 옷이라는 매체를 통해 문화의 다양성과 공통점을 인식하도록 구성
서로 도와요	세계가 하나 되고 서로 도움을 주고받아야 함에 대한 인식과 경험을 제공하도록 구성
표현은 달라도 마음은 같아요	나라가 다르고 문화가 달라도 의사소통하는 방법이 다소 다를 뿐 마음은 같음을 전달하는 내용으로 구성

출처: 보건복지부(2014).

3) 다문화 보육 정책

다문화가정 영유아를 대상으로 한 정책은 한국어 교육, 적응지원, 인지능력향상지원, 보육료지원 등이 있다. 보육료 지원의 경우는 2011년부터 소득 수준에 관계없이 다문화가정 영유아가 보육료를 지원받을 수 있게 되었다. 「다문화가족지원법」 제2조 제1호에 따른 다문화가족 자녀 중 초등학교 취학전 만 0세~만 5세 영유아를 대상으로 하고 있다.

영유아를 대상으로 하는 언어교육은 다문화 정책 초기에는 다문화가정 영유아에게 한국어를 지도하는 교육이 주를 이루었지만 최근에는 다양한 언어를 지도하는 것으로 확대되어 언어영재교실을 운영하고 있는 것이 특징이다(한국보육진흥원, 2019b).

다문화가정의 영유아를 대상으로 한 정책을 살펴보면 다음의 〈표 9-2〉와 같다.

표 9-2 다문화가정 영유아대상 정책 및 담당부처

지원영역	사업명	내용	담당부처	산하기관
한국어교육, 언어발달 지원	다문화가족자녀 언어발달 지원사업	• 언어지도가 배치 • 언어발달지원	여성가족부	다문화가족 기원센터
	언어발달진단 및 교육	• 취학 전 초등학교 저학년아동 언어발달 진단 및 교육		
	방문교육사업	• 한국어교육: 최조 입국 5년 이하 결혼이민자 혹은 중도입국자녀 대상		
	언어영재교실	• 만 3세~ 초등학생 다문화가정 자녀에게 중국어, 베트남어, 일본어 수업		
유치원 적응지원	기본학습 및 유치원 생활지원	• 유치원발달 지연 유아 및 기관 이용 유아 맞춤 교육	교육부	
인지능력 향상서비스	아동인지능력 향상서비스	• 만 2~6세 다문화가정 자녀 주1회 독서도우미 방문 책읽기 서비스제공	보건복지부	
다문화 영유아 보육료지원	보육료지원	• 어린이집을 이용하는 다문화가정 영유아 무상보육	보건복지부	

출처: 다문화 보육과정 컨설팅 매뉴얼(2019).

생각해 볼 문제

1. 영아기 보육경험이 어머니와의 애착관계에 미치는 영향을 고려할 때, 어떠한 대안이 있는지 생각해 봅시다.

2. 장애통합보육을 실시하고 있는 어린이집의 경험적 사례를 조사해 보고, 그 문제에 대하여 대응책을 생각해 봅시다.

3. 다문화아동을 대상으로 보육서비스를 확충하기 위한 지원방안에 대하여 생각해 봅시다.

Chapter 10

어린이집의 환경

영유아기는 인간의 발달단계에서 그 어느 시기보다도 성장이 빠르기 때문에 이 시기의 환경은 발달에 더욱더 큰 영향을 주게 된다. 어린이집에 다니는 영유아의 경우 하루 중 많은 시간을 시설에서 보내므로 어린이집 환경은 영유아의 발달에 있어 매우 중요한 역할을 한다고 할 수 있다. 따라서 어린이집은 영유아들에게 가정과 같은 편안함을 제공해야 할 뿐만 아니라 실내 · 외 환경을 통하여 교육기능을 실현할 수 있도록 구성하여야 한다.

이 장에서는 영유아의 성장 · 발달에 직접적 · 간접적으로 영향을 주는 어린이집의 환경구성 내용은 보육환경의 중요성과 보육환경의 구성원리로 나누어 살펴보고자 한다. 또한 영유아의 놀이는 영유아가 놀이를 하는 실내 · 실외공간과 그것에 비치된 놀이시설물 및 놀잇감을 포함하는 물리적 환경의 영향을 많이 받으므로 보육공간의 구성과 특성을 살펴보고, 공간을 0~2세 미만, 2세, 3~5세의 연령별 보육환경으로 나누어 살펴보고자 한다.

1. 어린이집의 환경 구성원리

1) 어린이집 환경의 중요성

어린이집 환경, 즉 건물, 내부 공간, 교구 등의 물리적 환경은 인간의 성장 · 발달에 대한 초기 경험의 중요성만큼 영유아의 성장과 발달에 있어 중요하다. 영유아는 환경과 대화한다는 말이 있을 정도로 영유아의 경험에 미치는 환경의 영향력은 지대하다(공인숙 외, 2005). 따라서 성인이 어떤 물리적 환경을 제공하느냐에 따라 그 속에서 생활하는 영유아의 놀이의 질 및 행동에 영향을 미친다.

어린이집의 물리적 환경은 보육의 목표를 달성하기 위한 계획된 공간으로서 물리적 시설과 설비가 제대로 갖추어지지 않은 상황에서 프로그램의 효율적 운영을 기대하기 어렵다(최목화 외, 2002). 따라서 잘 마련된 물리적 환경은 영유아의 탐색이나 놀이를 촉진시킬 뿐만 아니라 영유아의 행동을 조절하는 기능을 하기도 한다(양옥승 외, 1999).

물리적 환경과 영유아의 행동 간의 관련성이 있음을 보고하는 많은 연구결과들이 있다. 예를 들면, 일정한 공간을 사용하는 사람 수를 밀집도라 하는데 밀집도가 높을 때 영유아의 공격성이 증가하고 교사들의 불만도 높지만, 반대로 밀집도가 너무 낮아도 영유아들이 교실을 배회하고, 교사의 감독이 소홀해져 오히려 사고가 더 많이 일어난다. 또한 제공되는 자료가 적을수록 영유아들의 상호작용 빈도가 적고 갈등도 많아지지만, 자료가 많으면 협동놀이와 나눠 쓰기의 빈도가 높게 나타났다. 뿐만 아니라 양질의 보육환경에서 생활하는 영유아들은 더 높은 수준의 흥미를 보이며 더 오랫동안 활동에 집중하고 주도적이며 자율적인 경향이 있고, 개별화된 보살핌과 학습이 가능하다.

어린이집 환경 물리적 환경은 영유아들의 발달과 행동에 영향을 주고, 다른 사람과의 상호작용 여부를 결정짓고 설정한 목표를 달성하는 데 중요한 역할을 하므로 어린이집의 물리적 환경 역시 영유아의 놀이와 탐색 활동 및 상호작용에 영향을 주면서 보육의 질을 결정하는 중요 요소가 된다.

2) 어린이집 환경의 구성원리

영유아발달에 최적의 환경을 구성하기 위한 원리는 다음과 같다(윤희경, 2005).

첫째, 안전한 환경이다. 학습하고 탐색할 수 있는 안전한 장소로 영유아가 자유롭고 안락함을 느낄 수 있어야 한다. 둘째, 안락한 분위기이다. 영유아가 가정과 같이 포근하고 편안함을 느낄 수 있는 분위기를 제공해야 한다. 즉 영유아의 모든 감각에 완전하고 다양한 수준으로 자극이 제공되는 것을 말한다. 셋째, 소속감이다. 영유아들에게 소속감을 느끼도록 하며, 영유아의 이름이 새겨진 개인 소지품을 보관할 수 있는 사물함도 제공해야 한다. 넷째, 정돈되고 흥미로운 공간이어야 한다. 실내공간은 영유아의 흥미와 욕구를 불러일으킬 수 있도록 깨끗하고 잘 정돈된 흥미로운 환경이어야 한다. 다섯째, 연령에 적합한 교재 · 교구를 제공해야 한다. 영유아의 욕구와 흥미를 충족시킬 수 있도록 연령과 발달에 적합한 교재 · 교구 및 설비를 선택해야 한다. 여섯째, 다양한 상호작용을 유발해야 한다. 영유아가 또래 및 환경과 적극적인 상호작용 경험을 발달시킬 수 있도록 구성해야 한다. 일곱째, 독립심과 자발성을 촉진해야 한다. 실내공간의 모든 가구는 영유아에게 적합한 크기여야 하며 교구들은 성인의 도움 없이 선택하고 꺼낼 수 있도록 낮은 선반에 정돈하여 제시한다.

2. 어린이집의 공간구성과 특성

1) 보육공간의 구성

영유아기는 인간의 발달단계에 있어 그 어느 시기보다도 성장이 빠르기 때문에 이 시기의 환경은 발달에 큰 영향을 주게 된다. 어린이집에 다니는 영유아의 경우 하루 중 많은 시간을 어린이집에서 보내므로 보육실 환경은 영유아의 발달에 있어 매우 중요한 역할을 한다고 할 수 있다.

Frost(1976)는 보육실의 공간구성을 정적 영역과 동적 영역으로 나누고 물을 사용하는 관점을 구분하여 크게 네 가지 영역으로 분리하며 다음과 같은 관점을 제시하였다. 첫째, 조용하고 건조한 영역은 언어 · 수조작 영역을 구성한다. 둘째, 조용하고 물이 필요한 영역은 과학 · 탐구 영역을 구성한다. 셋째, 시끄럽고 건조한 영역은 역할 · 쌓기 · 음률 영역을 구성한다. 넷째, 시끄럽고 물이 필요한 영역은 조형(표현) 영역을 구성한다.

이러한 내용에 근거하여 영유아의 발달에 적합한 보육실 영역을 구성할 때 다음과 같은 사항을 고려해야 한다(이소희 외, 2009).

첫째, 동적 영역은 활동적인 영역으로 영유아의 활동반경이 넓고 활동 시 소음도 큰 편이므로 보육실 안쪽보다 입구 쪽부터 배치하면 편리하다. 따라서 역할 · 쌓기 · 음률 · 목공놀이 영역은 보육실 입구 쪽에 구성하면 좋다. 둘째, 정적(언어, 수조작, 과학) 영역은 동적 영역보다는 출입구에서 안쪽으로 배치하는 것이 좋다. 셋째, 과학 영역은 식물 기르기 등의 활동이 많으므로 창문 쪽에 배치하면 활동의 연계성이 되어 좋으며 수조작 영역 옆에 함께 배치해도 좋다. 넷째, 작업(표현) 영역은 물을 사용하거나 영유아의 상호작용이 원활한 영역이므로 보육실 안쪽보다 입구에 가까운 쪽에 있으면 편리하다. 다섯째, 대근육 영역은 보육실 안쪽보다는 동적 영역과 함께 입구 쪽에 배치하면 좋다. 여섯째, 영아반의 경우, 기저귀 갈이 영역이나 수유 영역, 휴식 영역을 구성하여 영아의 일상생활 지원이 이루어지도록 구성한다. 홍미 영역이란 동일한 놀이나 활동이 한 공간에서 오랜 시간 이루어지도록 관련된 교구와 교재를 마련해 준 곳을 말한다.

보육실의 홍미 영역은 다음과 같이 구성하도록 한다(보건복지부, 2010). 첫째, 홍미 영역은 영유아가 스스로 탐색하고 쉽게 이용할 수 있도록 보육실 내에 배치하는 것을 원칙으로 한다. 둘째, 보육실 크기와 영유아의 연령을 고려하여 홍미 영역의 수와 구성을 정하는 것이 좋다. 셋째, 각 영역은 적어도 서너 명 이상의 영유아가 활동할 수 있는 크기의 공간을 확보하는 것이 바람직하다. 넷째, 각 홍미 영역을 적절히 배치하여 영유아가 서로 방해받지 않고 영역별놀이나 활동을 할 수 있도록 한다. 다섯째, 홍미 영역은 보육실의 공간이나 여건에 따라 그 수를 합하거나 확대하여 구성할 수 있다.

2) 보육공간의 특성

보육현장에서 실질적인 보육이 이루어지는 보육공간은 보육의 질을 좌우하게 되는데, 양질의 보육을 제공하기 위해서는 다음과 같은 몇 가지 특성을 지녀야 한다.

첫째, 영유아의 발달에 적합한 공간이어야 한다. 보육공간은 영유아의 연령 및 발달수준을 고려하여 공간을 구성해야 한다. 영아의 경우는 양육과 관련된 개별적인 욕구를 더 많이 반영해 주어야 하고, 유아의 경우는 교육적 욕구를 충족시키기 위해 홍미 영역을 보다 세분화시켜 주어야 한다. 또한 영유아의 발달 속도가 빠르므로 이에 맞추어 발달을 지원해 줄 수 있어야 하며, 영유아 개인들 간의 발달 차가 크므로 이 또한 수용할 수 있는 환경이 되어야 한다.

둘째, 교육과 보호가 함께 이루어지는 공간이어야 한다. 어린이집에서의 보육은 영유아의 건강, 영양, 안전 등의 보호가 주를 이루는 것으로 인식하고 있으나 교육도 이에 못지않게 중요하다. 그러나 교육과 보호의 비중은 영유아의 연령에 따라 다르다. 즉, 영아의 경우 수유나 기저귀 갈기 등의 생리적 활동에 대한 비중이 더 커야 하고, 유아의 경우는 놀이와 학습을 위한 교육공간의 비중이 더 커야 한다(이연숙, 1997).

셋째, 성인과 영유아가 함께 생활하는 공간이어야 한다. 어린이집은 영유아뿐만 아니라 원장, 교사, 사무원, 취사원 등의 보육교직원과 부모, 외부 사람들 등 여러 성인들이 함께 생활하는 공간이다. 그러므로 영유아들을 위한 시설 및 비품은 영유아의 신체 크기에 맞아야 하고, 동시에 영유아를 돌보는 교사와 부모들을 위해서도 업무의 효율성 증진이나 욕구 충족을 위하여 이에 적합한 시설, 설비가 갖추어져야 한다.

넷째, 지역사회를 위해 서비스를 제공하는 공간이어야 한다. 어린이집은 영유아의 보육뿐만 아니라 부모와 지역사회 교류의 장으로 부모나 가족, 지역 주민들을 위한 각종 서비스를 제공해 주어야 한다. 특히 저소득 지역의 부모 및 가족들에게 영유아 양육에 대한 전문적인 지식과 방법, 문화와 여가를 함께 할 수 있는 방법 등을 알려주는 포괄적 서비스를 제공해 주어야 한다. 또한 어린이집은 지역주민의 통합과 지역사회의 발전을 이루는 지역사회복지의 목적을 달성하기 위하여 지역사회의 모든 사람에게 개방된 공공보육센터로서의 기능도 수행해야 한다. 이를 위해 유희실이나 강당 등을 부모나 지역주민들이 이용할 수 있도록 개방하고 도서를 대여해 주거나 혹은 필요한 지역사회기관을 연결해 주는 등 지역사회와 지역주민 그리고 부모들을 연결시켜 주는 축의 역할을 할 수 있다. 그러므로 부모나 지역주민들이 함께 사용하는 시설은 영유아 중심으로 하되, 성인들이 함께 사용할 수 있는 시설 및 설비가 되도록 디자인해야 한다.

3. 어린이집의 연령별 환경구성

영유아나 보육교직원들이 활용하는 공간을 0~2세 미만, 2세, 3~5세의 보육환경으로 나누어 공간구성에 대해 살펴보고자 한다.

1) 0~2세 미만 반의 보육환경구성

출생 이후 14개월의 수유기와 이유기는 일생 중 가장 빠르게 발달하는 시기로, 이 시기의 영아들을 위한 발달목표는 대·소근육의 발달과 탐색활동을 통한 감각발달, 신뢰감 및 자존감 형성, 자조기술의 발달, 사회성발달 그리고 언어발달이다. 그러므로 영아를 위한 환경은 가정과 같이 편안하고 안락한 분위기가 느껴지면서 최대로 안전을 고려하여 영아가 주변 환경을 탐색하면서 새로운 기술을 습득하고, 습득한 기술을 연습해 볼 수 있도록 환경을 구성해 주어야 한다.

(1) 일상생활 영역

① 기저귀 갈기 영역

기저귀는 신속하게 갈 수 있도록 시설 및 비품이 준비되어야 한다. 기저귀 가는 데 필요한 용품들, 즉 기저귀, 로션, 연고, 종이, 수건, 파우더, 물휴지, 바닥에 까는 종이나 천 등을 손쉽게 사용할 수 있도록 비치하여야 하며, 기저귀를 간 후 바로 손을 씻을 수 있도록 세면대가 근처에 있어야 하고, 음식을 준비하는 공간과는 떨어져 있는 것이 좋다.

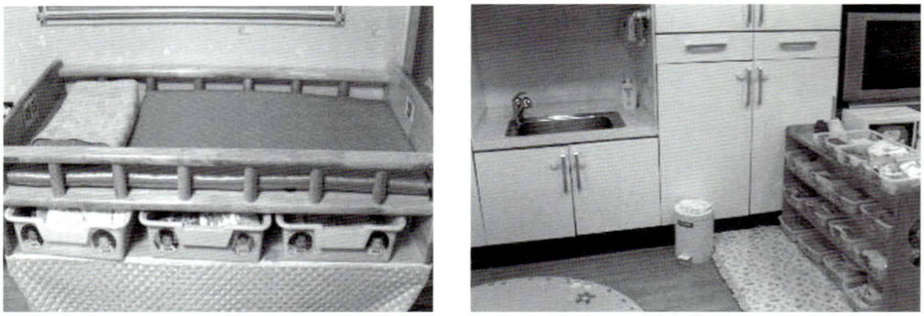

그림 10-1 기저귀 갈기 영역

② 수유 · 식사 영역

수유나 이유 등의 음식을 보관하고 준비하는 공간과 먹는 공간은 분리시키고, 뒷정리가 용이하도록 싱크대 가까이 배치한다. 개별 영아가 먹는 우유나 음식이 서로 바뀌지 않도록 우유병이나 이유식 용기에 이름을 써서 표시를 해두는 것이 좋고, 영아가 먹은 음식의 종류와 먹은 양을 기록하기 위하여 별도의 양식을 비치한다.

보육실 내에 냉장고와 전자레인지, 식기 소독기 등을 마련하여 수유와 이유식 등을 준비하기 위해 보육실 밖으로 나갈 필요가 없도록 하며, 영아가 편히 앉아 먹을 수 있는 작고 낮은 테이블이나 식탁 의자를 준비하고, 수유가 영아인 경우에는 보육교사가 안고 수유하기에 편한 흔들의자나 소파를 마련한다. 이때, 교사는 영아와 눈을 마주치며 상호작용을 하도록 한다.

③ 낮잠 · 휴식 영역

영아는 많은 시간 동안 잠을 자기 때문에 편안하게 잠을 잘 공간과 휴식을 취할 공간이 필요하다. 낮잠이나 휴식공간은 소음이 나는 놀이공간과 분리되어야 하고 교사가 쉽게 관찰할 수 있어야 한다. 낮잠을 자기 위해 안전한 형태의 요가 필요하다. 아기용 침대인 경우에는 비교적 단단한 매트리스와 무겁지 않은 이불이 필요하며, 영아가 자다가 깬 후 밖으로 나올 수 없도록 영아 어깨 높이의 안전한 울타리가 있어야 한다. 요는 너무 푹신하지 않고 땀 흡수가 잘 되는 면으로 커버를 씌운 것을 준비한다. 또한 혼자 휴식하거나 놀 수 있는 공간에는 쿠션, 작은 소파, 매트, 누워서 볼 수 있는 모빌, 손이나 발로 차거나 잡아당기거나 누르거나 할 수 있는 놀잇감을 부착하여 쳐다보며 놀 수 있게 해준다.

그림 10-2 낮잠·휴식 영역

④ 화장실

영아기는 배변훈련을 시작하는 시기이므로 화장실은 위생적이고 안전할 뿐만 아니라 영아에게 친근감을 주어야 한다. 화장실 바닥은 미끄럼 방지 처리를 하고 변기를 사용하는 방법과 손씻기 방법 등을 알려주는 그림을 붙여준다.

어린 영아의 경우 낮은 의자나 디딤대를 비치하여 화장실을 편리하게 사용할 수 있도록 배려한다. 화장실 변기가 성인용일 경우에는 이동식 변기나 성인용 변기뚜껑에 영아용 변기뚜껑을 올려서 사용하도록 한다.

그림 10-3 화장실

(2) 실내놀이 영역 구성

① 신체 영역

영아기는 대근육과 운동기술이 급속히 발달되는 시기로 고개도 가누지 못하다가 영아기 말이 되면 걸어다닐 수 있게 된다. 이 시기 영아들은 앉기, 뒤집기, 기기,

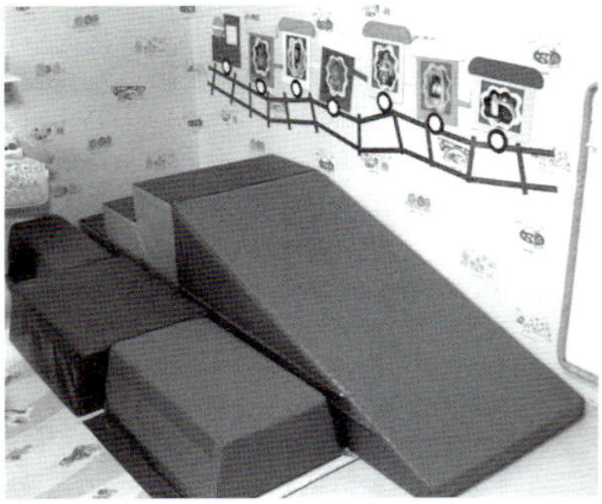
그림 10-4 신체 영역

잡기, 잡고 서기, 걷기, 기어오르기 등 자신의 신체통제력을 획득하는 데 많은 시간을 보내고, 새로운 것을 시도하고 반복 연습하기를 좋아하며 자신의 몸을 조절할 수 있게 되면서 자신감을 갖게 된다(양옥승 외, 1999). 그러므로 대근육 활동을 할 수 있는 환경을 마련하여 일상생활처럼 자연스럽게 신체 및 운동기능의 발달이 이루어지도록 한다. 영아가 떨어졌거나 넘어졌을 때 발생할 수 있는 안전사고를 예방하기 위해 바닥에 충격을 흡수하는 카펫, 고무나 스펀지 매트, 매트리스 등을 깔아 준다.

② 감각 · 탐색 영역

영아에게 다양한 감각적 경험과 탐색의 기회를 제공해 주는 것으로 소근육의 조작적 경험을 충분하게 경험할 수 있는 환경을 제공해야 한다. 그러므로 다양한 모양, 크기, 색, 질감을 느낄 수 있는 교구를 마련한다. 놀잇감들은 영아들이 가지고 놀면서 자주 입으로 가져가므로 최소 3cm 이상 크기의 독성이 없고 삼킬 수 없을 정도로 커야 하며 소독을 자주 할 수 있는 재질로 된 것이 좋다.

그림 10-5 감각 · 탐색 영역

③ 언어 영역

영아들은 1세를 전후하여 말을 하기 시작하므로 언어발달을 도와주는 환경을 마련해 준다. 언어 영역은 소음이 나는 영역과는 떨어져 있어야 하며, 영아와 교사가 함께 앉아 볼 수 있는 안락한 의자나 쿠션 등을 마련하는 것이 좋다. 책은 잘 찢어지지 않아야 하며, 작고 넘기기 쉬운 책이 좋다. 또 소리 나는 그림책, 다양한 촉감을 느낄 수 있는 책이나 영아가 흥미로워 하는 동물이나 자동차 등의 그림이 있는 책을 준비해 둔다.

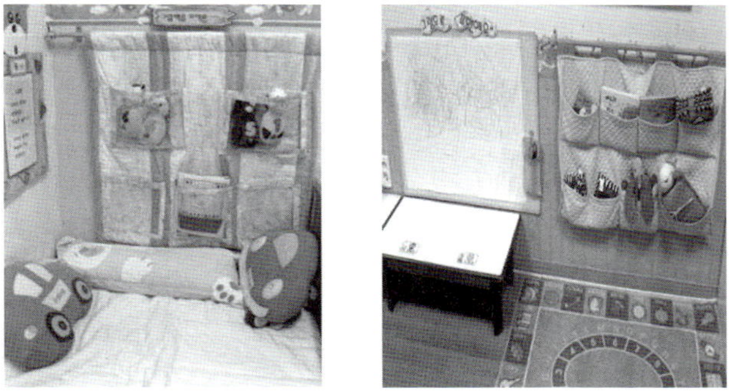

그림 10-6 언어 영역

④ 역할놀이 · 쌓기놀이 영역

그림 10-7 역할놀이 · 쌓기놀이 영역

영아가 반복적인 놀이행동으로 몰입하였을 때, 교사는 영아의 단순한 흉내를 역할놀이로 확장시키고 영아의 가작화가 용이하도록 실제 사물과 유사하며 일상생활 중에 쉽게 경험할 수 있는 놀잇감을 이용하여 교사나 또래와의 상호작용의 기회를 갖도록 한다. 쌓기 영역 역시 혼자서 하는 시도와 또래와의 상호작용이 일어나는 놀이이므로 구성물을 만들 수 있는 충분한 공간이 필요하다.

(3) 실외놀이 환경

실외놀이터는 무엇보다도 안전해야 하며 도전감과 감각 · 운동적 자극을 많이 줄 수 있어야 한다. 영아를 위한 실외놀이공간은 유아들을 위한 공간과 분리하여 주는 것이 바람직하며, 대근육 활동을 위한 것으로는 터널, 안전 그네, 탈 수 있는 네 바퀴 차, 유모차 등과 탐색을 위해 땅바닥, 잔디밭, 모래, 물 등을 준비하여 다양한 촉각적 경험을 할 수 있도록 한다.

2) 2세반의 보육환경구성

2세 영아들은 여전히 미숙한 부분이 많기 때문에 어른의 통제와 도움이 필요하지만 새로운 것을 배우려는 독립심과 함께 양육자의 도움을 기대하는 의존감을 동시에 갖고 있다. 그러므로 이 시기 영아들에게는 안전하고 잘 정돈된 놀이환경을 마련해 주어 영아들이 마음껏 시도해 보고, 도전해 볼 수 있도록 해주어야 한다. 이 시기의 발달 목표는 운동기술의 발달, 사회성발달, 언어발달, 인지발달 그리고 자아 인식 및 자립심의 발달이다.

그림 10-8 화장실

(1) 일상생활 영역

① 화장실 가기

대부분 만 2세 영아들에게 있어서 대소변 가리기는 중요한 발달과업이므로 교사들은 영아들이 스스로 대소변을 가릴 수 있도록 지도해 주어야 한다. 이를 위해서 수시로 화장실 사용법을 가르쳐 주어야 하므로 보육실 옆에 화장실을 설치하거나 활동실 한 영역에 이동식 변기를 둘 수 있다. 화장실은 남녀에 대한 성교육이 자연스럽게 이루어질 수 있도록 남아와 여아가 공동으로 사용할 수 있게 설치하는 것이 좋으며, 환기시설이 갖추어져야 한다.

② 간식 · 점심 영역

2세 영아는 신체적인 성장이 빠르고, 매우 왕성하게 에너지를 소비한다. 따라서 간식과 점심은 영양학적인 측면의 고려뿐 아니라 영아의 식습관과 위생개념이 형성되도록 배려해야 한다. 간식이나 식사는 보육실 내의 책상에서 먹는 것이 보통이다. 교사는 영아가 이 시간에 다양한 음식을 접해 보고 자신의 음식 선호를 넓혀가며, 영양적으로 균형 있는 음식을 선택할 수 있는 기회를 제공해 주어야 한다.

③ 낮잠 · 휴식 영역

2세 영아들도 낮잠은 성장발달에 중요하다. 종일 보육일 경우 낮잠을 재워야 하며, 놀이 중간에 휴식을 취할 수 있도록 배려해 주어야 한다. 일반적으로 낮잠이나 휴식을 위한 공간을 놀이공간과 분리하는 것이 이상적이지만 장소가 협소한 경우에는 보육실 내에 마련할 수도 있다. 보육실 내에서 낮잠을 잘 경우에는 별도의 침구용품을 마련해야 하며, 침구를 한쪽에 쌓아두면 영아의 놀이도구로 사용되어 위험하므로 문이 있는 장에 보관하도록 한다.

그림 10-9 낮잠 · 휴식 영역

(2) 실내놀이 영역 구성

① 역할 · 쌓기 영역

그림 10-10 역할 · 쌓기 영역

2세 영아들은 자신의 생활과 경험을 흉내 내며 상상놀이를 즐기게 되므로 여러 유형의 극놀이를 할 수 있도록 다양한 소품들을 준비해 주어야 한다. 소꿉놀이를 할 경우 영아의 신체 크기에 맞는 식탁과 의자뿐만 아니라 모형으로 된 냉장고, 싱크대, 부엌 가구, 음식 등의 소꿉용품과 인형, 인형 옷, 우유병, 인형침대, 기타 여러 역할을 표현할 수 있는 의상과 소품, 안전거울 등을 준비한다. 쌓기놀이는 여러 가지 블록을 이용하여 구성놀이를 해봄으로써 부분과 전체, 공간구성력, 분류능력의 형성을 돕는다. 쌓기놀이는 동적이므로 다른 영역보다 넓은 공간이 필요하고 소음을 줄이기 위해 바닥에 카펫을 깔아준다. 블록은 나무나 종이, 우레탄, 스펀지 등 다양한 재질의 블록을 준비하되 크기가 너무 작지 않은 것을 준비한다.

② 감각 · 탐색 영역

2세는 호기심이 많은 시기이므로 영아의 관심이나 흥미에 따라 주변 물체를 관찰하고 탐색하며 조작할 수 있는 환경을 마련해 주어야 한다. 이를 통해 소근육 동작과눈과 손의 협응력, 감각 및 사고력이 발달한다. 조작 영역에 제공할 수 있는 놀잇감은 각종 퍼즐, 구슬 꿰기, 바느질하기 등으로 너무 어렵지 않고 간단한 것이 좋다. 제공되는 대부분의 놀잇감은 크기가 작기 때문에 종류별로 플라스틱 통에 담아 보관함으로써 영아들이 쉽게 꺼내고 정리할 수 있도록 해준다. 또한 탐색 영역에는 돋보기, 식물, 동물, 주변에서 찾아낸 여러 모양의 돌이나 나무껍질, 조개껍질 같은 자연물 등을 비치하여 영아들이 보고, 만지면서 느낀 것을 비교하여 볼 수 있게 해준다. 이 영역은 영아들의 통행이 적고 햇빛이 잘 들며, 정적인 활동이 일어나는 영역과 인접하여 배치하는 것이 좋다.

그림 10-11 감각·탐색 영역

③ 언어 영역

2세는 어휘가 급속히 발달하며 자신의 생각을 문장으로 표현할 수 있고 간단한 의사소통도 가능하기 때문에 자유롭게 표현해 보고, 연습할 수 있는 다양한 언어적 환경을 마련해 주어야 한다. 2세의 영아들은 사실적이고 영아 자신의 일상생활과 관련된 내용으로 된 간단한 이야기의 그림이 많은 책을 좋아한다. 또한 테이프와 녹음기를 비치하여 녹음된 동화를 들을 수 있도록 해주고, 손인형, 손가락 인형, 막대인형 등의 인형극 자료와 융판자료, 자석자료 등을 함께 비치해 주면 좋다.

그림 10-12 언어 영역

④ 미술 영역

2세 영아들은 미술 영역에서 제공되는 다양한 모양과 색, 재질을 가진 자료들을 탐색하고 조작해 봄으로써 창의적인 표현력과 성취감, 색이나 형태의 아름다움, 소근육 발달, 눈과 손의 협응력 발달을 촉진시킬 수 있다. 그러므로 이 영역에는 모

그림 10-13 미술 영역

양, 색, 굵기, 크기, 촉감 등 자료가 가지고 있는 특성이 다른 여러 자료들을 준비하여 질감과 성질 등에 대해 살펴볼 수 있도록 해주는 것이 필요하다.

그림 10-14 음률 영역

⑤ 음률 영역

음률 영역에는 영아가 음악을 듣고 몸으로 표현할 수 있도록 충분한 공간을 제공해 주어야 한다. 그리고 다양한 소리를 직접 경험하고 음악에 맞춰 몸을 흔들고 움직이며 노래를 부를 수 있도록 각종 리듬악기나 타악기 등을 비치해 준다.

그림 10-15 신체 영역

⑥ 신체 영역

2세가 되면 신체의 움직임이 제법 능숙해지고 신체활동을 더 즐기게 되므로 보다 넓은 대근육 활동 영역이 필요하다. 2세는 달리기, 구르기, 던지기, 오르기 등과 같은 대근육 활동을 많이 해야 하는 시기로 실외뿐만 아니라 실내에서도 안전하게 대근육 활동을 할 수 있도록 환경을 마련해 주어야 한다. 실내에서 대근육 활동을 위해서 끌차, 붕붕차, 유모차 등의 탈것, 매트, 낮은 오름대, 낮은 미끄럼틀, 낮은 평균대, 덤블링, 흔들 말, 우레탄 블록, 공 등을 제공해 줄 수 있다.

(3) 실외놀이 영역 구성

Wellhousen(2002)은 3세 미만의 영아를 위한 실외놀이장에 운동놀이 영역, 역할놀이 영역, 감각놀이 영역, 정적 놀이 영역 등 네 가지 영역을 구성할 것을 제안하였다(이숙재, 2007).

① 운동놀이 영역

운동놀이 영역에는 경사가 완만한 낮은 미끄럼틀이나 계단 오르기, 다리 건너기, 미끄럼 타기, 핸들 돌리기, 다이얼 돌리기 등을 할 수 있는 복합 놀이시설물을 설치한다. 또한 이동 놀이기구로는 손수레, 영아가 탈 수 있는 자동차, 큰공, 훌라후프 등을 제공한다.

② 역할놀이 영역

영아는 주변의 성인 역할을 모방하는 놀이를 주로 하므로 작은 놀이집을 설치하고 영아에게 친숙한 놀잇감, 예를 들어 유모차, 인형, 각종 부엌용품 등을 제공한다. 특히 영아들은 장난감을 함께 나누어 사용하는 능력이 부족하므로 충분한 양을 준비해 둔다.

③ 감각놀이 영역

감각놀이 영역에서는 영아들이 자유롭게 물, 모래, 물감, 밀가루 반죽 등을 가지고 놀면서 다양한 감각 경험을 하도록 한다. 물놀이대, 모래밭이나 모래놀이대, 탁자, 플라스틱 컵, 작은 양동이, 스펀지, 삽, 모양찍기틀, 체, 이젤, 물감과 붓, 밀가루 반죽, 손가락 그림물감 등을 제공한다.

④ 정적놀이 영역

영아들이 편안하게 쉬거나 책보기, 퍼즐 맞추기 등의 정적인 놀이를 할 수 있는 영역이다. 영아들의 왕래가 많지 않은 위치에 테라스, 천막 등을 활용해서 햇빛을 가려주고, 돗자리나 매트, 탁자와 의자를 준비하고 동화책, 퍼즐, 조용한 음악을 제공한다.

3) 3~5세반의 보육환경구성

3~5세반까지의 유아를 위해서는 영아들에 비해 학습 기회를 더 많이 제공해 주는 환경구성이 필요하다. 즉, 흥미 영역으로 수·과학 영역, 컴퓨터 영역 등을 추가시켜 줄 수 있다.

(1) 일상생활 영역

① 간식 및 식사 영역

유아들은 보육교사의 도움을 받아 어느 정도는 급식 준비를 할 수 있으므로 자율적 급식을 위한 식기(예: 급식판)나 식수통, 배식대 등을 준비하는 것이 필요하다. 별도의 식당을 마련하는 것이 좋으나 실내공간이 부족한 경우에는 보육실 내에서 식사할 수도 있다.

② 낮잠·휴식 영역

유아들도 낮잠을 자도록 유도하는 것이 좋으나 자지 않으려고 하는 유아의 경우는 편히 휴식을 취할 수 있도록 해준다. 공간은 가정과 같은 편안한 분위기로 꾸며주고 채광 조절용 가리개나 커튼을 설치하며 신선한 공기를 유지하기 위해 환기장치를 해준다. 침구는 정기적으로 세탁과 일광욕을 시켜주어야 하고 침대시트와 베

개를 넣을 수납공간도 마련한다.

그림 10-16 화장실

③ 화장실

화장실은 하루의 일과가 진행되는 동안 여러 번 손을 씻는 장소이므로 실내·외의 활동 영역과 가까운 곳에 설치하여 놀이 중 쉽게 이용할 수 있도록 한다. 폐쇄형의 화장실 문인 경우 폐쇄감이 들지 않도록 칸막이를 낮게 설치하는 것이 좋다. 변기의 크기는 유아가 혼자 사용하기에 불편함이 없고, 독립심을 길러 주면서 유아의 변기에 대한 두려움이 들지 않도록 유아의 신체 크기에 맞는 것을 설치해 준다.

(2) 실내놀이 영역 구성

① 역할놀이 영역

취학 전 유아들을 위한 역할놀이 영역은 2세 영아들보다 좀 더 다양한 사회적 역할을 표현해 볼 수 있는 환경을 마련해 주어 다양한 역할놀이와 협동놀이가 이루어질 수 있도록 해준다. 이를 위해 병원놀이, 은행놀이, 미장원놀이, 시장놀이, 주유소놀이, 소방관놀이, 우주탐험 등을 할 수 있는 의상과 소품을 마련해 준다.

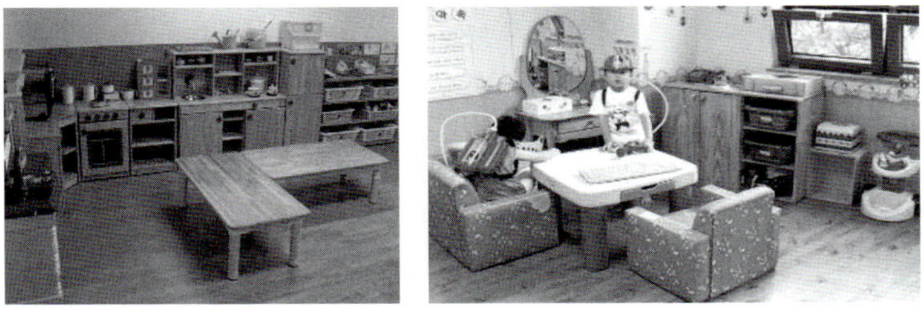

그림 10-17 역할놀이 영역

② 언어 영역

취학 전 유아들을 위해서는 말하기, 듣기 외에 읽기, 쓰기의 문예활동을 할 수 있는 기회와 자료들을 제공해 주어야 하는데 이 시기 언어활동에서 중요한 것은 활동이 유아의 실제 생활과 연결된 의미 있는 활동이어야 한다는 것이다. 말하기와 듣기자료로는 다양한 동화자료와 인형, 그림자료, 녹음자료 등이 있다. 읽기자료로는 쉬운 문자가 있는 그림책 및 사물이름 카드 등이 있고, 쓰기자료에는 다양한 필기도구, 크기와 재질이 다른 종이, 쓰기에 사용되는 도구, 글자 바느질 등이 있다.

그림 10-18 언어 영역

③ 과학 영역

유아들은 과학 영역에서 자연현상과 동 · 식물의 성장과정, 물체의 성질 등을 탐색하고 조사하면서 과학적 개념을 익힐 수 있다. 유아를 위한 과학 영역은 일회적인 실험이나 탐구 및 또는 교사의 일방적인 가르침에 의해 단편적인 사실이나 개념을 습득하는 활동보다는 유아들이 지속적으로 탐색 · 관찰 · 예측하고 반복적인 실험을 하는 과정에서 자신이 한 행위와 결과를 관련지음으로써 스스로 지식을 구성하고 심화 · 확장해 갈 수 있는 활동을 제공하는 것이 바람직하다.

그림 10-19 과학 영역

④ 쌓기놀이 영역

그림 10-20 쌓기 놀이 영역

쌓기놀이 영역에서는 대 · 소근육, 창의적인 구성력, 사회적 기술, 색, 모양, 크기, 부피, 분류, 서열화, 공간관계, 균형 등의 개념발달을 촉진시켜 줄 수 있다. 쌓기놀이 영역에는 다양한 종류의 블록들, 즉 유니트블록, 우레탄 블록, 속이 빈 블록, 와플 블록 등과 타원형 카드, 연결용 경사로, 널빤지 등의 보조 활동 자료들, 각종 모형의 차, 트럭, 비행기, 동물, 사람 등의 다양한 소품을 제공해 준다. 또한 유아가 스스로 블록을 정돈할 수 있도록 선반에 블록의 모형 그림을 붙여 준다. 소음을 줄이기 위해 바닥에 카펫이나 돗자리를 깔아 준다.

⑤ 미술 영역

미술 영역에는 다양한 질감과 색의 종이류, 다양한 그리기 자료(물감류, 크레파스, 매직 등), 조소 자료(밀가루 반죽, 점토, 찰흙 등), 접착제, 폐품류 등을 제공해준다. 이 영역은 물을 자주 사용하므로 물을 사용할 수 있는 곳과 가까이에 배치하고 바닥은 쉽게 닦을 수 있는 재질로 하며 책상에는 비닐을 덮어 준다.

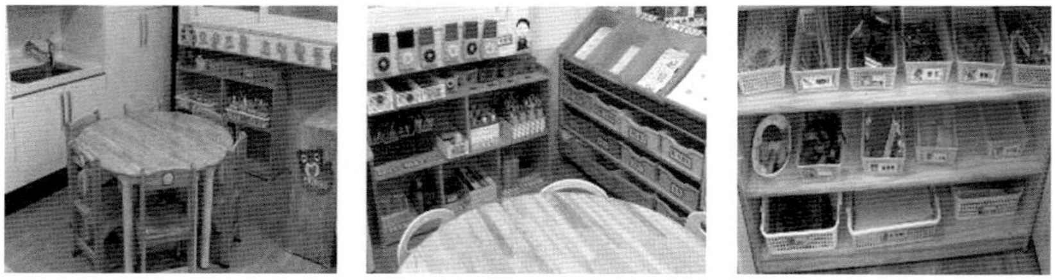

그림 10-21 미술 영역

⑥ 수 · 조작 영역

수 · 조작 영역은 유아들이 논리적 사고, 소근육, 문제해결과 관련된 활동을 하는 곳이다. 이 영역은 개별 활동과 소집단 활동이 동시에 가능할 수 있도록 조용한 곳에 책상과 함께 공간을 마련해 주어야 한다. 유아들은 수영역에서 다양한 자연물이나 물체를 가지고 놀면서 크기, 형태, 부피, 세기, 분류, 서열, 공간, 비교, 측정의 수학적 개념을 획득할 수 있다.

그림 10-22 수 · 조작 영역

⑦ 음률 영역

영아들에 비해 신체 움직임이 더 커지고 다양해짐에 따라 충분한 공간과 리듬을 느끼고 다양한 음악을 감상할 기회를 제공해 주어야 한다. 이를 위해 음률영역에는 리듬악기, 타악기, 멜로디악기, 전통악기 등과 여러 장르의 노래 테이프와 녹음기, 이어폰, 카세트 플레이어 등의 기자재, 그밖에 리듬막대, 리본막대, 스카프 등을 비치해 주어야 한다. 정리정돈을 쉽게 하기 위해 악기장에는 악기 모양의 그림을 붙여준다.

그림 10-23 음률 영역

(3) 실외놀이 영역 구성

유아들을 위한 실외놀이 영역은 구조화된 그네 타기, 미끄럼틀 타기, 자전거 타기, 오르기, 뛰기 등의 신체적인 활동뿐만 아니라 긴장 해소 및 도전적이고 창의적인 활동을 허용할 수 있는 기구와 시설로 구성되어야 한다. 또한 동·식물 등 자연환경을 탐색하고 실험하며 조사하는 활동, 활동적인 놀이, 창의적인 구성놀이, 물과 모래놀이, 휴식하면서 할 수 있는 조용한 놀이 등 다양한 놀이들을 할 수 있도록 구성해 준다.

① 대근육 활동 영역

대근육 활동을 위한 놀이시설 및 자료에는 미끄럼틀, 그네, 낮은 철봉, 망오름대, 링 터널, 정글짐, 구름다리, 흔들 사다리, 징검다리, 놀이집, 타이어 오름대, 자전거, 자동차, 줄넘기, 훌라후프, 고리 던지기, 농구대, 축구 골대 등이 있다. 또한 나무상자, 널빤지, 플라스틱, 로프, 속이 빈 블록 등의 고정되지 않은 도구를 비치하여 뛰기, 달리기 외에 다양한 형태의 움직임을 경험해 보게 할 수 있다.

② 물 · 모래놀이 영역

물 · 모래놀이 영역은 실내외 어느 곳에나 설치할 수 있으나 실외에서는 제약을 받지 않아 물 · 모래놀이를 자유롭게 할 수 있어 대부분 실외에 설치한다. 물 · 모래놀이 영역은 급 · 배수시설이 잘 되어야 한다. 물놀이 영역에는 물놀이용 소품, 비닐 앞치마, 수건 등을 정리 · 보관할 수 있는 수납장이 있어야 한다.

③ 동 · 식물 기르기 영역

동 · 식물 기르기 영역은 바람이 잘 통하고 햇빛이 잘 들고 배수가 잘 되는 곳에 배치하는 것이 좋다. 동물을 기르는 사육장은 동물의 성장과정을 관찰하기 쉽고 물이나 사료를 공급하기 편리한 곳이면 좋다. 특히 청결하게 관리하고 유아들이 다가가지 않도록 안전 울타리를 설치하는 것이 좋다.

④ 조용한 영역

조용한 영역은 유아가 쌓기놀이나 조형 활동, 책보기, 휴식하기 등을 하는 영역이다. 이 영역은 활동적인 영역이 아니므로 그늘진 장소에 배치하여 유아들이 놀이에 집중할 수 있도록 배려한다. 공간이 허락되면 그늘이 드리워지도록 등나무를 올리거나 지붕이 있는 정자를 제공한다. 공간이 충분하지 않으면 의자나 돗자리를 제공한다.

⑤ 역할놀이 영역

실외놀이에서 역할놀이 영역은 물 · 모래놀이 영역과 인접하게 배치하고 놀이집이나 텐트 등 역할놀이 소품을 설치하여 극놀이가 확장될수록 아늑한 공간을 제공한다.

⑥ 목공놀이 영역

목공놀이 영역은 소음이 많고 안전사고에 유념하여 다른 영역에 방해가 되지 않는 장소에 배치하는 것이 좋다. 망치, 톱, 못, 나사 같은 도구와 나무, 스티로폼 등의 재료들을 가지고 구조물을 만드는 목공놀이 영역은 위험한 연장을 사용하므로 교사의 감독하에 놀이가 이루어져야 한다.

생각해 볼 문제

1. 영아를 위한 실내환경을 조사하여 적절한 흥미 영역 구성에 대해 생각해 봅시다.

2. 영유아를 위한 최상의 보육환경을 구성하기 위해 고려해야 할 점에 대해 생각해 봅시다.

3. 3세아를 위한 실외놀이 영역 구성은 어떻게 하면 적절한지에 관하여 평가인증지표를 바탕으로 해서 생각해 봅시다.

Chapter 11

어린이집의 운영관리

어린이집에서 보육은 영유아의 건강, 인지, 사회성, 정서 등을 발달시키고, 더 나아가 부모, 보육교직원, 지역사회 등 어린이집과 관련된 모든 사람들의 신체적 · 사회적 · 인지적 요구를 충족시키고 증진시킬 수 있어야 한다. 따라서 어린이집은 영유아와 부모의 욕구가 서로 차이가 있을지라도 동시에 이들의 요구를 고려하여 수요자 중심의 보육서비스로 운영되어야 하고, 보육교직원과 지역사회의 요구 그리고 행정 감독기관의 관리 규정을 고려하여 어린이집을 효율적으로 운영하여야 한다.

어린이집의 운영관리는 넓은 의미에서 보면 개인이나 어린이집이 아동을 보호하고 교육하는 모든 과정을 포함하는 것으로 운영체계가 어떻게 전개되느냐가 관건이 되고 있다. 따라서 본 장에서는 어린이집 운영관리의 개념, 어린이집의 인적자원관리 및 시설 · 설비관리, 사무관리와 재무회계관리에 대해서 구체적으로 살펴보고자 한다.

1. 어린이집의 운영관리 개념과 원리

1) 어린이집 운영관리의 개념

보육사업의 목적은 영유아의 발달에 적합한 보육환경을 제공하여 영유아를 건강한 사회구성원으로 육성하고, 보호자의 경제적 · 사회적 활동을 지원하여 가정복지 증진에 기여하는 데 있다. 어린이집은 보육의 주요 수요자인 아동 및 그 가족들에게 보육정책을 효율적으로 실행하는 집행주체로서 어린이집의 운영관리는 체계적이고 효율적으로 보육사업의 목적을 달성하기 위한 과정이라고 할 수 있다. 즉, 어린이집의 합리적이고 체계적인 운영관리는 보육사업의 목적달성에 필수적인 것으로, 아동과 부모의 개별 특성을 고려한 수요자의 요구를 만족시켜 주고, 기존의 운영관리상의 문제점을 평가하여 보다 질적인 보육계획의 수립이나 개선에 도움을 준다. 따라서 보육의 질을 높이고 효율성을 높이기 위해 어린이집은 체계를 갖추고 합리적으로 운영될 필요가 있다. 다시 말해 어린이집 운영관리는 어린이집 운영방침 수립, 가정 및 지역사회와의 연계에 이르기까지 어린이집 운영에 대한 효율적인 관리방안을 의미한다. 어린이집은 운영계획 수립, 원아관리 등과 관련하여 정해진 규정이나 지침에 따라 체계적으로 운영되어야 한다. 더불어 가족을 위한 다양한 프로그램을 실시하고 지역사회와 협력적인 관계를 맺음으로써 영유아가 자신을 둘러싼 환경을 긍정적으로 인식하고 생활할 수 있도록 지원하여야 한다.

보육환경의 변화 속에서 예전의 효율적인 측면에 중점을 둔 '운영관리'의 차원에서 벗어나 효과를 중시하는 '경영관리'의 차원에서 어린이집의 전반적인 발전을 지향하는 보육집행 주체로서의 역할에 최선을 다해야 할 것이다. 이러한 측면에서 볼 때 예전의 보육역할에서 벗어나 보다 보육교직원의 전문성을 제고하고, 수요자에게 맞춤 보육서비스를 제공하는 질 높은 서비스, 효과성을 추구하는 운영관리가 필요하다. 특히 우리나라의 어린이집은 가정어린이집과 민간어린이집이 주를 이루고 있어 보육의 질 관리를 위하여 좀 더 적극적이고 효과적인 경영관리가 필요하다.

그리고 어린이집은 영유아들을 보호하고 교육하는 하나의 조직체로, 그것을 경영하고 관리하기 위해서는 몇 가지의 요인이 갖추어져야 한다. 이들 요인에는 인력, 재정, 물자, 관리기법이 포함된다. 어린이집의 운영관리 내용은 매우 다양하여 따로 취급되면 성과를 올리기가 어려운데, 따라서 모든 내용이 유기적으로 추진되기 위해서는 운영관리를 위한 영역별 주요 내용을 알아보아야 한다.

어린이집에서 이루어지는 활동은 보육프로그램 보육활동과 어린이집 관리활동으로 분류할 수 있고 전자는 목적, 후자는 수단이라 하겠다. 즉, 영유아에게 질적인 보육프로그램을 제공하는 보육활동이 목적이라고 한다면, 어린이집의 운영관리는 이러한 목적을 잘 달성하기 위한 수단의 개념으로 이해할 수 있다. 이와 같이 분류한다면 어린이집의 운영관리란 영유아에게 질적인 보육프로그램을 제공하기 위해서 어린이집의 인적·물적 자원을 효율적으로 배치하는 모든 과정이라고 할 수 있다.

2) 어린이집 운영관리의 원리

어린이집 운영관리는 영유아에게 안전하고 질 높은 보육서비스를 제공하기 위해 어린이집 내의 물리적·인적·재정적 조건들을 관리하는 아주 중요한 부분으로서 어린이집의 철학이 반영된다. 실제적으로 원아관리와 보육교직원 관리, 재정 및 사무관리 등은 어린이집 운영에서 보육프로그램 이상으로 중요하다([그림 11-1] 참조).

원아에 대한 관리가 개별화되어 있고 보육교직원의 전문성 향상과 복지를 위한 관리가 체계적으로 이루어지며 재정 및 사무관리가 투명할 때 어린이집을 효율적으로 운영할 수 있게 된다. 그러므로 질적 수준이 높은 어린이집이 되기 위해서는 바람직한 운영관리체계를 갖추고 보육교직원의 전문성을 강화하는 등의 노력이 필

그림 11-1 어린이집 운영관리의 중점 영역

요하고, 평가지표에서의 운영관리의 평가영역은 4개의 평가 항목으로 이루어져 있다. 교사 대 영유아 비율 등 반 편성 기준을 준수하는지, 어린이집 운영 계획을 수립하고 이를 부모에게 안내하는지, 신규 보육 교직원에게 업무 오리엔테이션을 실시하는지, 신입 영유아 적응 과정을 체계적으로 운영하는지 등을 평가한다. 그리고 평가제에서 살펴보는 어린이집 운영기준은 〈표 11-1〉과 같다.

표 11-1 어린이집 운영기준

연번	항목	확인방법
1	영유아 재원사항	–증빙자료: 보육통합정보시스템 –사례 • 미등록 영유아가 재원하고 있는 경우 • 보육통합정보시스템의 등록된 반과 다른 반에서 영유아를 보육한 경우 • 등록된 반 구성을 임의 변경하여 서로 다른 연령을 통합하여 운영하는 경우 • 등록된 반 구성을 임의 변경하여 혼합반 구성 원칙을 준수하지 않는 경우 • 퇴소한 원아가 보육통합정보시스템에 등록되어 있는 경우
2	보육교직원의 근무상황	–증빙자료: 보육통합정보시스템 –사례 • 원장 및 보육교사가 무자격인 경우 • 원장 및 보육교사가 미임용 상태로 근무하는 경우

		• 원장 및 보육교사가 역할변경 및 미수행한 경우(보육통합정보시스템에 등록 되어 있는 것과 다르게 역할을 바꾸어 근무하거나, 역할을 미수행) *보육업무를 담당하는 종일제 보육교사, 대체교사 등 모두 포함 • 원장 및 보육교사가 근무시간을 미준수한 경우 • 타 어린이집에 임용된 보육교직원(기타 보육교직원 포함)이 근무하는 경우

※ 보육교직원 근무상황, 반 구성 및 영유아 재원사항은 보육통합정보시스템 정보와 동일해야 하며, 임의로 보육통합정보시스템과 다르게 운영하지 않도록 유의

출처: 보건복지부, 한국보육진흥원(2019). 2019 어린이집 평가 매뉴얼.

그리고 어린이집의 원장은 조직 · 인사 · 급여 · 회계 · 물품 그밖에 시설의 운영관리에 관하여 필요한 운영규정을 제정 · 시행하여야 한다. 어린이집의 운영관리는 어린이집의 인적자원관리(보육아동 및 보육교직원의 관리), 시설과 설비관리(시설과 설비계획 및 구축 등), 사무관리(행정기록, 영유아 관련 기록, 장부 등의 비치) 및 재무회계관리(어린이집의 재정조달, 예산과 결산)로 나눌 수 있다. 어린이집을 효율적으로 운영하기 위해서는 각 관리 영역별로 내용을 숙지하여야 한다.

한편, 어린이집을 효율적으로 운영하려면 몇 가지 기본원리를 살펴볼 필요가 있다. 종래에는 원장 임의대로 목표와 계획을 세우고 교사는 그것을 단순히 전달받아 실행해왔다. 또한 그 실행에 대한 평가도 형식적인 것에 지나지 않았으나, 시대적 · 사회적 상황의 변화로 보다 효율적이고 합리적인 근거에 의거한 어린이집 운영이 요구되고 있다. 다음과 같은 내용은 어린이집 운영에서 염두에 두어야 할 기본 원리들로서 사회복지 행정의 기본원리에 준용하여 적용할 수 있다.

(1) 타당성의 원리

어린이집의 모든 운영관리 활동은 그 설립 목적과 철학에 비추어 적절하게 운영해야 함을 의미한다. 즉, 어린이집에서 바람직한 보육계획을 수립하고 이를 실천해 나가는 모든 활동이 그에 알맞게 타당해야 한다.

(2) 민주성의 원리

어린이집의 모든 운영관리 활동은 구성원들 간의 관계와 그 운영과정이 민주적이어야 함을 의미한다. 즉, 운영과정에서 모든 보육교직원의 참여를 통하여 민주적인 의사결정을 하고 서로 긍정적 상호작용을 하도록 해야 한다.

(3) 효율성의 원리

어린이집의 모든 운영관리 활동이 최소한의 노력과 비용으로 최대한의 효과를 얻어야 함을 의미한다. 보육의 효과는 단기간에 나타나는 것이 아니므로 장기간에 걸친 사회적 효율과 아동발달과 성장, 어린이집 운영에서의 최대한의 성과를 고려하여야 한다.

(4) 적응성의 원리

어린이집 모든 운영관리 활동은 해당 어린이집의 현실적인 상황을 충분히 고려하여야 함을 의미한다. 즉, 시대적 · 사회적 환경과 부모의 요구, 영유아의 특성 변화에 탄력적으로 적응해 나가는 능력을 갖추어야 한다.

(5) 안정성의 원리

어린이집은 원칙과 일관성을 가지고 운영되어야 하며 어린이집에서의 활동에 안정성이 유지되어야 함을 의미한다. 이 안정성의 원리는 적응성의 원리와 대응되는 것으로, 둘 중 어느 한쪽으로 치우치지 않아야 한다.

2. 어린이집의 인적자원관리

어린이집의 목표를 달성하는 데 중요한 열쇠는 인적 자원의 관리이다. 시설, 설비, 교구 및 교재 등과 더불어 이러한 자원은 적절하게 이용할 수 있는 숙련된 인적자원이 반드시 필요하다.

어린이집의 인적자원으로는 원장, 보육교사, 간호사, 영양사, 조리원, 관리인 등이 있으며 이러한 교직원들 각자가 제 역할에 대해 명확히 인식하고 충실히 이행할 때 보육의 효과가 극대화될 수 있다. 따라서 어린이집에서는 보육교직원의 전문성을 증진시키고 합리적인 근무환경을 조성해 주어 교직원들이 자신의 업무에 긍지와 사명감을 갖도록 지지해 주어야 한다. 그러기 위해서 원장은 교직원의 재교육 및 오리엔테이션, 교사의 역할 및 업무 분담, 보육활동 자료 지원, 급여 및 복리후생, 교직원 경력관리, 교직원 간의 의사소통 등 보육교직원 전문성 증진이 중요한 요소임을 숙지하여야 한다.

1) 보육아동의 관리

어린이집의 운영관리는 보육아동을 모집하고, 보육교직원을 채용하여 영유아가 최적의 보육서비스를 받아서 보육의 목적을 달성하는 것으로부터 시작된다. 따라서 어린이집의 2대 구성요소는 보육아동과 보육교직원이며, 보육아동의 관리에 관해 살펴보고자 한다.

(1) 어린이집의 모집 대상

어린이집의 이용 대상은 「영유아보육법」 제27조의 규정에 의거하여 보육이 필요한 영유아를 원칙으로 하며, 필요한 경우 어린이집의 원장은 만 12세까지 연장하여 보육할 수 있다. 그리고 어린이집은 가능한 한 2세 미만 영아반, 2세 영아반과 3세 이상 유아반을 동시에 운영하여야 한다.

「영유아보육법」 제1조의 규정에 의하여 영유아의 심신을 보호하고 건전하게 교육하여 건강한 사회구성원으로 육성함과 아울러 보호자의 경제적 · 사회적 활동이 원활하게 이루어지도록 함으로써 영유아 및 가정의 복지 증진에 이바지함을 목적으로 하고 있다. 따라서 과거의 "보호자가 근로 또는 질병, 기타 사정으로 인하여 직접 보육하기 어려운 아동으로서 보호자가 위탁한 아동을 대상으로 한다"라는 제한적 선별주의와는 다르게 영유아보육의 대상은 보편주의적 원칙을 따르고 있다.

① 어린이집의 반편성 기준

1) 기본보육 시간

가. 연령별 반편성은 동년도 출생아(동년도 1.1.~동년도 12.31. 출생아)를 함께 반편성하는 것을 원칙으로 한다. 단, 1, 2월생 아동에 한하여 보호자신청에 의해 상위 연령반에 편성가능하다.

나. 어린이집은 가능한 한 만 2세 미만 영아반, 만 2세 영아반과 만 3세 이상 유아반을 동시에 운영하여야 한다. [다만, 장애아가 있는 경우에는 장애아만으로 구성된 반을 운영할 수 있음(시행규칙 제23조 별표8의 규정) ※ 다만, 시장·군수·구청장은 지역여건 등을 고려하여 관내 어린이집의 반 운영을 달리 운영하게 할 수 있음]

다. 연령별 반편성 시 교사 대 아동 비율을 준수하여야 한다. 단, 보육과정 및 아동 1인당 보육실 면적 등을 감안하여 1개의 보육실에서 2개 이상의 반을 함께 보육하는 것이 가능하다.

표 11-2 연령별 반편성 시 교사 대 아동 비율

반구성 원칙	만 0세	만 1세	만 2세	만 3세	만 4세 이상
교사 대 아동 비율	1 : 3	1 : 5	1 : 7	1 : 15	1 : 20

출처: 보건복지부 (2021).

그리고 혼합반 운영 시 교사 대 영유아 비율은 〈표 11-3〉과 같다.

표 11-3 혼합반 운영 시 교사 대 영유아 비율

혼합반 운영	만 0세와 만 1세 영아	만 1세와 만 2세 영아	만 0세와 만 2세 영아	만 2세와 만 3세 이상 유아	만 3세와 만 4세 이상 유아
가능 여부	가능	가능	불가능	불가능	가능
교사 대 영유아 비율	1 : 3	1 : 5	–	–	1 : 15

출처: 보건복지부 (2021).

> 기본보육 시간(09:00~16:00) 전후에는 당초 편성된 반 유지를 원칙으로 하되, 이른 등원 및 늦은 귀가 등으로 보육아동이 현저히 적을 경우 가장 낮은 연령대의 교사 대 아동 비율을 준수하는 범위 내에서 당초 편성된 반을 통합하고 담당교사를 지정하여 운영 가능

2) 연장보육 시간

- 연장반은 연령별 또는 연령 혼합으로 편성이 가능하다.
  - 연령 혼합반 편성 시 영아와 유아를 구분하여 각각의 반으로 편성하는 것을 원칙으로 함
    * 기본보육 시간에 상위연령반 또는 하위연령반으로 편성된 아동의 연령은 기본보육 시간에 편성된 반의 연령으로 간주
- (반별 정원기준) 영유아보육법 시행규칙 제10조에 따라 영아반의 경우 5명, 유아반의 경우 15명, 장애아 포함 시 3명을 원칙으로 함.

• (반별 정원 탄력편성) 연장보육 반별 정원 탄력편성은 아래 범위 내에서 가능

반별 정원	영아반	유아반	장애아 포함 또는 0세반	0세반 아동 포함 영아반*	
				1개반	그 외
원칙	5명	15명	3명	3명	5명
탄력편성 가능 인원	2명	5명	0명	2명	2명

* 0세반 아동 포함 영아반은 1개 어린이집당 1개 반에 한해 정원 3명 적용.

② 입소 우선순위

어린이집 입소 우선순위는 다음과 같다.

가. 1순위(법 제28조, 시행령 제21조의4, 시행규칙 제29조)

• 「국민기초생활보장법」에 따른 수급자

• 「한부모가족지원법」 제5조의 규정에 의한 보호대상자의 자녀

• 「국민기초생활보장법」 제24조의 규정에 의한 차상위계층의 자녀

• 「장애인복지법」 제2조에 따른 장애인 중 장애의 정도가 심한 장애인의 자녀 또는 형제자매

※ 장애인복지법 시행규칙 별표 1의 장애정도 중 장애의 정도가 심한 장애인

• 아동복지시설에서 생활 중인 영유아

• 부모가 모두 취업 중이거나 취업을 준비 중인 자의 영유아

• 「다문화가족지원법」 제2조 제1호에 따른 다문화가족의 영유아

• 국가유공자 등 예우 및 지원에 관한 법률 제4조 제1항에 따른 국가유공자 중 전몰자(제3호), 순직자(제5호 · 제14호 · 제16호), 상이자(제4호 · 제6호 · 제12호 · 제15호 · 제17호)로서 보건복지부령으로 정하는 자의 자녀

• 제1형 당뇨를 가진 경우로서 의학적 조치가 용이하고 일상생활이 가능하여 보육에 지장이 없는 영유아

• 자녀가 3명 이상인 가구 또는 영유아가 2자녀 가구의 영유아

• 산업단지 입주기업체 및 지원기관 근로자의 자녀로서 산업단지에 설치된 어린이집을 이용하는 영유아

나. 2순위

• 기타 「한부모가족지원법」에 따른 한부모 가족 및 조손 가족
• 가정위탁 보호아동 및 입양된 영유아
• 동일 어린이집 재원 중인 아동의 형제 · 자매

③ 입소자 결정

가. 어린이집의 원장은 신청순위에 따라 어린이집 이용신청자명부를 작성 · 비치하여 이를 열람할 수 있도록 하여야 함

※ 입소대기관리시스템의 대기자 전산 출력물로 대체 가능

나. 입소대기 관리 시스템을 통하여 입소 시 원장은 증빙서류를 제출받아 반드시 확인하여야 함

(2) 보육아동의 모집

어린이집 환경이 마련되고 운영방침이 세워지면 원아 모집계획을 세운다. 국 · 공립어린이집을 비롯하여 대개의 어린이집의 원아 입소시기는 3월 초로서 입학 전에 원아 모집 시기가 있다. 그러나 상당수의 민간, 가정어린이집 등의 어린이집은 일 년 내내 원아 모집을 하는 것이 보통이다. 그 이유는 어린이집의 보육이 학기별 보육으로 나누어져 있지 않으며 부모의 취업 상황 등의 변동 등으로 인해 원아의 입 · 퇴소가 불규칙하기 때문이다.

따라서 원아 모집계획은 입소에 즈음한 원아 모집계획과 일상적인 원아 모집계획이 함께 세워져야 한다. 모집계획에서는 대체로 다음의 항목들을 미리 유념해야

한다. 즉, 대상연령, 인원 수, 일일 보육시간, 보육료, 모집시기, 준비할 서류 등이다. 보육아동의 모집은 다음과 같이 모집계획, 모집준비, 모집공고, 원아모집으로 세분화해서 살펴볼 수 있다

① 모집을 위한 계획과 준비

어린이집에서 미리 준비해야 하는 서류는 원아 모집홍보를 위한 서류, 영유아의 입학 허가 및 절차를 위한 서류, 기타 사무관리를 위한 서류 등이 있다. 즉, 입학원서, 어린이집 안내 책자, 입소대기신청서 등이 있다.

② 모집공고 및 어린이집 홍보안내

모집을 위한 준비가 끝나면 모집공고를 내고 홍보한다. 원아모집을 원활하게하기 위해서는 적절한 홍보가 필요하다. 실제적으로 홍보비 지출과 원아 모집수준이 비례적인 성격을 보이지는 않지만, 홍보를 많이 할수록 수월하게 원아를 모집할 수 있다는 점은 분명하다.

표 11-4 원아모집 안내 시 어린이집 운영안내문(예시)

Ⅰ. 보육철학 및 목표

1. 보육철학
2. 보육목표

Ⅱ. 운영현황

1. 어린이집 연혁
2. 어린이집의 환경
3. 보육시간
4. 보육료
5. 연령별 집단크기와 교사 수
6. 보육교직원 구성

Ⅲ. 보육프로그램

Ⅳ. 하루일과

Ⅴ. 건강 · 영양 · 안전관리

1. 건강관리
2. 영양관리
3. 안전관리(아동학대 예방지침 포함)

Ⅵ. 부모 및 지역사회와의 협력

1. 부모참여 프로그램
2. 어린이집 운영위원회
3. 지역사회기관과의 연계 및 보육프로그램
4. 지역사회 및 아동발달 전문가 정보

Ⅶ. 공지사항

1. 신입원아 적응프로그램
2. 어린이집의 개방원칙 및 인계규정
3. 감염병 질환의 예방과 관리대책
4. 아프거나 다친 영유아에 대한 처리 절차(환아처리지침, 상해유형에 따른 응급처치 등)
5. 부모동의 및 조사서 작성 안내(귀가동의, 응급처치동의, 식품알레르기 관련, 개인정보활용 등)
6. 상해, 화재, 배상보험 가입 안내
7. 안전사고 발생 시 어린이집이 갖는 책임한계에 관한 규정
8. 보육교직원 윤리강령
9. 기타

출처: 보건복지부 한국보육진흥원(2017).

어린이집의 홍보는 과학적이면서도 체계적 전략을 사용함으로써 그 효율을 높일 수 있다. 이렇게 하기 위해서는 시장성 원리를 도입하여 원장은 좋은 프로그램을 만드는 경영자라는 의식을 가지며, 부모와 아동을 소비자 내지는 구매자로 인식하는 것이 필요하며, 홍보효과를 올리기 위해서 경쟁우위의 마케팅기법을 도입하는 것도 한 방법이다. 한편, 컴퓨터와 정보통신기술을 기반으로 한 정보화시대로서 어린이집에서의 홍보방법도 변화되고 있다.

보육방법으로는 영유아를 어떻게 보호하고 교육할 것인지에 대해 특징적인 부분을 중심으로 설명한다. 하루 일과 시간이 어떻게 이루어지고 있는지, 특별활동은 어떤 방법으로 할 것인지에 대해서도 소개한다. 보육평가로는 보육프로그램 및 원아에 대한 평가를 어떻게 하고 있는지를 알 수 있도록 기술한다.

(3) 보육아동의 입소 준비

① 입소상담과 원서교부

입소상담 시 입소 상담자는 임신육아종합포털 아이사랑 사이트의 입소대기관리 시스템에 대기신청한다. 어린이집에서는 준비한 여러 자료를 가지고 입소대기 신청을 한부모에게 원아 모집요강과 어린이집의 운영방침 및 특성 등을 간단하게 설명하되 지나친 홍보나 과장된 광고는 지양하는 것이 바람직하다.

② 입소 대기 관리 시스템

보육아동 어린이집에 입소하기 위한 인터넷 예약시스템으로 부모 또는 보호자가 임신육아종합포털 아이사랑(www.childcare.go.kr)에 접속하여 신청할 수 있다. 지도형의 편리한 지역 어린이집 검색과 어린이집 정보를 바로 확인할 수 있어 어린이집 선택에 도움을 받을 수 있다. 어린이집 검색 시 정원, 대기자 수 등을 확인할 수 있으며, 입소대기신청 결과는 해당 어린이집 담당자로부터 그 결과를 연락받을 수 있고 또한 실명인증 로그인을 통해 결과내역을 조회하여 볼 수 있다.

〈임신육아종합포털 아이사랑〉

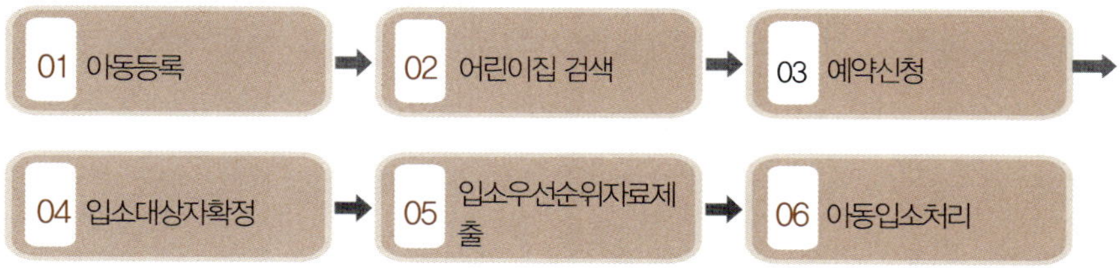

③ 아이행복카드 발급

어린이집 원장은 아래의 사항을 어린이집에 게시하고 입소를 희망하는 보호자에게 사전에 필히 서면으로 안내하여 보호자들이 숙지하도록 한다. 보육료는 신청일부터 지원하므로, 입소 전 또는 입소와 동시에 주소지 읍·면·동 또는 복지로(www.bokjiro.go.kr)에 보육료 지원 신청을 한다.

단, 양육수당에서 보육료로 변경 신청하는 경우, 15일 이전에 신청하여야 신청일부터 해당 월 보육료를 지원한다.

예시(안내문구)

민간 어린이집을 이용하는 영아(만 0~2세반)에 대해서는 아이행복카드로 지원하는 보육료와 별도로 정부로부터 기관보육료가 직접 지원됩니다.
※ 기관보육료지원금- 0세: 528,000원, 1세: 264,000원 2세: 194,000원

④ 원아 및 가정환경 파악

원아들과 가족의 필요와 요구에 적합한 보육서비스를 제공하기 위해서는 먼저 입소 아동과 가족에 관한 정보를 수집해야 한다. 원아 및 가정환경의 파악은 국가지정 양식의 생활 기록부를 부모들에게 작성하게 하여 제출받는다.

⑤ 부모 면담

학부모들은 원아 모집 시 자녀를 데리고 어린이집 시설을 방문하거나, 입소 대기 시스템에 입소 대기를 하는 과정에서 어린이집 원장이나 교사와 면담을 한다. 그리고 원아가 입소한 후 어린이집의 부모면담 계획에 의해 정기적으로, 또는 필요시 비정기적으로 이루어지게 된다.

⑥ 아동의 어린이집 방문

입소 전에 아동이 어린이집 환경에 익숙해지도록 하기 위해 실시하는 어린이집 방문은 부모면담과 함께 실시될 수도 있고, 별도의 계획에 의해 실시될 수도 있다. 아동의 어린이집 방문은 자신이 생활하게 될 환경을 두루 살펴보고, 보육교사와 접촉한다는 중요한 의미를 지니는 만큼 세심한 배려를 할 필요가 있다. 즉, 보육교사는 아동이 어린이집의 실내와 실외환경을 자유롭게 탐색하고, 교재교구와 학습자료를 만져보고, 가지고 놀 수 있도록 배려해야 한다.

⑦ 부모 오리엔테이션

부모 오리엔테이션의 목적은 어린이집과 가정 간의 긴밀한 유대관계를 형성하고, 교직원과 부모 간의 신뢰감 형성을 토대로 보육활동의 효과를 높이는 데 있다. 어린이집에서는 입소 전에 부모들을 대상으로 오리엔테이션을 실시하여, 필요한 내용을 담은 안내 책자를 배부한다.

2) 보육교직원의 관리

우리 사회에서 '인사(人事)가 만사(萬事)'라는 말은 인사관리의 의의를 단적으로 말해주며, 특히 발달과정에 있는 어린 아동들을 보호하고 교육하는 어린이집에서는 더욱 그러하다.

어린이집과 같은 서비스 조직의 경우, 어린이집의 설립목적을 달성하는 데 중요한 열쇠는 인적 자원, 곧 보육교직원들이다. 즉 시설, 설비, 교구 및 교재의 질적 수준이 높다고 하더라도 이를 운용하는 보육교직원이 역량을 갖추고, 서로 협력하지 못하면 어린이집의 목적을 성취하기가 어렵다.

(1) 보육교직원의 인사정책과 관리 방향

보육교직원의 보육활동수준이 어린이집의 운영에 미치는 점을 고려하여 어린이집의 원장은 비록 소수의 교직원이라고 하더라도 합리적인 인사정책을 수립하고, 가능한 한 그 정책에 준하여 적극적으로 실천하는 것이 중요하다. 즉 주어진 업무를 최적으로 수행할 수 있도록 교직원들을 적재적소에 배치하고, 창의적 업무수행과 협조노력을 하도록 격려하여야 한다. 뿐만 아니라, 원장은 보육교사의 업무수행에 있어 독창성과 잠재력을 발휘하도록 리더십을 발휘하여야 하며 질 높은 보육서비스를 제공하기 위해서 다각적인 노력이 필요하다.

한편, 보육 전반에 걸쳐 투명한 관리를 해야 할 뿐만 아니라, 보육교직원의 채용과 관리에서도 합리적이어야 한다. 이렇게 하기 위해서는 모든 인사정책은 문서화하여 언제나 상기할 수 있도록 하는 것이 필요하다.

(2) 보육교직원의 임 · 면

보육교직원 선발계획의 기본 목적은 여러 유자격 후보자 중에서 최적임자를 선정하는 것과 모든 지원자들을 전문적인 방법으로 평가하는 것이다. 자격 있는 우수한 보육교사를 선발하여 임명하는 일은 인사행정에서 가장 중요한 일이다. 보육교직원의 임 · 면에 대한 사항은 [그림 11-2]와 같다.

보육교직원 채용 (원장, 보육교사, 특수교사, 조리원 등)	• 채용주체: 어린이집 설치자 • 채용조건: 자격기준을 갖춘 자 • 채용 시 구비서류 – (공통) 인사기록카드, 주민등록등본, 채용신체검사서, 성범죄경력 및 아동학대 범죄 전력 조회 회신서, 개인정보제공 및 고유식별정보 처리동의서 – (자격이 필요한 자) 자격증 또는 면허증 사본
교직원 임면보고	• 임면보고 절차: 어린이집 → 시 · 군 · 구청장(채용 후 14일 이내) • 임면보고 시 구비서류 – 인사기록카드, 채용신체검사서, 자격증사본, 성범죄경력 및 아동학대 범죄 전력 조회 회신서, 개인정보제공 및 고유식별정보 처리 동의서 – 자격증 사본은 보육통합정보시스템으로 확인 가능한 경우 제출 제외 ※인사기록카드는 임신육아종합포털(아이사랑), 보육통합정보시스템을 통해 임면보고 가능('15.2.2~) ※어린이집 및 시 · 군 · 구에서는 교직원 임면보고를 시스템을 통해 실시하고 적극 지도
교직원 자격의 적격성 확인	• 확인주체: 시 · 군 · 구청장 • 확인대상: 어린이집 원장, 보육교사, 특수교사, 장애영유아를 위한 보육교사, 치료사, 간호사, 영양사, 조리원 중 조리사 • 확인방법: 각 자격별 자격증명 서류 및 보육통합정보시스템
교직원 결격사유조회 및 범죄경력조회	• 결격사유조회 및 범죄경력조회 주체: 시군구 구청장 • 내용: 교직원 결격 사유(법 제20조)
경력관리시스템 입력 관리	• 교직원 임면 사항을 경력관리시스템에 입력 관리

그림 11-2 보육교직원 채용 및 임면 보고절차

출처: 보건복지부(2019).

3. 어린이집의 시설과 설비관리

어린이집에서의 시설은 영유아보육의 기능을 구체적으로 실현하고자 하는 목적으로 활용되는 일체의 물리적 조건으로서 부지, 건물, 공작물 및 설비 등의 일체를 말한다. 한편, 설비는 시설의 의미 속에 대체로 포함시키기도 하지만 따로 구분하여 사용하기도 한다. 일반적으로 건축학 분야에서는 '건축부대 설비' 혹은 '설비'라고 한다. 즉 설비는 급수시설, 배수시설, 위생설비, 조명설비, 냉·난방설비 등을 포괄하고 있다.

1) 어린이집의 시설과 설비 의의

어린이집이란 일정한 장소에서 계속적인 보육활동을 영위하기 위해 설비되어 있는 물리적 환경을 말하는 것이므로 건물, 공작물, 설비 등을 포함하며 그 안에는 자료, 소모품, 설비 등이 구비되어 있어야 한다. 어린이집의 시설 및 설비를 설치하고 관리하는 일은 어려움과 보상이 함께 따르는 일이다. 아동의 연령과 개인적 흥미 등 아동의 욕구에 적합하며 활동할 수 있는 풍부한 기회를 주고 프로그램의 철학과 일치하는 환경을 만들어 내기 위해서는 시설 및 설비, 교구·교재 등의 선택을 신중히 해야 한다. 그리고 교직원들도 그러한 환경에서 보다 효율적이고 편안하게 직무를 수행할 수 있다.

어린이집은 영유아가 부모를 떠나 하루 종일 생활하는 곳이므로 기본적으로 안전하며, 발달적으로 적절하게 설계되어야 하며, 또한 이러한 차원에서 관리되어야 한다. 그리고 영유아기의 보육적 의미를 고려하여 보육과정과 보육프로그램을 실시할 수 있는 공간으로 설계되고, 유지 관리되어야 한다.

이와 같이 어린이집이 보육에 미치는 점을 고려하여 어린이집이 갖추어야 할 시설과 설비요건은 법으로 규정하고 있다. 물론 이러한 요건은 최소의 요건이므로, 어린이집에서는 해당 어린이집의 설립목적, 철학, 지역적 위치 및 보육아동의 상황 등을 고려하여 안전과 영양, 보건, 교통 등을 충분히 고려하여 쾌적한 환경에 설치 · 관리되어야 한다.

2) 어린이집의 시설과 설비계획 및 구축

어린이집은 기본적으로 영유아들이 신체적으로나 심리적으로 안정감을 느끼고 편안하게 생활할 수 있는 부드럽고 온화한 분위기를 풍겨야 한다. 즉, 어린이집은 영유아들이 가정과 같은 안락한 분위기를 느낄 수 있도록 계획되고, 이 계획에 준해 구축되어야 한다.

(1) 어린이집의 시설과 설비계획

시설과 설비는 각 어린이집의 철학적 방향과 보육목표, 영유아들의 연령과 발달수준, 영유아와 교직원의 안전, 보육활동의 유형과 편의성, 비품과 교구 활용의 용이성, 작업장소와 놀이장소의 인접성, 보고 듣기의 용이성 등을 고려하여 계획되고 운영되어야 한다.

새로운 어린이집을 계획하는 데 있어 몇 가지 거쳐야 할 단계는 다음과 같다.

① 지역사회의 요구를 분석하고, 어린이집의 성격과 철학적 방향을 결정한다.
② 어린이집의 설립과 운영에 관련된 각종 법규, 규정, 기준 등을 검토한다.
③ 최대 원아 수, 원아의 연령, 발달수준 및 요구, 보육의 방향과 목표 등을 고려한다.
④ 기존 어린이집들의 시설과 설비를 사전에 답사 · 검토한다.
⑤ 어린이집의 시설과 설비에 대한 기본 설계안을 작성하여 보육 전문가나 다른

원장들의 의견을 듣고 반영한다.

⑥ 재정확보계획을 고려하여 시설 · 설비계획을 확정한다.

(2) 어린이집의 시설과 설비구축

가정과 같은 어린이집의 분위기를 만들기 위해서 시설관리의 원칙을 살펴보면 다음과 같다.

① 영유아와 교직원의 안전이 가장 중요하다.

② 융통성이 있어야 한다.

③ 비용을 고려해야 한다.

④ 영유아 보육프로그램 운영에 적합한 것이어야 한다.

⑤ 영유아의 건강과 안전을 유지할 수 있는 것이어야 한다.

⑥ 공간과 자료의 배열은 시설, 설비의 효과에 영향을 준다.

⑦ 장애아를 위한 시설, 설비가 필요하다.

⑧ 경제적이어야 한다.

⑨ 효율성과 이용도가 높은 것이어야 한다.

⑩ 기능상 상호조정과 변화가 가능한 것이어야 한다.

⑪ 심미적으로 제작되어 영유아가 편안함을 느낄 수 있는 것이어야 한다.

⑫ 어린이집 설비의 올바른 유형의 결정은 영유아의 발달욕구에 따라 이루어져야 한다.

⑬ 어린이집의 입지조건은 계획에서 중요한 측면이므로 법으로 입지조건을 제한하여야 한다.

⑭ 어떠한 유형의 프로그램이든 간에 시설이용자의 대부분은 영유아이므로 시설은 영유아 중심이어야 한다.

3) 어린이집의 시설과 설비조건

어린이집을 이용하는 영유아의 특성에 맞도록 시설과 설비가 갖추어져야 하는데, 보육실을 포함한 시설 면적은 영유아 1인당 4.29m^2 이상으로 한다. 그리고 어린이집 전용면적은 아동보육과 직간접적 관련이 있다고 인정되는 실내공간을 기준으로 한다.

(1) 보육실

보육실 면적은 보육실, 거실, 공동놀이실을 포함하며 보육실은 1층 또는 건물 전체(5층 이하)에 설치해야하며 영유아의 안전과 이용에 편리하도록 설계 · 시공되어야 한다. 또한 환기, 채광, 조명, 방습, 방충 및 냉 · 난방설비 등의 적합한 시설과 침구, 놀이기구, 그림책, 기타 필요한 완구를 갖추어야 한다.

(2) 조리실

채광 및 환기가 잘 되도록 하고 창문에는 방충망을 설치하여야 하며, 식기를 소독하고 위생적으로 취사 및 조리할 수 있는 설비를 갖추어야 한다.

(3) 목욕실

「영유아보육법」 시행규칙에서 보면 '목욕실은 난방을 하여야 한다.'라고 규정하고 있는 바, 목욕실은 보육실 등 타 실내공간과 별다른 온도차를 느끼지 않을 정도의 기온을 유지할 수 있도록 설비하여야 한다. 그리고 샤워 또는 세면 설비를 갖추어야 한다.

(4) 화장실

화장실은 수세식 영유아용 변기를 설치하고 보육실과 같은 층의 인접한 공간에 설치하여야 한다. 그리고 가정어린이집에 있어 관할관청에서 유아용 변기의 설치가 현실적으로 불가능하다고 판단한 경우에 한하여 일반 성인용 변기에 유아용 커버를 장착하거나 별도의 이동식 변기를 마련하는 방법으로 대체가 가능하다.

(5) 놀이터

「영유아보육법」 시행규칙 [별표 1] 규정상 정원 50인 이상의 어린이집은 영유아 1인당 3.5㎡ 이상 규모의 옥외놀이터 설치를 원칙으로 하고 있으며, 업무용시설 밀집 지역 등과 같이 지역특수성이 인정되는 경우에 한하여 대체놀이터를 인가할 수 있다. 이때에도 실내놀이터와 동일한 비상재해대비시설을 설치하는 것을 원칙으로 한다.

그리고 놀이터에 대근육활동놀이기구(고정식) 1종 이상 포함하여 최소 3종 이상의 놀이기구를 설치한 경우 인가할 수 있다. 다만, 고정식 대근육활동놀이기구의 경우 옥외놀이터는 반드시 1종 이상 설치하여야 한다. 놀이기구의 종류로는 (고정식) 대근육활동놀이기구[8], (이동식) 대근육활동놀이기구, 모래놀이기구 등이 있다.

(6) 비상 재해 대비시설

어린이집에서는 비상사태를 대비한 안전시설 및 설비를 관리하고 비상 시 대처방안을 마련하여야 한다. 어린이집에서 갖추어야 하는 소방시설은 소화기, 가스누설경보기, 비상구, 비상계단, 피난구 유도등 및 유도표지, 영유아용 미끄럼대(완강기는 적합하지 않음), 비상 시 양방향 대피 가능한 출입구 등이다.

---

8) (고정식) 대근육활동놀이기구
① 영유아의 대근육 발달을 위한 놀이기구
② 그네, 미끄럼틀, 정글짐, 회전놀이기구, 공중놀이기구, 흔들놀이 기구, 오르는 기구, 건너는 기구, 또는 이를 2가지 이상 결합한 조합놀이대, 고정식 수영장 등

(7) 교사실

보육정원이 21명 이상인 어린이집은 교사가 교육활동을 계획 · 준비하고 자료 제작 등을 할 수 있도록 구획된 교사실을 설치하여야 한다. 교사실에는 교육활동 준비와 행정사무, 휴식 등에 필요한 설비를 갖추어야 한다.

(8) 폐쇄회로 텔레비전

영유아의 권리 보장과 아동학대 예방을 위해 폐쇄회로 텔레비전을 설치하도록 하고 있으며, 설치기준은 다음과 같다.

먼저 폐쇄회로 텔레비전은 「개인정보 보호법 시행령」 제3조 제1호에 따른 장치로서 보육실 등을 촬영하고 모니터를 통하여 그 영상을 구현할 수 있으며, 그 영상정보를 녹화 · 저장할 수 있는 기능을 갖추어야 한다. 두 번째로 폐쇄회로텔레비전은 각 보육실, 공동놀이실, 놀이터 및 식당, 강당에 1대 이상씩 설치하되 사각지대의 발생을 최소화할 수 있도록 설치되어야 한다. 세 번째로 폐쇄회로 텔레비전은 보육실 등 일정한 장소에 일정한 방향을 지속적으로 촬영할 수 있도록 설치되어야 한다. 네 번째로 폐쇄회로 텔레비전은 임의로 조작이 가능하거나 녹음기능이 있도록 설치되어서는 아니 되며, 화면 속 인물의 행동 등이 용이하게 식별될 수 있도록 고해상도 성능을 보유하여야 한다(보건복지부, 2018).

4. 어린이집의 사무관리

1) 어린이집 사무관리의 의의

어린이집의 사무관리는 보육서비스를 돕기 위해 제반기록, 장부, 공문서 등을 기록, 보관, 관리하는 업무를 말한다. 사무관리는 보육서비스의 직접적인 목표는 아니지만 보육서비스 업무가 체계적으로 이루어지기 위해서 반드시 필요한 부분이다. 사무관리는 주로 영유아들에 관한 기록에서 시작되어 가정 · 부모에 관한 기록, 발달 · 성장 · 생활에 관한 기록 등을 관리하고, 이외에도 행정업무를 관리하는 과정에서 수반되는 제반 기록과 장부의 작성 및 보관 공문서와 여러 보고의 처리 등의 문서관리를 집행하고 처리하는 업무이다(김익균 외, 2002).

2) 어린이집 사무관리의 영역

어린이집의 사무관리 영역으로는 행정 관련 기록과 영유아 관련 기록으로 분류할 수 있다.

(1) 행정 관련 기록

어린이집의 전반적인 행사 및 교육에 관계된 일을 기획하는 것으로, 보육과정 편성, 연중행사의 기획 및 의식에 관한 사항, 가정방문, 부모교육, 부모참관에 관한 사항, 현장견학, 추후지도, 각종 평가에 관한 일이 이에 해당된다. 또한 어린이집을 효율적으로 운영하고 관리하는 데 있어 필요한 것은 제 증명 발급, 물품배급에 관한 사항, 회계사무, 일체의 비품에 대한 정리, 보관, 제작, 수선 등에 관한 사항, 교사 및 영유아를 위한 도서의 목록, 구입의뢰, 도서관리, 교재 · 교구의 구입 및 관리에 관한 기록을 포함하고 있다.

(2) 영유아 관련 기록

영유아와 관련된 사무기록에는 생활사에 관한 기록, 출석부, 생활기록부, 응급처치동의서, 보육계획안, 입소지원서, 예방접종증명서 등이 있다. 영유아와 그 가족에 관련된 자료와 정보는 허가 없이 공개되어서는 안 된다.

또한 아동에 관한 누가기록은 아동의 발달상황, 건강상태 진단 및 처치를 위한 기초 자료가 되며 부모면담 시 중요한 자료가 된다. 영유아와 관계있는 기록은 반드시 누가기록으로 작성하여 영유아의 발달상태 등을 종합적으로 파악할 수 있도록 해야 한다.

(3) 장부 등의 비치

어린이집에는 다음의 장부 및 서류를 비치하여야 한다(보건복지부, 2018).

① 재산목록과 그 소유를 증명하는 서류(부동산을 임차하는 경우에는 임대차 계약서를 포함한다.)
② 어린이집 운영일지 및 출석부
③ 보육교직원의 인사기록카드(채용구비서류, 이력서 및 사진을 포함한다.)
④ 예산서 및 결산서
⑤ 총계정원장 및 수입 · 지출 보조부
⑥ 금전 및 물품출납부와 그 증명서류
⑦ 소속 법인의 정관 및 관계 서류
⑧ 어린이집 이용신청자 명부
⑨ 생활기록부, 영유아보육일지
⑩ 보육교직원의 인사 · 복무 및 어린이집 운영에 관한 규정 등
⑪ 통합안전점검표
⑫ 영상정보 열람대장
⑬ 그 밖에 어린이집 운영에 필요한 서류

5. 어린이집의 재무회계관리

1) 어린이집 재무회계의 의의

보육은 영유아의 건강한 양육과 여성의 사회참여 확대에 따른 가족지원이라는 공공의 성격을 지녔다. 현재 보육에 대한 정부의 지원은 점점 증가되고 있는데, 이것은 정부의 재정지원을 받아서 운영하는 어린이집의 보육사업에 대한 책임성 있는 운영의 필요성이 함께 증가해야 함을 뜻한다. 그리고 어린이집의 재무회계는 매우 중요한 의미가 있는데, 그것은 바로 어린이집 운영의 균형적인 계획수립과 실천이 보육아동의 발달과 교육, 복지와 직결되기 때문이다. 따라서 향후 지속적으로 증가할 것으로 예상되는 보육예산의 투명한 집행을 위해 어린이집의 책임감 있고 성실한 예산수립 및 집행과정에 대한 긍정적인 자세와 인식확립이 필요하다(이소희 외, 2006).

재정관리는 두 가지의 주요 측면으로 이루어져 있다. 첫째는 재원을 운영하는 체계를 만드는 것이고, 둘째는 적절한 재정을 조달하는 것이다. 모든 보육기관은 장기적인 재정계획과 운영계획이 필요하다. 재정관리체계는 정책과 과정 모두를 포함한 것이다. 훌륭한 서비스를 제공하기 위하여 재원을 적절히 배분하여야 한다. 아무리 교사 및 직원의 의도가 좋아도 균형 잡힌 재정관리 없이는 프로그램을 장기간 지속할 수 없다.

어린이집은 복지서비스시설이다. 그렇지만 다른 시설처럼 재화의 습득과 이용이 이루어지는 경제활동을 기반으로 하므로 재정관리는 어린이집 운영에 중요한 활동이다. 어린이집의 목표를 달성하기 위해서는 가능한 한 수입을 늘리되, 확보한 재원을 바탕으로 최대의 보육효과를 얻을 수 있도록 운영해야 한다. 빈약한 재정관리는 계속적으로 재정의 부족을 초래하고 목표달성을 방해하기 때문이다.

그리고 재무회계란 재정활동의 일부이며, 금전 · 물품 · 자산 등의 출납과 보관 및 관리 등 유용한 재무 정보를 종합적으로 정리 · 기록하여 그 이용자가 합리적으로 의사결정을 할 수 있도록 전달해 주는 정보 시스템(information system)이다.

2) 어린이집의 재정조달

어린이집의 재원조달은 서비스 대상 아동의 부모가 지불하는 보육료, 국가나 지방자치단체의 공공자금 및 기타 수입금으로 이루어진다.

그리고 국가 및 지방자치단체별로 각각의 어린이집에 대한 지원이 있으나, 어린이집의 유형에 따라서 차이가 있다. 국 · 공립어린이집이 민간어린이집보다 더 많은 지원을 받는다. 또한 어린이집에 대한 지원은 지방자치단체에 따라 차이가 있는데, 그것은 각 지방자치단체의 재정자립도와 관련되어 있다.

3) 어린이집의 예산과 결산

(1) 예산편성

① 예산편성의 원칙

가. 「영유아보육법」 제2조에 따른 어린이집의 회계연도는 매년 3월 1일에 시작하여 다음 연도 2월 말일에 종료한다.

나. 회계연도의 모든 수입을 세입으로 하고, 모든 지출은 세출로 하되 예산 내용과 산출 기초는 명백하게 표기하여야 한다.

다. 수입과 지출은 모두 예산에 계산하여 반영해야 한다.

라. 어린이집 재무회계는 건전하게 운영되어야 한다.

마. 어린이집의 장은 예산을 편성하여 「영유아보육법」 제25조에 따른 어린이집

운영위원회에의 보고를 거쳐 확정한다.

바. 어린이집의 장은 확정한 예산을 매 회계연도 개시 5일 전까지 시장 · 군수 · 구청장에게 제출하여야 한다.

사. 어린이집 회계의 예산은 세출 예산이 정한 목적 이외에 이를 사용하지 못한다.

아. 지출 예산에 편성되지 않은 경비는 지출할 수 없으며 연중 돌발적이고 시급하여 지출이 불가피한 경우에는 추가경정예산을 편성 · 확정할 수 있다.

자. 어린이집의 장은 예측할 수 없는 예산외의 지출 또는 예산의 초과지출에 충당하기 위하여 예비비를 세출예산에 계상할 수 있다.

차. 회계는 단식 부기에 의한다.

② 예산의 지출범주와 서류

예산의 지출범주는 인건비, 운영비, 보육활동비, 수익자부담경비, 적립금, 상환반환금, 재산조성비, 과년도지출, 잡지출, 예비비 등이다. 그리고 예산에 첨부해야 할 서류로는 예산 총칙, 세입 · 세출명세서, 당해 예산을 의결한 운영위원회 회의록 사본 등이다.

③ 예산 집행

어린이집의 예산집행은 '예산의 목적 외 사용금지' 원칙을 지켜야 하지만 편성된 예산항복에 따른 재정이 부족하거나 초과할 때 사회복지법인 및 사회복지시설 재무회계규칙 제16조에 의거하여 원장은 관 · 항 간의 예산을 전용하여 사용할 수 있다. 이때 과목적용조서를 작성하여야 한다. 수입지출의 관리는 예금통장에 의해 행한다.

수입지출 사무의 관리책임은 원장이 하는 것이 원칙이나. 원장은 수입 및 지출 원인행위에 관한 사무를 각각 어린이집 보육교직원에게 위임할 수 있다. 이때 위임장을 작성한다.

지출은 계좌입금, 어린이집 전용카드를 통하여 행하는 것이 원칙이다. 예산집행 관련서류로는 장부(현금출납부, 총계정원장, 봉급대장, 보육료대장, 비품관리대장)와 증빙서류(계좌입금증빙서류, 수입지출결의서, 반납결의서, 과목전용조서, 예비비 사용조서, 정부보조금 명세서)가 있다.

(2) 결산

어느 기관이든 예산을 집행하고 나면 반드시 결산을 하게 된다. 특히 국가나 지방자치단체의 보조를 받는 기관은 반드시 정해진 양식과 항목에 따라 결산보고서를 작성하여 제출해야 한다. 결산은 세입 · 세출 결산의 과목별로 구분하고 세입 · 세출 과목은 예산서의 항목과 동일하게 작성하고 결산 금액 단위는 원으로 하며, 산출 기초는 구체적으로 상세하게 기재한다. 결산보고서에 첨부 서류로는 세입 · 세출 결산서, 과목 전용 조서, 예비비 사용 조서, 기본재산 수입명세서, 사업수입 명세서, 정부 보조금 명세서, 기부금명세서, 인건비 명세서, 사업비 명세서, 기타 비용 명세서 등이다.

어린이집의 장은 어린이집 회계의 세입, 세출 결산 보고서를 작성하여 운영위원회에의 보고를 거친 후 다음 연도 3월 31일까지(「영유아보육법」 제2조에 따른 어린이집의 경우에는 5월 31일까지를 말한다) 시장 군수 구청장에게 제출하여야 한다.

어린이집의 장은 결산보고서를 게시판과 인터넷 홈페이지에 20일 이상 공고해야 한다.

생각해 볼 문제

1. 어린이집의 원장이 단순한 관리자의 관점이 아닌 21세기가 요구하는 리더로서의 자세를 갖추기 위해서는 어떤 노력이 필요한지 생각해 봅시다.

2. 어린이집에서 담당하여야 할 인사관리의 범주 내에서 효율적 인사관리 방안에 대하여 생각해 봅시다.

3. 어린이집 폐쇄회로 텔레비전 사용의 필요성과 이로 인해 보육교직원이나 부모가 느끼는 장단점에 관해 생각해 봅시다.

Chapter 12

가족 및 지역사회의 협력

보육은 부모, 보육교사, 영유아 모두 주체가 되어 만들어 나가는 것이다. 어린이집이 가족 및 지역사회와 협력하여 보육을 실시하면 영유아는 어린이집에서 가정과 같은 안정감을 느끼고 부모는 보육교사를 더욱 신뢰하게 된다.

영유아의 전인적 성장발달은 어린이집의 노력만으로 이루어지는 것이 아니라 영유아를 둘러싸고 있는 가족과 지역사회가 협력할 때 가능하다. 따라서 어린이집은 물론, 부모, 형제, 가정, 이웃 어른들, 지역사회, 부모들의 직장에 이르기까지 사회의 각 부문들이 각각의 역할을 파악하여 긴밀하게 협력하는 것이 필요하다.

이 장에서는 협력을 이해하기 위해 협력의 내용을 의미, 원칙, 다양성, 구분, 전제조건, 진단사항, 이유, 형태로 나누어 살펴보고자 한다. 또한 부모 협력의 필요성과 유형, 지역사회 협력의 필요성과 유형을 살펴보고자 한다.

1. 가족 및 지역사회 협력의 개념

협력의 의미란 서로 다른 사회 · 문화적 배경을 지니고 있는 둘 또는 그 이상의 부문 사이의 관계를 의미한다. 가족 및 지역사회 협력의 원칙은 특정 목적을 함께 공유해야 하고 협력은 공식적 · 비공식적으로, 수직적 · 수평적으로, 상징적 · 구체적으로, 정적 · 역동적으로, 일회적 · 정기적인 차원 등 다양한 방법이 가능하다.

협력은 차원에 따라 직접 실행하는 자 또는 도움을 주는 자, 강요된 협력 또는 자발적인 협력 등으로 구분한다. 협력의 전제조건은 다음과 같다.

첫째, 협력을 통하여 기대하는 결과의 일차적인 초점이 같아야 한다.

둘째, 협력자들은 서로에 대하여 잘 알아야 한다.

셋째, 참여하는 과정이 중시되어야 한다.

넷째, 서로 솔선해서 책임을 나누어지려는 관계여야 한다.

다섯째, 서로의 역할과 기여에 대한 존중과 협의를 통하여 이루어져야 한다.

가족 및 지역사회 협력의 진단사항은 다음과 같다.

첫째, 영유아들은 개인적 또는 집단적으로 어떤 특성을 지니고 있는가?

① 건강, 언어, 사회성 등과 같은 발달 특성

② 놀이의 특성, 여가 시간을 보내는 형태

둘째, 가정환경의 배경이 어떠한가?

① 어린이집에 대한 기대

② 양육권자, 형제관계, 거주형태, 종교

③ 부모들의 직업, 학력, 소득 정도 및 취업모의 비율

④ 양육 관련 정보 획득 방법, 놀잇감과 그림책 보유 정도

셋째, 지역사회의 특성은 어떠한가?

① 대도시, 중 · 소도시, 농 · 어촌/주택가, 상가지역, 공업단지

② 전반적인 생활여건(교통, 통신수단), 문화적 여건 등

영유아보육을 위하여 각 부문들이 서로 협력해야 하는 이유는 영유아는 물론 그들의 가족과 지역사회 전체에 이익을 제공하기 때문이다. 협력의 형태는 협력의 부문들이 서로 어떤 역할을 수행해야 하고, 어떠한 협력 체제를 필요로 하는가에 따라, 또 각 영유아의 특성이나 보육기관의 특성, 학부모와 지역사회의 경제적, 사회적 및 문화적 맥락에 따라 다를 수 있다.

2. 부모의 협력

1) 부모 협력의 필요성

어린이집과 가정은 긴밀한 관계를 형성하여 영유아의 전인적 성장발달에 협력해야 한다. 일반적으로 가정과 어린이집은 공간적 · 시간적으로 떨어진 별개의 곳으로 생각하기보다는 영유아들이 매일 일상적으로 이 두 곳에서 생활한다. 영유아들의 혼란과 갈등이 반복되지 않도록 어린이집 교직원와 학부모들의 일상적 교류와 상호이해는 절대적으로 필요하다(임학규, 2002).

부모와 긍정적인 관계를 촉진시키고 지속적인 유대관계를 강화하기 위해 부모와 교사, 부모와 어린이집과의 긍정적인 동반자적 협력이 필요하다. 이러한 동반자적 협력관계를 강화시키기 위해서는 부모교육 및 부모참여가 절대적으로 필요하다(최광희, 2004).

부모와 자녀 간의 동반자적 협력을 위해 인식되어야 하는 원리는 다음과 같다(최

광희, 2004).

- 모든 부모들은 장점을 갖고 기여할 수 있다.
- 대부분 모든 사람은 동반자적 협력관계의 가치를 이해한다.
- 모든 영유아의 부모는 중요한 관점을 갖고 있다.
- 모든 부모들은 자녀들을 배려한다.
- 부모의 부재가 비보호를 뜻하는 것은 아니다.

교사들은 이러한 원리를 인식하고 자녀에게 필요한 정보를 판단하여 선택할 수 있는 역량을 기르는 부모교육을 실시함으로써 부모 자신도 성인학습자로서 발달한다는 부모발달 측면에서 부모를 지원해야 한다. 또한 가정과의 협력에서는 주된 대상이 부모가 많지만 점차 다양해지는 가족 구조(조부모가정, 한부모가정, 다문화가정 등)를 고려하여 용어나 방법을 재구성하여 실행하는 것이 필요하다.

2) 부모 협력의 유형

보육의 성과를 높이기 위해 부모의 요구를 파악하여 그 요구에 부응하고 이를 프로그램에 반영하여야 한다. 영유아를 위한 보육의 효과를 극대화하여 영유아의 개별적 욕구와 발달단계에 따른 이해, 지속적인 양육과 사회 · 인지 · 정서 · 신체적 발달을 도모하기 위해서 어린이집과 영유아의 가족, 특히 부모의 참여가 중요하다(공인숙 외, 2005).

어린이집에서는 부모와 가족으로부터 영유아의 일차적인 정보 및 가정에서의 생활을 알 수 있으며, 부모와 가정에서는 영유아가 부모와 가정과 분리되어 어린이집에서 어떻게 적응하고, 어떻게 활동하고 있는지 등에 대한 정보를 얻기 원한다. 따라서 어린이집과 가정 간에 긴밀한 의사소통이 이루어져 영유아의 발달과정이나 보육내용에 대한 정보를 교환해야 한다(중앙보육정보센터, 2008).

(1) 온라인과 오프라인을 통한 정보교환

교사는 가족이 영유아의 삶에 가장 중요한 역할을 한다는 사실을 인식하고 부모와 가족을 영유아에 대한 일차적인 정보원으로 존중해야 한다. 그리고 부모는 어린이집에 대한 정보를 토대로 어린이집의 보육철학과 보육내용이 자신의 자녀가 경험하기를 원하는 것과 일치하는지를 살펴보아야 한다. 이를 위하여 어린이집에서는 부모와 다양한 방법으로 의사소통을 하여 영유아의 발달과정이나 보육내용에 대한 정보를 교환해야 한다. 어린이집의 보육방침과 부모의 양육 간에 일관성이 있는 경우 영유아의 행동을 강화하는 효과가 있으며 영유아의 발달을 촉진할 수 있다.

어린이집이 온라인과 오프라인을 통한 정보교환 방법으로 가정통신문, 부모용 소책자, 게시판, 일일보고서 및 대화수첩, 전화 및 인터넷(컴퓨터 이메일, 홈페이지), 도서 안내 및 대출 등이 있다.

① 가정통신문

어린이집에서 일차적인 의사소통방법은 가정통신이다. 가정통신의 내용은 영유아에게 실시될 보육프로그램 일정이나 행사에 대한 공지사항, 현장학습이나 특별활동 등을 포함한다. 가정통신은 통신의 성격상 내용 면에서 짧고 간결하게 구성하여 영유아에게 직접 배부하는 것이 좋다. 특히 부모가 참여해야 하는 행사나 활동을 알릴 경우 부모가 미리 일정을 조정하여 참여할 수 있도록 충분한 시간적 여유를 두고 미리 안내하는 배려가 필요하다.

② 부모용 소책자

시간과 공간의 제약을 받지 않고 유용하게 사용할 수 있는 방법은 부모용 소책자이다. 소책자는 부모에게 꼭 필요한 주요 정보를 간결하게 정리하여 구성한다. 소책자의 내용은 영유아의 발달에 대한 이해에서부터 영유아보육 관련 및 맞벌이 부부를 위한 내용에 이르기까지 다양하게 제공될 수 있으며 시리즈로 발간하면 효과적이다. 소책자는 보육교직원과 영유아 가족구성원 간에 긴밀한 관계와 협력의 필요성을 알려줄 뿐만 아니라 보육교직원들의 전문성을 알리는 방법이 될 수 있으며 형식적인 모임에 참여하기 어려운 부모들에게 정보를 제공할 수 있다.

③ 게시판

어린이집 학부모들이 등 · 하원 시에 중요한 정보를 한눈에 볼 수 있는 방법이 게시판이다. 부모의 눈에 쉽게 띌 수 있는 곳에 게시판을 부착하고 게시물을 제시하여 가정통신을 통해 전달한 내용을 다시 확인시키고 주요 사항이나 어린이집 생활에서의 중요한 정보들을 부모에게 전달한다. 게시판의 내용은 어린이집의 교육행사, 매주 또는 매월 발행된 가정통신, 자녀양육 정보, 부모 협조사항, 부모교육, 건강 · 영양 · 안전에 대한 정보, 예방접종 등을 알리거나 습득물을 게시하기도 한다.

④ 일일보고서 및 대화수첩

부모와 교사는 영유아에 대한 정보를 교환하기 위해 매일 지속적인 관계를 형성해야 하는데 이를 위해 등 · 하원 시간에 교사와 부모가 정보를 주고받을 수 있는 방법이 일일보고서이다. 부모는 일일보고서에 영유아의 도착시간과 귀가 예정시간, 귀가할 때 데리러 올 사람, 영유아의 아침 식사량, 영아의 경우 이유 및 수유시간, 배변 여부, 건강 및 심리상태 등을 기록한다. 또한 교사에게 특별히 부모가 전달할 사항이 있으면 함께 기록한다.

교사는 하루 일과가 끝나기 전 영유아의 하루 일과를 돌아보면서 특별히 학부모에게 전달할 사항이 있으면 기록해 주고 어떠한 놀이를 했는지, 누구와 놀았는지, 식사를 얼마나 했는지 등에 대해 간략하게 기록해 주어야 한다.

⑤ 전화 및 인터넷

어린이집을 방문할 시간이 없는 바쁜 부모들에게 효과적인 방법은 전화이다. 교사가 부모에게 알려야 할 내용이 있거나 부모가 교사에게 전달해야 할 내용이나 상담할 내용이 있을 때 사용하면 효과적으로 정보를 서로 교환할 수 있다. 또한 부모들에게 어린이집의 행사와 일정을 문자서비스를 통해 제공하는 방법도 부모와의 교류 중 한 방법이다.

직접 만나기 어려운 부모와 효율적인 정보교환을 위해 증가하는 방법 중의 하나가 인터넷이다. 어린이집의 홈페이지 게시판에 부모와 교사가 수시로 정보를 올려 의견을 교환할 수 있고 개인 이메일을 활용하여 정보를 교환할 수 있다.

⑥ 도서 안내 및 대출

부모의 바람직한 역할 및 자질 습득을 위해 정보를 제공하는 방법으로 도서대출 및 도서 안내가 있다. 부모에게 유용한 교양도서 및 교육용 책자를 따로 구비해 놓고 대여 절차를 만들어 대출을 한다. 도서 대출프로그램을 실시할 때는 도서의 내용 선정에 유의하고 부모의 요구에 맞는 적절한 도서를 기간별로 추천해 주는 것이 보다 효과적이다.

(2) 부모교육

어린이집은 부모가 원할 때 언제나 어린이집을 개방하여 자녀가 다른 또래와 어떻게 지내며 보육활동에 잘 적응하는지를 직접 관찰할 수 있도록 하여야 한다. 또한 부모교육을 통하여 올바른 부모역할을 할 수 있도록 관련 지식과 다양한 정보를 제공하여야 한다.

표 12-1 학부모 오리엔테이션 안내문(예시)

본 어린이집에서는 가정과 어린이집에서 일관성 있는 보육이 이루어지도록 하기 위하여 신입원아 부모님을 대상으로 학부모 오리엔테이션을 아래와 같이 계획하였습니다. 꼭 참석하시어 자녀들의 어린이집 생활을 이해하는 데 도움이 되시기 바랍니다.

일시	년 월 일 (요일) 오후 1시 30분 오후 3시 30분 ※ 가능한 시간에 1회 참석하시면 됩니다.
장소	보육실
내용	* 본 어린이집의 전반적인 운영방침 안내 * 교직원 소개 내용 * 시설 및 학급 안내 * 신입원아의 초기 적응 과정 안내

※부모님만 참석해 주시기 바랍니다.

년 월 일

○○어린이집 원장

*오리엔테이션 참석이 가능하신 시간에 ✔ 표 하여 어린이집으로
월 일 (요일)까지 제출하여 주시기 바랍니다.

---------- 절취선 ----------

________반 영유아명________

부모 오리엔테이션 참석 가능 시간 오후 1시 30분 ( )
오후 3시 30분 ( )

① 학부모 오리엔테이션

학부모 오리엔테이션은 학기 초에 이루어진다. 어린이집의 보육철학 및 보육과정의 내용에 대해 설명하므로 부모의 시설에 대한 이해를 돕고, 신입 원아의 초기 적응을 위해 어린이집과 가정이 서로 의견을 나누는 과정이 학부모 오리엔테이션이다. 이를 통해 어린이집은 새로 들어오는 영유아에 대한 이해를 넓힐 수 있으며, 신입 원아 부모는 어린이집에 대한 구체적인 정보를 안내받고 의논함으로써 영유아의 조기 적응 및 생활에 도움을 줄 수 있다. 따라서 어린이집에서는 정기적으로 학부모 오리엔테이션을 실시하며 중간에 입소한 신입 원아 부모에게는 개별적으로 학부모 오리엔테이션을 진행해야 한다.

어린이집 소개 책자로 '부모를 위한 어린이집 운영 안내' 책자를 제작해 두는 것이 편리하다. 운영 안내 책자에는 어린이집의 설립목적이나 연혁, 보육프로그램의 철학 및 목표, 보육내용, 적응 프로그램, 하루의 일과, 급·간식단, 운영방침과 규칙, 건강·위생 및 안전대책, 부모참여 프로그램·주요 행사, 교직원 소개 등의 내용이 포함될 수 있다.

② 부모 강연회

정해진 주제에 대해 부모가 강연을 듣는 형식으로 진행하는 방법이 부모 강연회이다. 이 방법은 의사전달이 쉽고 준비가 간편하므로 부모프로그램 형식으로 많이 활용되고 있다. 부모 강연회의 내용은 대화법, 부모-자녀관계 특성, 영유아 문제행동지도, 효과적인 상호작용 기술 등에 관련된 내용이 포함된다. 실시방법에서는 부모가 많이 참석할 수 있는 시간과 시기를 선택해야 한다. 초대장에는 강연 제목, 일시, 장소, 주제 등을 소개한다. 강연회가 끝나면 그날 강연에 대해 평가를 할 수 있도록 하고, 평가 결과는 다음 강연을 계획할 때 반영한다(〈표 12-2〉 참조).

표 12-2 연간 부모 교육계획안(예시)

시기	TO	내용
3월	부모상담(1차)	영유아에 대한 정보제공
4월	부모참관수업	엄마, 아빠! 저는 이렇게 생활해요
5월	조부모님 오시는 날	할아버지, 할머니 사랑해요
6월	아버지 참여수업	아빠와 함께 해요
7월	부모회보(신문) 소책자	어린이집, 가정, 영유아 소식 집 안에서 할 수 있는 물놀이 방법
8월	어머니 워크숍	영유아와 함께 하는 수·과학·언어 놀이
9월	부모상담(2차)	영유아의 발달상황에 대한 정보제공
10월	참여수업(워크숍)	영유아와 함께 나들이 가기
11월	부모회보(신문)	선생님, 부모님, 영유아들의 이야기
12월	성탄행사	온 가족과 함께 성탄을 축하해요
1월	강연회	영유아기의 중요성
2월	새학기를 위한 오리엔테이션	어린이집의 운영방침 소개

③ 워크숍

부모가 주어진 어떤 일에 실제로 참여하여 배우고 실습하는 집중적인 교육프로그램이 워크숍이다. 어린이집에서 할 수 있는 워크숍은 영유아 놀잇감을 제작하거나 리폼하여 가정에서 활용할 수 있는 놀잇감 제작 및 활용 워크숍을 예로 들 수 있다. 워크숍의 주제는 부모들의 관심사를 반영하여야 하며, 워크숍 활동은 간단하고 이해하기 쉽게 조직하고 본뜨기나 패턴 등의 자료, 리폼할 장난감이나 리폼에 필요한 자료를 미리 준비해 두는 것이 좋다. 워크숍이 끝난 후에는 부모가 만든 놀잇감이나 리폼한 놀잇감을 집으로 가져가서 자녀와 함께 놀이할 수 있도록 활동방법을 소개해 주어야 한다.

④ 토론회, 좌담회, 독서회

자녀보육·교육의 특정 문제를 주제로 관심이 있는 부모들이 모여 자신의 문제나 경험을 이야기하거나 토론하는 방법이 토론회와 좌담회이다. 또한 공통관심사를 가진 부모들이 책을 선정하여 읽고 의견을 교환하는 방법이 독서회이다. 이 방법은 관심이 서로 비슷하거나 같은 문제를 가지고 있는 부모들을 연결해 줌으로써 모임이 자발적으로 운영될 수 있도록 지원하면 효과적이다.

(3) 부모면담

교사와 부모가 대면하여 영유아의 가정생활과 어린이집에서의 생활 전반에 대해 정보를 상호 교환함으로써 영유아를 이해하고 바람직한 영유아 지도방안을 모색하는 활동이 부모면담이다. 면담은 개별면담과 집단면담으로 나눌 수 있다.

① 개별면담

교사와 부모가 일대일로 대면하여 영유아에 대한 의견을 교환함으로써 바람직한 영유아 지도방안을 모색하는 활동이 개별면담이다.

교사는 어린이집에서 영유아의 적응상태나 생활 내용, 발달 정도 등에 대하여 부모와 최소 연 2회 이상의 공식적인 면담과 등·하원 시 부모와 자연스럽게 대화하는 비공식적 면담으로 이루어질 수 있다. 면담을 위해서 교사는 영유아에 대한 관찰기록, 영유아의 작품이나 활동 결과물, 신체 측정 결과, 건강검진결과 등을 준비하여 부모와 의견을 교환하고, 영유아를 위한 지도방법 등에 대해 면담하며 면담 결과를 기록하여 보관해야 한다.

② 집단면담

부모의 관심과 요구가 대다수 부모에게 공통된 것일 때 활용할 수 있는 방법이 집단면담으로 일반적으로 부모회의 행사가 끝난 후 각 학급별로 집단면담을 실시하기도 한다.

부모 집단면담의 효율적인 운영을 위해서 부모에게 편리한 시간과 장소를 선택하여 많이 참석할 수 있도록 배려하고 집단면담 이전에 면담의 주제와 유형, 진행 방식 등에 관해 미리 안내하여 부모가 일정을 조정할 수 있는 충분한 시간을 주는 것도 도움이 된다.

(4) 가족 자원봉사

가족 자원봉사에는 특별활동 봉사, 보조교사, 교육자료 제작, 부모 직장 개방을 활용할 수 있다. 또한 취약가정의 영유아 지원 및 부모역할 보충서비스, 어린이집 행사 보조, 물품 지원 등을 활용할 수 있다.

① 특별활동 봉사

특별활동 봉사는 부모가 가진 특별자원을 활용하여 교육적인 활동을 받는 것이다. 예를 들어, 기본 생활습관 지도와 관련하여 이 닦기 지도를 할 경우 치과의사인 부모님을 초대하여 치아건강의 중요성이나 이 닦는 방법, 치아검진 등을 영유아들에게 직접 알려주게 할 수 있다.

② 보조교사

부모가 어린이집에서 교사역할을 보조하는 것으로 부모참여 방법 중 가장 적극적인 형태가 보조교사이다. 부모 보조교사는 사전 교육을 계획하여 교육을 실시한 후 부모가 보조교사로 참여하도록 하는 것이 바람직하다.

보조교사로 참여할 수 있는 분야는 자유선택활동 영역별 지도, 교재교구 제작 및 보수, 환경정리, 부분 활동지도(동화, 노래, 게임, 조형활동 등), 간식지도, 인쇄물 준비와 발송, 귀가지도 등의 일이 있다.

③ 교육자료 제작

교육자료 제작은 어린이집에서 필요로 하는 자료를 부모가 참여하여 함께 만들어 보는 프로그램이다. 예를 들어, 수 · 조작 영역에서 사용할 수 있는 판 게임이나 역할놀이 영역에서 필요한 소품으로 엄마아빠 놀이에 필요한 어린이용 앞치마와 옷 만들기, 생일축하에 필요한 고깔모자 만들기 등이다.

④ 부모 직장 개방

부모의 직장 방문은 어린이집 밖의 다양한 자원을 영유아가 경험함으로써 특정 생활 주제와 어린이집 활동과 연계하여 교육효과를 극대화할 수 있다.

(5) 부모참여수업

영유아들이 부모들과 함께 하루 일과 중에 일정한 시간을 정하거나, 하루 중 오전이나 오후에 부모들이 가능한 시간대에 반별로 시간을 정해서 자유선택활동이나 대 · 소집단놀이를 하는 것이 부모참여수업이다. 어린이집에 따라서는 휴일에 온 가족이 함께 참여하는 가족 등반대회, 걷기대회, 산책활동 등의 가족행사로 진행되는 경우도 있다.

부모는 부모참여수업을 통해 재미있었던 일이나 유익하였던 점, 다음 참여수업에 바라는 점 등을 설문으로 기록하게 하고 설문내용은 다음 참여수업의 내용과 방향을 설정하는 기초자료로 사용한다.

3. 지역사회의 협력

1) 지역사회 협력의 필요성

어린이집과 지역사회는 서로 도움을 주고받는 상호보완적 협력관계에 있어야 한다. 영유아를 둘러싸고 있는 어린이집 환경을 포함하여 가정환경, 지역사회 환경을 안전하고 건강하게 하는 곳은 어린이집 혼자서는 감당할 수 없다. 예를 들어 교통안전, 미아방지, 소방안전 등은 지역사회의 유관기관과의 협조가 필수적이다(정영자, 2003).

지역사회서비스는 지역사회가 아동보육의 책임을 공유하여 어린이집에서 아동들에게 양질의 서비스를 제공할 수 있도록 협력하고, 어린이집과 보육아동은 지역사회 구성원으로서 지역사회복지에 기여한다는 양 측면의 서비스가 통합된 영역이다(임학규, 2002).

어린이집은 시설이 위치한 지역사회의 특성을 잘 알아야 하고 부모 및 지역사회 교육을 통하여 부모양육 기술을 높이고 건전한 생활태도를 가지게 하며 지역발전에 맞게 어린이집의 운영방침이나 보육프로그램의 성격을 구성하여야 한다. 즉 어린이집은 지역사회센터로서의 역할을 할 수 있어야 한다(임원선, 2004). 따라서 어린이집 원장과 교사는 지역사회 단체 및 주민들과 원만한 관계를 형성하고 인적·물적 자원을 교류함으로써 질 높은 보육활동이 가능하도록 지역사회와의 협력에 최선의 노력을 필요로 한다.

2) 지역사회 협력의 유형

어린이집은 지역사회의 특성과 요구, 지지 및 지원에 따라 운영체계 전반에 영향을 받게 되며, 어린이집 역시 지역사회에 영향을 미쳐 지역사회 주민의 복지 향상에 기여해야 한다. 지역사회 협력의 유형을 구체적으로 살펴보면 다음과 같다.

(1) 지역사회 자원봉사자 활용

어린이집은 영유아뿐만 아니라 가족지원을 포함하는 포괄적 서비스를 제공하는 기관이다.

어린이집의 원장과 교사는 가정환경이나 발달적 특성이 또래와 달라 특별한 보호를 필요로 하는 영유아와 가족이 건강한 생활을 영위할 수 있도록 필요한 도움을 주어야 한다. 그리고 영유아와 가족의 특정문제를 도와줄 전문기관에 대한 실질적인 정보를 가지고 가족이 전문가를 찾아가 도움을 구하도록 격려해 주고, 관련 전문가와 협조하여 함께 문제를 해결하도록 노력하여야 한다.

보육교사는 영유아와 가족을 돕기 위한 전문가가 자원봉사자로 활동할 경우, 참여하기 전에 자원봉사자가 갖추어야 할 자세와 태도를 미리 안내해 주어야 한다.

① 자원봉사자의 자세 및 태도

- 책임감을 가져야 한다.
- 약속된 시간을 엄수해야 한다.
- 자원봉사자는 항상 모든 일에 교사와 충분한 협의를 하여야 한다.
- 어린이집의 교육방향 및 보육방침을 숙지하여 다른 교직원의 자세와 일관성을 유지한다.
- 항상 명랑하고 밝은 표정으로 임한다.
- 모든 영유아에게 공평하고 일관성 있게 대한다.
- 영유아들과 활동하기에 적합하고 단정한 옷차림을 한다.
- 주어진 일만 한다는 소극적인 자세보다 능동적으로 일에 임하는 자세가 필요하다.
- 영유아들과 함께 생활하는 중 어려운 상황이 발생했을 때는 반드시 교사의 자문을 구한다.

② 자원봉사자의 활동 시 고려사항

- 안전사고에 대한 세심한 주의가 필요하다.

- 영유아의 행동 및 놀이를 관찰하여 놀이를 촉진할 수 있도록 돕는다.
- 어린이집의 규칙을 이해하고 문제 발생 시 대처방법에 관해 교사의 도움을 받는다.
- 영유아들과의 상호작용 시 언어 사용에 세심한 주의를 한다.

(2) 어린이집 운영 참여자로서 지역사회 인사 활용

어린이집이 부모 및 지역사회와 긴밀하게 협력하여 동반자적인 관계를 유지할 때 효과적인 영유아보육이 이루어질 수 있다. 전문적 지식을 갖춘 어린이집, 영유아에 대한 구체적인 정보를 많이 알고 있는 부모, 그리고 어린이집이 속한 지역사회가 긴밀한 협력관계를 유지하기 위해서 상호 존중과 이해가 있어야 한다.

또한 그들의 의견이나 요구를 들을 수 있는 창구가 마련되어야 한다. 즉, 어린이집의 원장은 어린이집 운영의 자율성과 투명성을 높이고 지역사회와의 연계를 강화하여 지역 실정과 특성에 맞는 보육을 실시하기 위하여 어린이집에 어린이집운영위원회[9]를 설치 · 운영할 수 있으며, 취약보육(脆弱保育)을 우선적으로 실시하여야 하는 어린이집과 대통령령으로 정하는 어린이집은 어린이집운영위원회를 설치 · 운영하여야 한다. 따라서 어린이집운영위원회는 그 어린이집의 원장, 보육교사 대표, 학부모 대표 및 지역사회 인사(직장어린이집의 경우에는 그 직장의 어린이집 업무 담당자로 한다)로 구성한다. 이 경우 학부모 대표가 2분의 1 이상이 되도록 구성하고, 어린이집 원장은 어린이집운영위원회의 위원 정수를 5명 이상 10명 이내의 범위에서 어린이집의 규모 등을 고려하여 정할 수 있다.

연 4회 이상 정기적인 회의를 개최함으로써 어린이집의 운영 등에 대한 의견이나 요구를 수렴하여 어린이집 운영에 반영하여야 한다.

한편, 어린이집 보육환경을 모니터링하고 개선을 위한 컨설팅을 하기 위하여 부

---

9) 「영유아보육법」 제25조 (어린이집운영위원회) 〈개정 2011.6.7., 2011.8.4., 2013.8.13., 2015.5.18.〉

모모니터링단이 구성되어 운영되고 있으며, 어린이집을 이용하는 영유아의 부모, 보육·보건전문가가 부모모니터링단으로 활동하고 있다. 부모모니터링단은 매년 1회 이상 어린이집 급식, 위생, 건강 및 안전관리 등 운영상황 모니터링, 어린이집 보육환경 개선을 위한 컨설팅 관련 내용교육을 받고, 모니터링단 직무를 수행할 때 어린이집에 출입하는 경우에는 승인서와 신분을 표시하는 증표를 어린이집의 원장 등 관계자에게 내보여야 하며 어린이집의 원장은 부모모니터링단의 직무 수행에 협조하여야 한다.

(3) 지역시설 활용

보육프로그램의 내용은 주로 영유아의 실생활 및 주변 환경과 밀접한 관계가 있어야 한다. 영유아가 가정 및 어린이집 외에 지역사회 환경에 대해 보다 친밀하게 이해할 수 있도록 지역사회기관 특히, 병원, 경찰서, 소방서, 초등학교, 대학, 도서관, 농장, 과수원, 은행 등을 방문할 수 있는 기회를 제공한다.

또한 영유아들이 지역사회 기관과 연계된 프로그램에 참여할 수 있도록 한다. 예를 들어, 지역사회 병원과 연계하여 응급 시 협조를 받을 수 있으며, 병원의 의사나 간호사가 어린이집을 방문하여 영유아에게 건강한 치아에 대해 교육하는 활동, 지역사회 도서관과 연계하여 책이나 놀잇감을 대여할 수도 있다.

표 12-3 협력기관

분류	서비스 종류	기관명	전화번호	소재지	비고
가족지원	상담	○○○아동상담센터		○○구 ○○동	
장애아동	언어치료 미술치료	○○종합사회복지관		○○구 ○○동	
발달지원	심리검사	아동복지관			
학대아동	상담	○○○아동학대예방센터		○○구 ○○동	

(4) 지역사회에 대한 기관의 자원봉사활동

영유아들이 지역사회 주민과 접촉함으로써 대인 경험을 풍부하게 하며 대인관계가 긍정적으로 유지되도록 도와준다. 지역사회가 필요로 할 때 어린이집을 이용할 수 있도록 개방하거나 영유아들이 지역의 다양한 시설, 예를 들어 노인시설을 방문하여 할머니, 할아버지와 함께 지내는 활동을 함으로써 어린이집과 지역사회 간의 유대를 보다 긴밀하게 할 수 있도록 상호지원을 주고받는다. 영유아들의 지역사회 봉사활동 프로그램으로는 어르신을 위한 재롱 발표회, 이웃돕기 성금 모금, 장애인 돕기 등이 있다(이현주, 2000).

3) 지역사회 협력의 실제

표 12-4 연간 지역사회 연계 보육프로그램(예시)

활동명	일시	관계기관	내용	인원
○○산, 산책	매주 1회	○○산	• 영유아의 체력단련 • 자연친화적인 사고의 확장	전체 영유아
실습생교육	연 2회	각 대학	• 6주간의 실습교육 • 영유아관찰 및 영유아교육	분기별 4명
동화구연	매주 1회	지역	• 다양한 자료를 이용하여 동화 구연 실시 • 영유아들의 흥미유발	지역주민 1명
방역소독	월 1회	○○구청 보건소	• 영유아들의 위생을 위해 지역 내에 있는 보건소에서 방역 실시	보건소 3명
안전교육, 성교육	연 1회	○○시 보건소	• 내 몸은 내가 지켜요 • 화재대피교육	보건소 2명
구강교육	연 1회	○○치과	• 올바른 양치질 방법 • 치아의 구조 • 치아에 좋은 음식, 나쁜 음식	우리들치과 4명
사랑의 동전 모으기	연 1회	○○구청	• 주위의 불우한 이웃을 알고 도와줌	전체 영유아
수재민 돕기	연 1회	○○구청	• 다른 사람의 아픔을 같이 나누고 도와줌	전체 영유아

소방서 견학	연 1회	○○소방서	• 화재교육, 화재대피교육 • 소방서가 하는 일 • 소방차 살펴보기	소방서 3명
초등학교 견학	연 1회	○○초등학교	• 어린이집과 초등학교의 차이점	초등학교 2명
지역 내 종합복지관 견학	월 1회	○○복지관	• 저소득층 가정과 한부모가정의 영유아들을 위한 지원 프로그램	해당 영유아
산타행사	연 1회	지역	• 지역주민의 협조로 유아들에게 산타할아버지와의 좋은 추억을 만들어 줌	지역주민 2명
카네이션 달아드리기	연 1회	○○경로당	• 할아버지, 할머니의 사랑과 고마움 알기 • 카네이션 달아드리고 안마해 드리기	할아버지, 할머니 40명
부모교육	연 4회	–	• 어린이집과 가정과의 연계	학부모 50명
장난감도서관 개방	매주 2회	○○어린이집	• 지역주민에게 다양한 장난감, 도서, 비디오를 개방	지역주민
장애아 통합수업	매주 1회	○○복지관	• 지역의 장애시설 등과 연계하여 장애아에 대한 통합교육 모색과 교육 실시	–

생각해 볼 문제

1. 다양한 유형의 가족에게 서비스를 제공할 수 있는 지역사회 협력기관에 대해 생각해 봅시다.

2. 내가 살고 있는 지역사회에서 활용 가능한 자원(물적, 인적)에 대해 생각해 봅시다.

3. 부모교육의 형태를 조사하고, 효율적인 부모와의 의사소통과 지역사회 연계를 위해 어린이집에서 활용할 수 있는 방안에 대해 생각해 봅시다.

Chapter 13

어린이집 평가

어린이집의 목적은 영유아를 위한 전문적인 보육서비스를 제공함으로써 영유아의 건전한 육성과 보호자의 경제적 · 사회적 활동의 지원을 통하여 가족복지를 증진시키는 것이다. 이러한 보육의 목적을 달성하기 위해 어린이집이 스스로 보육의 질적 발전을 위해 노력할 필요가 있으며, 이러한 과정에서 어린이집 평가를 통해 질 높은 보육서비스를 제공하는 어린이집으로 가까이 다가가게 되며, 보육의 질적 향상을 통해 자녀를 안심하고 맡길 수 있는 보육 환경을 조성하게 된다. 따라서 본 장에서는 어린이집 평가의 의의와 목적, 어린이집 평가 척도의 영역과 유형에 대해 살펴보고, 또한 우리나라에서 2019년 6월부터 전체 어린이집을 대상으로 시행되고 있는 어린이집 평가제의 목적과 내용에 대해 살펴보고자 한다.

1. 어린이집 평가의 의의 및 목적

1) 어린이집 평가의 의의

어린이집에 대한 평가는 보육을 받는 영유아, 어린이집, 지역사회 모두에게 긍정적 의미를 갖는다. 먼저, 보육되는 영유아에 대해서는 양질의 보육서비스를 받을 수 있게 해주고 어린이집에 대해서는 보육프로그램과 보육 여건에 대한 평가와 개선을 통해 양질의 보육서비스를 제공하게 해준다. 이러한 어린이집 평가의 의의를 구체적으로 살펴보면 다음과 같다(도미향 외, 2007).

① 어린이집 평가는 각 영유아에 대한 인식과 이해 정도를 높여준다.

② 어린이집 평가는 보육프로그램의 질을 높여 주고 구체화하는 데 공헌한다. 어린이집의 양적 증가와 더불어 질적 향상을 위해서 수준 높은 보육환경, 보육프로그램 제공 등 질적 개선을 위한 노력이 요구된다. 어린이집 평가는 보육의 질적 향상을 통해 자녀를 안심하고 맡길 수 있는 보육여건 조성 및 교육기능의 강화를 강조하고 있다.

③ 어린이집 평가는 보육환경과 보육프로그램이 구체적으로 영유아를 위한사업의 근본적인 목적에 맞게 준비·제공되고 있는지, 영유아의 발달수준에 적합한지, 보육의 전반적인 과정이 효율적으로 진행되고 있는지 등을 알 수 있게 한다.

- 보육의 질적 향상을 위해 보육환경과 보육프로그램에 대한 객관적 평가를 통해 보육의 현실적인 문제들을 파악해 개선해 가고자 하는 것에 의미를 둔다.
- 어린이집 평가의 과정은 보육 전반에 대한 반성적 과정이라 할 수 있다.

④ 어린이집 평가는 특별한 도움이 필요한 영유아를 발견할 수 있으며, 이들을

위한 지도계획을 세울 수 있게 한다.

⑤ 어린이집 평가는 교사의 책임과 역할을 향상시킨다.

2) 어린이집 평가의 목적

어린이집에 대한 평가의 궁극적 목적은 어린이집의 제반 서비스가 영유아의 만족한 발달과 성장을 이루는 데 기여하는지를 판단하는 것으로서 보육사업 운영의 효율성을 제고, 보육사업의 자율성 신장, 보육사업의 전문성 제고, 어린이집 간의 협동성 진작, 어린이집의 재정 지원 확충을 목적으로 하고 있다. 어린이집 평가의 목적을 영유아, 교사, 부모, 어린이집, 프로그램으로 나누어 구체적으로 살펴보면 그 목적은 다음과 같다(도미향, 2007).

첫째, 영유아 측면에서의 어린이집 평가의 목적은 다음과 같다.

- 평가를 통해 영유아의 현재 발달수준과 변화과정을 알 수 있다.
- 개별 영유아 발달뿐만 아니라 전체 학급 영유아 진단의 수준도 파악할 수 있다.
- 영유아의 현재 발달을 이해하고 적합한 보육서비스를 제공받을 수 있다.
- 도움이 필요한 영유아나 영재아를 선별하여 적절한 보육적 배려가 제공될 수 있다.
- 누적된 평가 결과를 통해 영유아에게 일어난 변화와 진보의 정도 및 영역을 알아보기 위한 평가를 할 수 있다.

둘째, 보육교사 측면에서 어린이집 평가의 목적은 다음과 같다.

- 평가를 통해 영유아 보육의 목표를 달성하기 위한 지도방법 및 기술을 개선 발전시킨다.

- 보육과정을 계획하고 실행하는 데 필요한 정보를 얻는다.
- 보육과정과 보육방법의 효율성을 결정하고 측정하는 데 도움이 된다.
- 프로그램 수정 → 보육방법 결정 → 학습 성취 → 평가의 순환적 과정에 활용한다.
- 평가결과를 누적적으로 수집 보관하여 행정적인 결정이나 부모와의 면담자료로 활용한다.

셋째, 어린이집 측면에서 어린이집 평가의 목적은 다음과 같다.

- 어린이집이 실시하고 있는 보육계획, 보육환경, 안전관리, 건강·위생관리, 영양관리, 보육교사관리 등 보육여건 전반에 대해 평가하고, 이를 개선함으로써 신뢰받는 양질의 보육서비스를 제공할 수 있다.
- 평가를 통해 어린이집 원아와 학부모관리, 행·재정적 관리, 보육프로그램 관리 등 어린이집의 조직적인 운영관리에 도움을 받을 수 있고 적절하게 활용함으로써 어린이집의 질적 향상을 도모할 수 있다.

넷째, 보육프로그램 측면에서의 어린이집 평가의 목적은 영유아 보육프로그램의 질적 수준과 효과를 평가하는 것을 의미하며, 그 결과를 다음 보육활동 프로그램 계획에 활용함으로써 프로그램의 질적 향상을 도모할 수 있도록 하는 것이다.

2. 어린이집 평가의 유형과 방법

1) 어린이집 평가의 유형

(1) 보육프로그램 운영에 대한 평가

어린이집의 철학, 지역사회의 특수성, 학부모의 요구 등에 따라 보육프로그램 운영 방향이 달라질 수 있으므로 어린이집 교육의 질 관리를 위해서도 프로그램에 대한 개별적인 평가가 필요하다.

(2) 영유아의 발달에 대한 평가

영유아의 발달에 대한 평가를 실시함으로써 영유아의 발달 정도를 살피고 전인적인 성장에 도움이 되도록 활용한다.

(3) 유아 및 교사의 자기 평가

① 유아의 자기 평가: 3세 이상의 유아에게 자기 평가의 기회를 주는 것은 책임감을 향상시키고, 유아가 상황에 알맞게 생각과 행동을 조절하는 기초능력 형성에 도움을 준다.

② 교사의 자기 평가: 교사가 자신의 교수활동을 스스로 평가하는 과정을 통해 보육의 질적 수준을 향상시킬 수 있을 뿐만 아니라, 보육교사의 자율성과 전문성을 확보하는 데 도움이 된다.

(4) 평가에 대한 평가

평가의 내용이나 방법이 타당하고 신뢰가 가며 객관적으로 보육 전반에 대해 평가하고 있는지를 평가한다.

2) 어린이집 평가의 방법

(1) 자체평가

평가의 방법으로 자체평가가 있는데 자체평가 보고서 등을 통해 실시 가능하다.

① 보육교직원끼리 모여서 평가하는 것을 말하며 수시 및 정기적으로 실시된다.

② 자체평가는 객관성을 잃을 수도 있으므로 주의하여 실시하는 것이 필요하다.

③ 평가결과에 대한 이해와 수용이 편리하다.

(2) 외부평가

외부평가는 부모모니터링단, 평가제에 따른 현장관찰자 등에 의한 외부평가가 가능하다.

① 평가를 외부평가단, 기관, 인적 자원 등에 위탁해서 실시한다.

② 외부평가단이 평가하는 경우 평가를 받는 어린이집 입장에서 평가가 부담스러워질 수 있다.

③ 평가결과를 수용하고 발전적으로 활용하도록 노력해야 한다.

3. 우리나라 어린이집 평가제

1) 어린이집 평가제의 추진배경 및 목적

우리나라는 보육서비스의 질 관리를 위해 2005년부터 어린이집 평가인증제도를 시행하여 왔으며, 2006년 본격 시행 이후 해마다 평가인증에 참여하면서 인증에 통과한 어린이집이 지속적으로 증가하였다. 평가인증제도는 변화하는 보육현장의 수준을 반영하여 보육서비스의 질적 수준을 향상하고 유지하기 위해 운영과정을 지속적으로 개선하였는데, 제1차 평가인증(2006년~2009년), 2차 지표와 3차 시범지표를 적용한 제2차 평가인증(2010년~2017년 10월), 통합지표를 적용한 제3차 평가인증(2017년 11월~2019년 6월 11일)을 거쳐 왔다.

평가인증제도를 통해 어린이집의 물리적 환경이 변하면서 영유아가 생활하기에 청결하고 안정한 환경, 영유아의 놀이에 필요한 놀잇감이 충분하고 다양하게 갖추어졌으며, 인증준비과정에서 보육환경과 보육과정, 영유아의 상호작용, 어린이집 운영관리 등에 대해 지표에서 제시하는 바람직한 실제를 이해하고 적용해 나가면서 교직원들의 전문성은 자연스럽게 향상되었다(한국보육진흥원, 2017).

그러나 평가인증제도는 어린이집의 자발적 신청에 따라 운영되어 미인증 어린이집으로 인한 질 관리 사각지대가 존재하였으며, 최근 아동권리 보호, 아동학대 예방 등 아동 인권 및 안전 관리 강화에 대한 사회적 요구 증가로 전체 어린이집의 평가 참여 필요성이 제기되어 왔다. 이에 따라 2018년 12월 11일 영유아보육법 개정안이 공포되었고, 2019년 6월 12일부터 평가인증을 신청한 어린이집에 한하여 추진되어 온 어린이집 질 관리가 전국의 모든 어린이집에 대한 의무사항으로 시행되고 있다.

어린이집 평가 연혁을 살펴보면 [그림 13-1]과 같다.

그림 13-1 어린이집 평가 연혁

어린이집 평가제는 보육·양육에 대한 사회적 책임 강화 실현 및 안심 보육환경

조성을 위해 국가 차원에서 모든 어린이집을 주기적으로 평가하여 상시적인 보육서비스 질을 확보하고자 하는 제도이다.

국가 차원의 주기적인 평가를 통해 모든 어린이집의 상시적인 보육서비스 질을 확보하고, 보육·양육에 대한 사회적 책임 강화를 실현하며 안심 보육환경을 조성하는 것이 기본 방향이며, 어린이집 평가제의 추진 목적은 다음과 같다(한국보육진흥원, 2019a).

첫째, 상시적인 보육서비스 질 관리를 위해 주요 핵심지표를 중심으로 질 관리 표준을 제시하고 어린이집 스스로 질적 수준을 제고하도록 한다.

둘째, 전체 어린이집에 대한 주기적 평가를 통하여 보육서비스 품질관리 사각지대를 해소하고 전반적인 보육서비스 수준을 지속적으로 관리하여 국가의 책무성을 강화하고자 한다.

셋째, 궁극적으로 평가제를 통해 보육서비스의 질 향상을 제고함으로써 영유아의 안전과 건강, 조화로운 성장과 발달을 도모하고자 한다. 이를 위해 영유아의 인권과 놀 권리를 보장하고 여유아가 건강하고 행복하게 성장할 수 있는 안심 보육환경을 조성하며, 보육교직원이 영유아 보육에 집중할 수 있는 여건을 조성한다.

2) 어린이집 평가제의 운영체계

영유아보육법 제30조(어린이집 평가)에 근거하여 보건복지부장관은 보육서비스의 질 향상을 위하여 어린이집에 대하여 정기적으로 평가를 실시하고, 평가업무는 한국보육진흥원에 위탁하여 실시하고 있다.

평가는 기본사항 확인 및 자체점검, 현장평가, 종합평가 총 3단계로 진행된다. 평가과정은 평가대상 어린이집의 선정 및 통보로 시작되는데, 이전의 평가인증제는 어린이집이 원하는 시기에 참여 신청하여 평가를 진행하였으나, 평가제에서는 한국보육진흥원에서 평가대상 및 평가시기를 정하여 어린이집에 통보하게 된다. 확정 통보된 어린이집은 기본 사항 확인 및 자체점검보고서를 제출한 뒤에 현장평가 및 종합평가가 순차적으로 이루어지고, 그 이후 평가결과가 발표된다.

어린이집 평가제는 절대평가 방식의 등급제로 현장평가 100% 반영하여 평가결과가 등급으로 산출되고, 최종적으로 4등급(A, B, C, D)으로 구분하여 결정된다. 평가를 받은 어린이집은 등급에 따라 평가주기가 정해지며, A, B등급은 3년, C, D등급은 2년의 평가주기가 부여된다. C, D등급 어린이집은 사후방문지원(컨설팅)을 의무로 받은 후 자체개선보고서를 제출해야 하며, 특별한 변동사항(법 위반 및 행정처분, 인가변동사항 등)이 없는 경우 부여받은 평가주기(2년)에 따라 차기 평가를 받게 된다.

어린이집 평가 운영체계를 살펴보면 [그림 13-2]와 같다.

어린이집 평가제는 절대평가 방식의 등급제로 현장평가 100% 반영하여 평가결과가 등급으로 산출되고, 최종적으로 4등급(A, B, C, D)으로 구분하여 결정된다. 평가를 받은 어린이집은 등급에 따라 평가주기가 정해지며, A, B등급은 3년, C, D등급은 2년의 평가주기가 부여된다.

그림 13-2 어린이집 평가 운영체계

출처: 2020 어린이집 평가 매뉴얼(2020).

3) 어린이집 평가제의 지표내용

(1) 평가지표의 구성

평가지표는 보육과정 및 상호작용, 보육환경 및 운영관리, 건강 · 안전, 교직원 등 4개의 영역으로 구성된다.

영유아 권리 존중, 급간식 위생, 안전 분야 필수지표(요소)가 확대되어 4개의 영역, 18개의 지표, 59개의 평가항목으로 구성되어 있으며, 평가영역 및 평가항목 수는 다음 〈표 13-1〉과 같다.

표 13-1 평가영역 및 평가항목 수

평가영역(항목수)	평가지표	평가항목 수
1. 보육과정 및 상호작용(18)	1-1. 영유아 권리존중 필수	2
	1-2. 보육계획 수립 및 실행	6
	1-3. 놀이 및 활동 지원	3
	1-4. 영유아 간 상호작용 지원	4
	1-5. 보육과정 평가	3
2. 보육환경 및 운영관리(14)	2-1. 실내 공간 구성 및 운영	4
	2-2. 실외 공간 구성 및 운영	3
	2-3. 기관 운영	4
	2-4. 가정 및 지역사회와의 연계	3

3. 건강·안전(15)	3-1. 실내외 공간의 청결 및 안전	3
	3-2. 급·간식	3
	3-3. 건강증진을 위한 교육 및 관리	3
	3-4. 등·하원의 안전	3
	3-5. 안전교육과 사고예방	3
4. 교직원(12)	4-1. 원장의 리더십	3
	4-2. 보육교직원의 근무환경	3
	4-3. 보육교직원의 처우와 복지	3
	4-4. 보육교직원의 전문성 제고	3

*3-2, 3-4, 3-5 지표 내 필수요소 8개 포함.

출처 : 2020 어린이집 평가 매뉴얼(2020).

(2) 평가방법

평가지표의 평가방법은 관찰, 면담, 기록 확인의 방법으로 이루어지며, 구체적인 내용은 〈표 13-2〉와 같다.

표 13-2 평가방법

관찰	• 보육환경, 보육과정, 상호작용 등에 대한 관찰을 진행함 • 등원에서 하원까지 일과 동안 이루어짐
면담	• 원장과 교사 등을 대상으로 면담을 진행함 • 평가지표(항목·요소)에 관한 실행 여부 및 관련 내용을 확인함
기록	• 평가지표(항목·요소)에서 실행 여부 및 내용 확인을 위해 요구되는 관련 기록을 확인함

출처: 2020 어린이집 평가 매뉴얼(2020).

면담의 경우는 '원장과 교사' 외에도 조리원, 운전자, 교육 참여자를 대상으로 진행하며, 기록은 보육일지는 현장 평가월 이전 1개월부터 확인하지만 그 외의 기록은 현장평가월 이전 3개월부터 확인한다.

(3) 영역별 내용

① 보육과정 및 상호작용

어린이집에서 영유아가 경험하는 보육의 질은 보육과정 운영의 질에 달려있는 만큼 영유아 중심의 보육과정으로 양질의 보육을 제공하는 것이 무엇보다 중요하다. 어린이집은 표준보육과정을 기초로 보육철학을 수립하여 자율적이면서도 질 높은 보육과정을 운영하여야 한다.

어린이집의 보육과정은 영유아가 경험하는 모든 것을 조직하는 행위이며, 영유아의 보육경험은 일상생활, 놀이, 활동을 통해 이루어진다. 교사는 영유아에게 편안한 일상생활을 제공하고, 자유로운 놀이를 위한 놀이 자료와 환경을 마련하며, 의미 있는 활동이 가능하도록 해야 한다. 영유아의 권리 존중을 최우선으로 하기 위하여 영유아의 자발적인 선택과 의사를 존중하여 보육과정을 실행하여야 한다. 이때, 영유아의 자유로운 놀이와 일상생활을 우선하고, 이를 지원하는 계획이 수립되어야 한다.

어린이집은 어린이집이 추구하는 보육철학을 토대로 표준보육과정, 영유아의 흥미와 요구 등을 반영하여 보육계획을 수립하여야 한다. 보육계획은 영유아가 편안하게 일상생활을 유지하고 자유놀이와 바깥놀이를 충분히 경험할 수 있도록 한다. 또한 하루 일과는 영유아의 자발적 놀이, 다양한 활동, 일상생활 경험이 균형 있게 이루어지도록 운영한다. 교사는 영유아의 놀이와 활동이 원활하게 이루어질 수 있도록 놀이 및 활동자료, 공간, 시간을 충분히 제공하고, 또래 간에 일어나는 상호작용에도 적절히 개입하도록 한다. 특히, 교사는 영유아의 놀이와 활동에서 나타나는 영유아의 흥미, 행동, 정서, 상태, 표현 방식의 개인차를 민감하게 파악하고 적절하게 반응을 해야 한다. 이와 함께 하루 일과 운영과 영유아의 놀이 및 활동 실행에 대한 평가를 실시하고, 그 내용을 이후 보육계획에 반영하는 순환적 과정을 통해 보육과정 운영의 질을 높이도록 한다.

보육과정 및 상호작용 영역은 영유아의 권리 존중, 어린이집의 보육철학과 표준보육과정에 기초한 보육계획 수립 및 실행, 영유아의 놀이 및 활동에 대한 적절한 지원, 영유아 간 상호작용 지원, 보육과정 운영에 대한 평가 등 총 5개의 구성되어 있다.

② 보육환경 및 운영관리

영유아는 환경과의 상호작용을 통해서 성장하기 때문에, 어린이집 실내외 놀이공간, 시설 및 설비를 영유아의 연령 및 발달수준, 흥미와 요구에 적합하게 구성하는 것은 매우 중요하다. 또한 어린이집에서 실시하는 보육프로그램이 잘 운영될 수 있도록 환경을 구성해야 한다. 그러나 단순히 물리적 환경을 갖추었는지 뿐만 아니라 그 환경에서 영유아가 의미 있는 경험을 하고 있는지에 대한 평가도 함께 이루어져야 한다.

어린이집 운영관리는 어린이집 운영방침 수립, 가정 및 지역사회와의 연계에 이르기까지 어린이집 운영에 대한 효율적인 관리방안을 의미한다. 어린이집은 운영계획 수립, 원아관리 등과 관련하여 정해진 규정이나 지침에 따라 체계적으로 운영되어야 한다. 더불어 가족을 위한 다양한 프로그램을 실시하고 지역사회와 협력적인 관계를 맺음으로써 영유아가 자신을 둘러싼 긍정적으로 인식하고 생활할 수 있도록 지원하여야 한다.

보육환경 및 운영관리 영역은 실내 공간 구성 및 운영, 실외 공간 구성 및 운영, 기관 운영, 가정 및 지역사회와의 연계 등 총 4개의 지표로 구성되어 있다.

③ 건강·안전

영유아가 어린이집에서 건강하고 안전하게 생활할 수 있도록 지원하는 것은 영유아의 기본적인 권리와 삶의 질을 보장하는 필수 요건이다. 영유아의 건강과 안전은 일차적으로 신체적 상해 없이 건강하게 보호되는 것을 말하지만, 궁극적으로 방임, 학대 등과 같은 정서적 문제로부터도 안전하게 보호되는 것을 포함한다.

영유아의 건강 · 안전을 위해 우선적으로 보육교직원은 실내외 공간을 청결하게 유지하고 사고나 위험으로부터 영유아를 보호할 수 있는 안전한 보육환경을 제공해 주어야 한다. 또한 영유아와 보육교직원은 위생적인 생활습관을 가져야 하며, 질병의 예방관리를 통해 건강한 생활을 할 수 있도록 해야 한다. 영유아에게 안전하고 풍부한 식재료로 영양적 균형을 고려하여 청결하게 조리한 음식을 제공함으로써 영유아가 건강하게 성장할 수 있도록 지원한다.

보육교직원은 영유아가 어린이집에 등원할 때부터 귀가할 때까지 항상 주의 깊게 보호하여야 한다. 이와 함께 영유아 및 보육교직원은 안전교육 및 안전사고에 대한 대처능력을 길러 어린이집의 일과에 위험이 생기거나 사고가 날 염려가 없도록 지속적으로 관리해야 한다.

건강 · 안전 영역은 실내외 공간의 청결 및 안전, 급 · 간식, 건강증진을 위한 교육 및 관리, 등 · 하원의 안전, 안전교육과 사고예방 등 총 5개의 평가지표로 구성되어 있다.

④ 교직원

보육교직원은 영유아가 일상생활을 원활하게 할 수 있도록 돕고, 일과 중의 놀이와 활동을 통해 영유아의 전인적인 성장과 발달을 지원한다. 보육교직원의 역량은 보육서비스 질에 큰 영향을 미치는 요인이어서, 원장은 자신과 보육교사의 전문성을 향상하고 보육교직원이 안정적으로 근무할 수 있는 환경을 마련해 주어야 한다.

보육교직원의 전문성 향상을 위해 어린이집은 개인의 직무, 경력과 역량 등을 고려하여 체계적인 교육을 계획하고 실시하여야 한다. 또한 성인용 공간 및 설비의 마련과 스트레스 경감을 위한 기회 제공을 통해 보육교직원을 배려하는 근무환경을 조성하고, 적절한 처우 및 복지를 제공하여 직무만족도를 고취시킬 수 있도록 지원해야 한다. 이러한 근로조건이 충족될 때 보육교직원은 자신의 능력을 최대한 발휘하여 영유아에게 보다 우수한 수준의 보육서비스를 제공할 수 있게 된다.

교직원 영역은 원장의 리더십, 보육교직원의 근무환경, 보육교직원의 처우와 복지, 보육교직원의 전문성 제고 등 총 4개의 평가지표로 구성되어 있다.

생각해 볼 문제

1. 어린이집의 평가가 영유아 및 부모에게 미치는 영향에 관해 생각해 봅시다.

2. 어린이집에서 평가 준비시 가장 힘든 점을 파악하고 해결책에 대해 생각해 봅시다.

3. 어린이집에서 평가에 통과하기 위해서 원장과 보육교사의 역할은 무엇인지 생각해 봅시다.

참고문헌

강영옥 (2002). 영유아보육정책의 변천에 관한 사적 고찰. 한국행정사학지, 한국행정사학회.

강유선 (2005). 유아의 보육경험과 애착유형 및 사회적 능력과의 관계. 성신여자대학교 일반대학원 석사학위논문.

경기도가족여성연구원 (2011). 경기도 다문화 보육프로그램 개발 및 적용방안.

공인숙, 한미현, 김영주 (2005). **보육학개론**. 경기: 교육과학사.

곽노의 (1999). **자유 발도르프 유아 교육**(21세기 유아교육 모델로서). 밝은누리.

교육인적자원부 (2007). 유아를 위한 세계이해 및 다문화교육.

구경선 (2000). 개혁 교육적 관점에서 본 몬테소리 교육. **몬테소리교육연구**, 5, 25-40. 한국몬테소리교육학회.

김수진 (2004). Montessori 교육론에 내포된 인성교육의 방향. 영남대학교 교육대학원 석사학위논문.

김승권 (2003). 저출산 대비 인구정책 개발 및 범 정부 추진체계 수립연구: 정책보고. 보건복지부 · 한국보건사회연구원.

김연진, 한성심, 윤혜경, 최진원, 현미숙 (2004). **보육학개론**. 경기: 동문사.

김영희 (2003). 서번트 리더십과 조직성과의 관계에 관한 연구. 충남대학교 대학원 석사학위논문.

김윤아, 박주현 (2017). 장애아동 보육교직원 교육 현황과 개선과제. 한국보육진흥원.

김윤희 (2003). 부산지역 보육시설 인준평가 실시방안에 관한 연구, 부산대학교 교육대학원 석사학위논문.

김익균 외 (2002). **보육학개론**. 경기: 교문사.

김지원 (2000). 몬테소리 자유에 기초한 교육원리와 방법적 적용. **몬테소리교육연구**, 5, 107-149. 한국몬테소리교육학회.

김현용, 윤현숙, 노혜련, 김연옥, 이배근 (2001). **현대사회와 아동**. 소화.

김현주, 손은경, 신혜경 (2000). **현장 중심 부모교육**. 경기: 양서원.

김혜경, 도미향, 문혜숙, 박충선, 손홍숙, 오정옥, 홍달아기 (2008, 2014). **가족복지론**. 경기: 공동체.

도미향 (2000). 보육서비스가 기혼여성의 가족복지감과 취업에 미친 영향. 숙명여자대학교 대학원 박사학위논문.

도미향 (2007). 맞벌이 어머니 지지를 위한 코칭기법 사례연구. 한국가족복지학, 12(3).

도미향 (2013). 육아지원 전달체계로서의 시군구보육정보센터의 역할과 개선방안. 한국가족복지학, 18(3).

도미향, 김순천 (2009). 평가인증에 대한 보육종사자의 인식조사. 평택시보육정보센터 개소 1주년기념 세미나 자료집.

도미향, 박충선, 오정옥, 문혜숙 외 (2009). 건강가정론. 서울: 창지사.

도미향, 이경주 (2010). 코칭을 활용한 레지오 에밀리아 접근법이 유아의 언어 창의성에 미치는 효과. 코칭연구, 3(1), 17~39.

도미향, 정미현, 이명숙 (2010). 보육과정. 경기: 학현사.

박리나, 이경우, 조연순, 신화식, 김동춘, 승진숙 (1984). 운현 Montessori 교육과정. 서울: 예쁜튼튼사.

박은혜, 김혜경, 조혜진, 김은영 (2007). 보육프로그램 개발, 제6권 4세 보육프로그램. 육아정책개발센터 여성가족부.

백경숙, 윤지영 (2006). 교사가 지각하는 유아교육기관의 서번트 리더십과 직무만족도와의 관계. 아동학회지, 27(1), 67-79.

백선희 (1998). 아동보육서비스 프로그램의 기본모형. 한국영유아보육학, 13.

백지혜 (2008). 영아의 보육의 안정성, 시작시기, 양과 애착 안정성 간의 관계. 미래유아교육학회지, 16(1), 195-212.

법제처 (2016). 영유아보육법 시행령.

보건복지가족부 (2008). 2세 보육프로그램. 육아정책개발센터.

보건복지가족부 (2008). 보육프로그램 총론. 육아정책개발센터.

보건복지가족부 (2008). 장애아보육프로그램 운영 매뉴얼. 육아정책개발센터.

보건복지가족부 (2009). 다문화가정 영유아 사회 · 정서발달 증진 프로그램 개발.

보건복지가족부 (2009). 아이사랑 플랜 2009~2012.

보건복지가족부 (2010). 2009년 전국 다문화가족실태조사 연구.

보건복지가족부 육아정책개발센터 (2008). 2008 보육시설 평가인증 지침서(40인 이상 보육시설).

보건복지부 (2013). 5세 누리과정에 기초한 어린이집 프로그램.

보건복지부 (2013a). 어린이집 표준보육과정에 기초한 영아보육프로그램 0세.

보건복지부 (2013b). 어린이집 표준보육과정에 기초한 영아보육프로그램 1세.

보건복지부 (2014). 취약보육 다문화보육프로그램 1권.

보건복지부 (2015). 2015년 보육사업안내.

보건복지부 (2020). 보육통계. 2020.12월말 기준.

보건복지부 (2020). 2020년 보육사업안내.

보건복지부, 한국보육진흥원 (2018). 제3차 어린이집 평가인증 안내: 통합지표.

보건복지부, 한국보육진흥원 (2019). 2019 어린이집 평가 매뉴얼.

삼성복지재단 (2007). 삼성어린이집 영유아프로그램. 다음세대.

서문희, 이미화, 구미진 (2006). 보육시설 종사자 직무 및 근로환경 실태 분석. 여성가족부.

서울시 (2015). 2015 서울시 보육사업안내.

서울시 (2018). 2018 서울시 보육사업안내.

서울특별시육아종합지원센터(2021). 4차 개정 표준보육과정에 따른 장애 영유아 놀이 지원 교육.

세이이쿠 시세이 보육원 (2015). 남서울대학교 교육부 CK-1사업 N+창의인재아동복지특성화사업단 일본 연수 자료.

손아랑 (2009). 민간보육시설의 근무환경이 보육교사의 이직의도 및 직무만족에 미치는 영향: 소진의 매개효과를 중심으로. **한국영유아보육학**, 58, 91-101.

양옥승 외 (1996). **각국의 탁아제도 비교연구**. 서울: 창지사.

양옥승, 김영옥, 김현희, 신화식, 위영희, 이옥 외 (1999). **영유아보육개론**. 서울: 학지사.

여성가족부 (2007). 여성정책전략센터 자료집: 동향분석 · 정책지원 · 기초연구. 여성가족부 여성정책본부 정책기획평가팀.

여성가족부 (2007). 표준보육과정-여성가족부 고시 제2007-1호.

여성가족부 (2007). 표준보육프로그램(0세~5세). 육아정책개발센터.

여성가족부 (2008). 2008 영유아보육사업안내.

여성부 (2005). 2005 보육시설 평가인증 지침서. 여성부.

오경희 (2006). 한국 보육사의 고찰. 성균관대학교 대학원 석사학위논문.

오금희 (1994). **몬테소리의 유아교육**. 경기: 양서원.

오채선 (2011). 유아교육 · 보육 정책 변화에 따른 유아교사 전문성 탐색. **유아교육학 논집**, 15(5), 249-277.

유가효, 이소희, 한성심, 장명림, 장미경, 조은영 (1997). **보육학개론**. 경기: 동문사.

유희정, 김은영, 박진재, 오경숙, 최혜선 (2007). 보육프로그램 개발 제2권 0세 보육프로그램. 육아정책개발센터 여성가족부.

유희정, 서문희, 김종해, 최혜선 (2006). 보육정책의 전망과 과제에 관한 연구. 정보통신정책연구원.

윤선영 (2002). **발도르프 유아교육의 첫걸음**. 서울: 문음사.

윤지영 (2006). 유아교육기관의 서번트 리더십에 대한 원장과 교사의 지각 차이 및 이직 의도와의 관계. 한국영유아보육학, 45, 227-249.

윤희경 (2005). 영유아교육과정. 경기: 양서원.

이기숙, 김영옥, 박경자 (2005). 보육경험과 유아의 인지 및 사회성 발달. 유아교육연구, 25(6), 255-275.

이미화 (2008). 표준보육과정의 이해. 평택시보육정보센터 강의자료.

이민경 (2005). 유아교육기관 원장의 리더십에 관한 분석 연구. 숙명여자대학교 대학원 석사학위논문.

이삼식 (2008). 지난 2년간의 출산율 증가원인과 정책적 함의. 저출산대책포럼 창립총회 및 제1회 포럼. 저출산대책포럼준비위원회.

이상욱 (2006). 21C 유아교사론. 서울: 창지사.

이성진, 김지영, 황영자, 전숙희, 이기우 (1990). 한국의 탁아사업 시행에 관한 기초연구. 행동과학연구, 23(1).

이소현, 이창미, 최윤희, 김지영 (2007). 보육프로그램 개발 제8권 장애아 보육프로그램 운영매뉴얼. 육아정책개발센터 여성가족부.

이소희, 강경자, 마미정 (2009). 보육과정. 서울: 신정.

이소희, 강경자, 마미정, 김주아 (2006). 보육학개론. 서울: 대왕사.

이숙재 (2007). 유아를 위한 놀이의 이론과 실제. 서울: 창지사.

이순형, 이혜승, 이성옥, 황혜신, 이완정, 권혜진, 이영미, 정윤주, 한유진, 성미영 (2009). 보육학개론. 서울: 학지사.

이연숙 (1997). 어린이집 실내 환경 디자인 지침. 경기: 교육과학사.

이영석 (2005). 한국 보육의 나아갈 방향. 한국보육프로그램연구회, 2005년도 한국보육프로그램 학술대회 기조강연, 5-13.

이옥 (1996). 스웨덴의 아동보육제도 연구. 대한가정학회지, 34(3), 17-21.

이옥 외 (2007). 육아 선진국을 향한 차기정부의 육아정책 과제. 육아정책개발센터.

이용례 (2003). Montessori 프로그램의 수학연한이 유아의 창의성, 지능, 상호작용에 미치는 영향. 원광대학교 대학원 박사학위논문.

이주하 (1999). 마리아 몬테소리의 준비된 환경에서의 자유논의. 몬테소리교육연구, 4, 45-57. 한국몬테소리교육학회.

이현주 (2000). 보육아동부모의 보육서비스 욕구에 관한 연구. 경원대학교 행정대학원 석사학위논문.

임원선 (2004). 지역사회 교류 프로그램. 대전광역시 보육정보센터.

임재택 (2002). 유아교육기관 운영관리. 경기: 양서원.

임재택 (2008). 생태유아교육 프로그램. 경기: 공동체.

임학규 (2002). 아동 보육 서비스 프로그램에 관한 실증적 연구. 동국대학교 대학원 박사학위논문.

장명림 (2011). 육아지원기관에서의 다문화가족 자녀지원 강화 방안. 육아정책연구소.

전국보육교사교육원대학협의회 (2004). 보육프로그램 개발. 경기: 양서원.

정경애 (2001). Montessori유치원의 학급경영에 관한 실태조사. 인제대학교 교육대학원 석사학위논문.

정영자 (2003). 보육시설과 지역사회 네트워크 형성의 필요성. 2003보육발전을 위한 세미나. 울산시보육정보센터.

정옥분 외 (2008). 보육학개론. 서울: 학지사.

정유란 (2008). 보육환경이 시설장의 직무만족과 소진에 미치는 영향. 백석대학교 기독교전문대학원 박사학위논문.

정윤경 (2000). 루돌프 슈타이너의 인지학과 발도르프학교. 서울: 내일을여는책.

정재훈 (2005). 돌봄노동으로서 보육서비스에 대한 국가 개입을 통해 본 한국형 복지국가 유형 연구. 사회복지연구, 27, 133-161.

조방제 (2003). 보육교사의 역핼 수행 요구분석을 통한 양성프로그램 개선을 위한 연구. 계명대학교 대학원 박사학위논문.

조방제, 김판희 (2004). 보육시설의 교사역할에 대한 교사와 시설장의 인식비교 연구. 열린유아교육학회 열린유아교육연구, 9(2), 101-122.

조부경 (1997). 유치원 교사의 역할지각과 역할수행에 관한 한미비교. 비교교육연구, 7(2), 279-296.

조부경 외 (2001). 구성주의 이론, 관점 그리고 실제. 경기: 양서원.

조성연, 이정희, 김온지, 황혜정, 나유미, 박진재 외 (2004). 영유아보육론. 서울: 학지사.

조성자, 김영숙, 김춘경, 박성은, 이길동, 정인숙, 허옥희 (2008). 보육학개론. 서울: 신정.

조인숙 (2005). 보육 서비스 질과 보육시설 조직문화의 관계 분석. 덕성여자대학교 대학원 박사학위논문.

조혜경, 이순영, 황성원, 노은호, 구경선, 곽혜경 외 (2009). 개정 보육학개론. 서울: 창지사.

주정일 · 이소희 (1993). 아동복지론. 경기: 교문사.

중앙보육정보센터 (2008). 평가인증 조력 프로그램 영역7-가족 및 지역사회와의 협력-. 중앙보육정보센터.

중앙보육정보센터 (2009). 2009 평가인증조력프로그램 영역2-운영관리 40인 이상.

중앙일보 (2007. 11. 13.). 쌍춘년 갔는데도 결혼 · 출산 계속 는다.

지성애 (2001). 영유아 보육시설장과 교사의 전문적 자질에 관한 조사연구. 한국영유아보육학, 27, 138-168.

지옥정 (1998). 프로젝트 접근법의 한국 유아교육현장 적용방안 모색. 열린유아교육연구, 3(1), 289-316.

진정연 (2008). 보육정책의 개선방안에 관한 연구. 조선대학교 대학원 석사학위논문.

채순희, 이기현 (2002). 프로젝트 접근법이 유아의 과학적 문제해결력에 미치는 영향. 아동학회지, 23(6), 103-119.

최광희 (2004). 부모-교사의 동반자적 협력관계로서의 부모 참여에 대한 교사의 인식. 경성대학교 교육대학원 석사학위논문.

최목화, 최병숙, 유옥순, 박선희, 이정희, 박경옥 (2002). 보육시설 공간 디자인. 서울: 창지사.

최양귀 (2000). 보육시설장과 보육교사의 전문성. 충남대학교 행정대학원 석사학위논문.

최윤경, 김윤화, 이혜민 (2015). 스웨덴의 육아정책(II): 교사정책을 중심으로. 육아정책연구소.

태시치즈 (2004). 일본의 자녀양육지원 네트워크. 우리 아이 함께 키우기: 지역사회 보육지원네트워크 만들기. 한・일보육 석학초청포럼. 인천광역시・인천광역시 보육정보센터.

통계청 (2015). 2004년 경제활동인구연보.

통계청 (2015). 2014년 출생통계 결과.

통계청 (2015). 통계연보.

하순련, 오영희 (2003). 유아와 함께하는 프로젝트 접근 방법의 이론과 실제. 경기: 양서원.

한국보건사회연구원 (2000). 정책보고서.

한국보육진흥원 (2013). 보육교직원을 위한 다문화보육 직무교육과정.

한국보육진흥원 (2014). 어린이집 평가인증안내 3차 지표시범사업용.

한국보육진흥원 (2017). 어린이집 평가인증 12년.

한국보육진흥원 (2019). 다문화 보육과정 컨설팅 매뉴얼.

한국보육진흥원 (2020). 2020 어린이집 평가 매뉴얼.

행정안전부 (2012). 외국인주민실태조사.

허정연 (2004). 생태유아교육 프로그램에 관한 문화기술적 연구 : 부산대학교 부설 어린이집을 사례로. 부산대학교 대학원 박사학위논문.

홍금자, 이혜영 (2008). 보육교사의 전문성증진과 전문 인력의 확대방안. 한국영유아보육학, 52, 125-154.

宮島洋(1994). 出生率の低下と公共政策. 現代家族と社會保障. 東京大學出版部, 233-250.

Belsky, J. (1988). The Effects of Infant Day Care Reconsidered, *Child Development, 59*, 157-167.

child care aware of America (2018). The US high cost child care.

Girard, S. H. (2000). Servant Leadership qualities exhibited by Illinois public school district superintendents. Doctoral dissertation of Saint Louis University.

Graham, J. W. (1991). Servant Leadership in Organizations: Inspirational and moral. *Leadership Quarterly, 2*(2), 105-119.

Greenleaf, R. K. (1991). *The servant as leader, indianapolis.* The Robert K. Greenleaf Center.

Hardin, F. W. (2003). Impacting Texas public schools through a student servant-leader model: A case study. Doctoral dissertation of Texas Tech University.

Hayden, J. (1996). *Management of Early Childhood Services: An Australian Perspective.* Wentworth Falls, NSW: Social Science Press.

Howes, C. (1988). Relations between early child and schooling. *Developmental Psychology, 24,* 53-57.

Jones, M. E. (1998). An examination of leadership perspectives in early childhood education: Child care center directors and statewide leaders. Ed. D. dissertation of University of California.

Laub, J. A. (1999). *Assessing the servant organization : Development of the servant Organization Leadership Assessment(SOLA) instrument.* Doctoral dissertation of Florida Atlantic University.

Livovich, M. P. (1999). *An investigation of servant leadership in public school superintendents in the state of Indiana.* Doctoral dissertation of Florida Atlantic University.

McCartney, K. (1984). Effect of quality of day care environment on children's development. *Developmental Psychology, 20,* 244-260.

Moessori, M. (1965). *Spontaneous activity in education.* N.Y.: Schocken Books.

Moessori, M. (1984). *Absorbent Mind.* New York: A Laurel Books.

OECD (2018). Employment Outlook 2018.

Orem, R. C. (1969). *Montessori and the Special Child.* New York: Capricorn Books.

Petty, M., G. McGee, et al. (1984). A meta-analysis of the relationship between individual job satisfaction and individual performance. *Academy of Management Rewiew, 9*(4), 712-712.

Prescott, E. (1984). The physical Setting in Day Care. In J. T. Greenman and R. W. Fuqua(Eds.), *Making Day Care Better: Training, Evolution and the Process of Change*(pp. 44-65). New York: Teachers College Press.

Rodd, J. (1998). *Leadership in early childhood.* New York: Teachers College Press.

Rost, J. C. (1993). *Leadership for twenty-first century.* Westport, CT: Praeger.

Saracho, O. N. (1988). A Study of the roles of early childhood teachers. *Early Childhood Development & Care, 38*, 81-101.

Schickedanz, J. A., York, M. A., Stewart, I. S., & White, D. A. (1990). *Strategies for teaching young children* (3rd ED). NJ: Preactice-Hall. INC.

Segal, M., Bardige, B., Woika, M. J., & Leinfelder, J. (2006). *All about child care and early education : A comprehensive resource for child care professionals.* New York: Allyn & Bacon.

Spears, L. C. (1995). *Insight on leadership: service, stewardship, spirit and servantleadership.* New York: John Wiley & Sons, Inc.

Spodek, B., Saracho, O. N., & Davis, M. D. (1987). *Foundations of Early Childhood Education.* Englewood Cliffs: Prentice Hall.

Standing, E. M. (1984). *Maria Montessori: Her life and work.* N.Y.: New American Library.

Swedish Institute (2004). Fact Sheets on Sweden: Children in Sweden, September(ISSN 1101-6124).

Taylor-Gillham, D. J. (1998). *Image of servant leadership in education.* Doctoral dissertation of Northern Arizona University.

Walker, P. D. (1997). *A case study of servant leadership.* Doctoral dissertation of the University of San Francisco.

Wellhousen, K. (2002). *Outdoor play everyday: Innovative play concepts for early childhood.* Albany. N.Y.: Delmar.

Wheaton, C. E. (1999). *Servant leadership and the public school superintendent.* Doctoral dissertation of Gonzaga University.

〈인터넷 사이트〉

국가법령정보센터(http://www.law.go.kr/main.html).

법제처(http://www.moleg.go.kr/main.html).

보건복지가족부(http://www.mw.go.kr).

부산대학교 부설어린이집 홈페이지(http://www.ecochild.or.kr).

한국보육진흥원(http://www.kcpi.or.kr).

찾아보기

저자약력

도미향 숙명여자대학교 대학원 아동복지학 박사
남서울대학교 아동복지학과 교수
펜실베이니아대학교 사회정책대학원 방문교수
한국영유아보육교육학회 회장, 한국부모교육학회 회장
충남도청어린이집 및 아산시육아종합지원센터 위탁운영 책임교수
전) 전국시군구육아종합지원센터협의회 회장, 평택시육아종합지원센터 소장
충남보육정책위원회 부위원장, 교육부 CK사업 아동복지특성화사업단 단장
저서: 보육교사론(공저), 보육과정(공저), 아이가 달라지는 엄마의 말,
아동복지론(공저), 가족복지론(공저), 부모교육(공저), 건강가정론(공저) 등 다수

변미희 숙명여자대학교 대학원 아동복지학 박사
백석대학교 사회복지학부 아동복지학전공 교수
백석아동가족상담클리닉 소장
전) 한국부모교육학회, 한국아동가족복지학회 회장
저서: 아동복지론(공저), 성경적 자녀양육(공저), 성경적 태교(공저), 청소년복지론(공저)

이명숙 숙명여자대학교 대학원 아동복지학 박사
경기과학기술대학교 아동보육학과 교수
경기과학기술대학교 산학협력단 아동보육연구소 소장
한국부모교육학회 부회장, 한국열린유아교육학회 이사
전) 금천구 보육정보센터 소장, 시흥시보육정책위원회 위원
금천구 보육정책위원회 위원
저서: 보육과정(공저), 보육실습(공저), 성경적 태교(공저), 보육교사론(공저)

윤지영 숙명여자대학교 대학원 아동복지학 박사
전) 경기대 보육교사교육원 주임교수
숙명여자대학교 겸임교수
저서: 영유아복지론(공저), 성경적 자녀양육(공저), 성경적 태교(공저),
가족문제해결핸드북(공저)

최신 보육학개론(4판)

초판발행 2016년 3월 10일 **1판 1쇄** | 2017년 9월 10일 **1판 2쇄**
2판발행 2019년 3월 10일 **2판 1쇄**
3판발행 2020년 3월 10일 **3판 1쇄**
4판발행 2022년 3월 10일 **4판 1쇄** | 2024년 3월 10일 **4판 2쇄**

지은이 도미향 변미희 이명숙 윤지영
펴낸이 최용구 | **펴낸곳** 도서출판 **신정**
주소 (04316) 서울시 용산구 원효로 89길 19 (원효로1가)
전화 02)3211-4782, 0266(영업부), 3211-4783(편집부), 3211-4784(팩스)
이메일 shinjeong72@naver.com | **홈페이지** www.sjbook.co.kr
등록 2001년 5월 11일 제13-702호
기획마케팅 최용구 장만동 송대용 최충구 | **책임편집** 석기은 황가연 | **표지** SDY

ISBN 978-89-5912-788-7 93370
정가 19,000원